カウンセリングを語る

河合隼雄

角川文庫
24010

カウンセリングを語る　目次

第一部

第二部

本書は『カウンセリングを語る』上下巻（講談社＋α文庫）を一冊にまとめたものです。

合本にあたり、上巻を第一部、下巻を第二部としました。

第一部

まえがき

カウンセリング、カウンセラー、などということばも現在では日本語として定着した感じで、それ何のこと？　などと言う人はあまりないだろう。しかし、その反面、誤解されているところも多くあり、その誤解に基《もと》づいてカウンセリングなど大嫌いとか、まったく役に立たない、などと言っている人もいる。あるいは、カウンセリングは大切である、と言いながら一週間ほど研修を受けるとカウンセラーになれると思っている人もいる。

現在でもこのような点が見られるほどだから、私が一九六五年（昭和四十年）に、スイスのユング研究所からユング派分析家の資格を取得して帰国したときは、カウンセリングや心理療法については一般にあまり知られていなかった。

ところが、四天王寺《してんのうじ》人生相談所は当時から年一度のカウンセリング研修講座を開催しており、私は招かれて毎回、講演に行くことになった。

その講演記録をもとに本書ができあがっているが、当時の状況を反映して、カウンセリングについて、できる限りわかりやすいことばで、初歩から話そうとしているところに、その特徴があると思う。もっともことばは平易であるが、カウンセリングそのものは、実際にするとなると、多くの困難さがつきまとってくるもので、話をしている内容は、なかなかむずかしいことを含んでいる。

現在は、「心」とか「心のケア」とかに関心を持つ人がふえ、カウンセラーになりたいと思っている人の数も急増してきている。そんなわけで、本書が文庫本として出版され、多くの人の目にふれるようになるのは、真に時宜《じぎ》を得たこととうれしく思っている。

別にカウンセラーになろうとする人でなくとも、教育、福祉、医療などの領域で、何らかの意味で対人援助の仕事をしている人々にとって、本書はどこかお役に立つところがある、と思っている。人と人とが接するときの基本的な問題が、繰り返し論じられている、と言っていいだろう。

カウンセラーになりたいと思う人は、少しでも他人の役に立ちたいという気持ちがある。それはありがたいことであるが、それが前面に出すぎると、決してよいことは起こらない。人間の心というものは、それほど単純でもわかりやすいものでもなく、自分で考えて他人の役に立つと思ってすることが、かえって有害であることも多いのである。

人間の心のむずかしさがわかるにつれて、自分の考えで何かしようというよりも、ともかくまず相手をよく理解しようとすることが先決であることがわかる。と言って、これもたいへんむずかしいことで、勝手に「わかった、わかった」と思っても、それは真の理解にほど遠いことが多い。

このようなこともあって、まず相手のことばを耳を傾けて聴くことが、カウンセリングのはじまりになる。ともかく「聴く」ことがどれほど大切かということが、本書では繰り返し強調されるであろう。

人間の心は矛盾《むじゅん》に満ちている。したがってそれを扱うカウンセリングにおいては、多くの二律背反《にりつはいはん》が生じてくる。あちら立てればこちら立たず、というような状況にカウンセラーが追いこまれるのである。そんなときに、おきまりの理論に縛《しば》られて行動すると必ず失敗する。

それなら理論は不要かというと、そうでもない。というわけで、カウンセラーは相当な現実認識の力と、バランス感覚を必要とする。このあたりのことは微妙で、なかなか書物では表現しがたい。矛盾を承知でものを言っていくようなところが必要だからである。

その点、本書は書物ではあるが、講演記録なので、有利なところがある。話しことばであると、微妙なニュアンスが伝わりやすい。また、それだけに誤解も生じやすいという欠点もあるが。したがって、本書はカウンセリングについて体系的に述べたものではないことを知っておいていただきたい。もっと体系的に詳細に知りたい人は、本書を契機《けいき》として、他の専門書を読むようにしていただきたい。それに至るまでの入門書として本書は役立ってくれるであろう。

カウンセリングでは、何よりも「聴く」ことが大切で、これが基本であることはいくら繰り返してもいいだろう。しかし、せっかく聴いたことも、カウンセラーの中にぐっと抱きしめられ、それを保持していくことによって変容していく必要があり、そのためにはカウンセラーの「器量」ということが問題になってくる。そのためカウンセラーは幅広い学習をするべきであり、そのような点を下巻において論じることになろう。引きつづいて下巻も読んでくださると幸いである。

本書の文庫化に同意してくださった創元社の関係各位にお礼申しあげるとともに、文庫版出版に際し、格別の努力をしてくださった、講談社生活文化第二出版部の古屋信吾、猪俣久子の両氏に対して、心から感謝申しあげる。

河合《かわい》　隼雄《はやお》

序

このたび河合隼雄博士の講演集が刊行されることになり、わたくしに序文を求められたので一言する。四天王寺が人生相談所を開設してから、すでに二十年になる。その開設の趣旨《しゅし》は、仏教の説法は本来カウンセリングであるということである。仏教の説法は応機説法だといわれる。よく考えてみると、機は各人各別である。帰するところは一人ひとり皆異なるわけであるから、説法も一人対一人の説法とならねばならないことになる。このごろでは仏教の説法といえば多数の人を集めての講演式のものが多いが、本来は応機説法すなわち仏教カウンセリングであるべきものであった。

人生相談所の設立当時は一般にカウンセリングがいかなるものであるかも知られず、まして仏教カウンセリングなどはまったく考えられてもいなかった時であったから、とりあえずその解説なり普及なりが要請せられたのである。四天王寺人生相談所がカウンセリング研修講座を開設したのはこうした理由によるのである。その開設は相談所の開設に遅れること二年であった。

講座の内容は仏教を重視してはいるが、必ずしもそれに捉《とら》われない自由なものであった。河合博士の講演もこの講座におけるものにほかならない。しかし博士の場合は少しく他と異なる点がある。それは設立以来二十年一貫して継続しているということである。それは一に博士の講演が講座参加者の好評を博し、常につづけての出講を求められたことによるものであるが、いま一つ博士のテーマが参加者のまさに聞かんと欲するところを説いたからであろう。これに加えて博士の軽妙なる話術と豊富なる体験は参加者をよく魅了したのであった。いま、博士の二十回にわたる講演の中から精選して二巻にまとめ、世に問われることは、誠に機宜《きぎ》を得たものというべきである。ここに本書出版の由来をしるさせていただいた。本書が、カウンセリングに関心をもつ教師の方々や実際にカウンセリングに携わる方々はもちろん、子どもの問題で悩む一般の親の方々にも、広く読まれんことを心から願ってやまない。

一九八五年二月

四天王寺管長　奥田慈應《おくだじおう》

第一章　家庭・学校で問題が生じたとき

子どもが親をなぐる

「カウンセリングと教育」という点について、お話ししたいと思います。カウンセリングは教育と深い関係があり、それだけにわが国においても、教育にたずさわる人たちが、カウンセリングについて深い関心を持ちつづけてきました。しかし、そこには相当な誤解もあり、カウンセリングに対する盲信《もうしん》や、強い拒否感情などを生ぜしめたりしました。そこで、きょうはこの両者の関係について、具体的な例をとりあげながら、いろいろな角度から検討してみたいと思います。

みなさんご承知のように、教育の現場の中でいろいろな問題が起こっている。非行少年が出てきたり、登校拒否、つまり、学校に行かない子は相変わらず数が少なくなりません。このごろは家庭内暴力というんですか、家庭の中で暴力をふるう子どもがずいぶんふえています。

昔は、家庭内暴力というと、ご主人が酒を飲んで奥さんをなぐることとだいたい相場がきまっていたのですが、このごろはそういうのがずいぶん少なくなりましたかわりに、子どもが親をなぐるのが非常に多いのです。

最近も新聞に載《の》っておりましたが、東京で、ご主人に暴力をふるわれて逃げてくる奥さんたちのための施設をつくってあったのですが、このごろ逃げてくる人は、ご主人じゃなくて子どもになぐられて逃げてくる人が非常に多いそうです。それだけ時代が変わったわけですね。

家庭内で子どもが暴力をふるうといいましても、非常にひどいもので、私のところへ相談に来られた人でも、親がむち打ち症になって入院したとか、肋骨《ろっこつ》を折られたとか、そういうのもあります。それからみなさん、新聞で読まれてご存じかもしれませんが、子どもがあんまり暴力をふるうので、たまりかねたおとうさんが子どもを殺したのがあります。もうついに、「これだったら親が殺される」というんで、たまりかねて親が子どもの首をしめてとうとう殺したという事例さえあります。だから非常に深刻な問題です。

それから子どもの問題と言いますと、みなさんすぐに念頭に浮かぶのは、子どもの自殺のことがよく問題になっております。ところがこれは実際はなかなかおもしろいんでして、ここ数年間ぐらいの統計を見る限りにおいては、ほんとうは子どもの自殺はふえていないんです。ふえていないけれども、ふえているような感じをわれわれは持ちます。ジャーナリストもそんなふうに書くわけですが、実際はそうでもないのですね。

これはつまり、何かそういうことを書きたてたほうが、みんなにピンとくるところがあるんでしょうね。何か不安だというか、子どもがどうなるかわからないというか、子どもがたいへんなことをやるんじゃないかというふうな、みんなが思っている気持ちとどこかでぴったりくるから、子どもの自殺のことが大きい問題にとりあげられるのかもしれません。しかし、そういう統計的なことはともかく、みんなの心の中で大きい問題として浮かびあがってきているということは事実です。

そういうことから、高校、中学、小学校ともに教育ということをもっと根本的に考え直さねばならないというふうな気持ちを先生方が持っておられる。そこでカウンセリングということはそれとどういうふうに関係するのか。どういうふうに考えたらいいのかということになると思うんです。

「教える」ことと「育てる」ことのバランス

教育というのはなかなかうまいことばでして、「教える」ということばと「育てる」ということばの両方で「教育」と言っているわけです。そうしますと、実際に教育の中には「教える」ということと「育てる」ということと、二つあると思うんです。学校教育ということを考えますと、だいたいは「教える」ほうにわれわれは重点を置きますけれども、実際は「育てる」ことも入っているわけです。

しかし、「教える」というほうはわかりやすい。つまり字を知らない子に字を教える。あるいは掛け算を教えてあげるというふうに、先生が先生の持っている知識を生徒に伝える。ですから教えるということは非常にはっきりしています。だからここにおられる先生方はみんな、そういうことをしておられるわけです。

ところが、教えるためには、教えてもわかる子にまで育てないといけません。たとえば小学校の一年生の子に微分《びぶん》を教えようとか積分《せきぶん》を教えようとかしたって、それは無理な話で、そういうことを言ってもわかる子にまで育ってくれなければならない。そこに、じつは「教える」ということの土台に「育てる」ということが入っているわけです。

「しつけ」ということもあるんですが、私はしつけるというのは育てるのと教えるのの中間ぐらい（どちらかといえば教えるほうになるかもしれませんが）のような気がします。たとえば人に会ったときにあいさつをしなくちゃならないとか、戸を開け閉めするときにあんまり大きい音でバターンとやったら困るとか、いろんなことがありますね。あるいはご飯を食べるときにも食べるための作法、つまり礼儀というのもありますね。

そういうのをしつけるということは、単にこうしなさい、こうしなくてはならないという知識を教えるだけじゃなくて、実際に子どもがそうするように、やる行為に応じて、へたなことをすると叱《しか》ったり、上手にやるとほめたりしてしつけるわけですが、これは育てていきながら教えていくわけで、両方入っているような気がします。教育という中に、教えることもしつけることも育てることも、みんな入っているのです。

さっきも言いましたが、いままで学校で「教育」と言いますと、教えるほうに重点を置いて考えたのはなぜかと言いますと、だいたいしつけることとか育てることは家のほうですでにできておって、それができている子に学校でものを教えるのだと考えても、それほど問題でなかったわけですね。

ところが最近はしつけられていない、あるいはうまく育てられていない、非常に育ちがひずんでいる人とか、しつけがひずんでいる人がずいぶん多くなったような気がします。

たとえば私は大学で教師をしておりますけれども、大学生でも一体どんなふうにしつけられたんだろう、どんなふうに育てられたんだろうというふうに思わされる人がずいぶんいます。

しつけられそこなった子ども

われわれの部屋へ入ってくるときでも、たとえばノックをして入ってきて、「何年生の誰それですが、何とか先生おられますか」と言って、ちゃんと礼儀正しく、こういう用件で来ましたというふうにしない人がいます。ノックもせず入ってきたり、自分の名前も言わずに、「これ」とか、「判《はん》」とか言う学生がいます。

もうちょっと何か言えそうなものですが、それは大学生ですから、頭は決して悪くありません。そういう人に、私はうるさいけれどできるだけ注意します。それも月給のうちだと思ってやっているんですが、やりながら思うのは、ほんとうはこんなことを私がするのではなく、もっと小さいときにやってもらうべきことなんです。

誰が一体いけないのかと、たとえばここで高校の先生の座談会をしますと、中学校の教育はどうなってるのかという感じになる。中学校へ行きますと小学校、小学校は家庭が悪いとなりますね。家庭へ行きますと、こういう親を大学でどうして育てたかということになりまして、何か日本中みんな悪くなってくるんですが、みんなそういう気持ちを持っているということは、これは誰が悪いというよりは、われわれ全体として、日本人全体として、育てることとかしつけることをどうもおろそかにしているのじゃないか。あるいはそんな傾向があるんではないかと反省させられるわけです。

このことが、じつはカウンセリングということともずいぶん関係してくると私は思っています。

なぜこんなことが起こってくるかということは、もうみなさんよくおわかりだと思います。どうしてもいまの世の中が、知識を獲得するということに非常に重点を置かねばならないところがありますので、どうしても親のほうも、子どもをしつけることよりも知識の獲得に重きを置きたくなります。

実際に親として子どものことを考えると、自分の子どもがたとえば朝、どんなあいさつをしたかとか、親を助けてどのくらいの仕事をするか（たとえば庭に水をやるとか雨戸を閉めるとか、いろいろありますね）ということよりも、親としていちばん関心があるのは、何点とってきたかということですね。

実際、そうでしょう。八十点とってきたら「もっとがんばりなさい」、九十九点でも「まだがんばりなさい」、百点とってきたら「今度もとりなさい」とこうやるわけです。それに必死になっている。だから子どもは百点さえとってくれれば、別に布団を自分でしこうがしくまいが、知ったことではない。そんなのは全部親がやってくれる。親ができることなら何でもしてしまう。

だから子どもに勉強をやってくださいとお願いするばかりで、大事なしつけのほうをぼくらは忘れているんじゃないか。そうしますと、しつけられそこなったり、育てられそこなった子どもがどうしてもふえてくることになります。

ところで、カウンセリングというのは、どちらかというと「育てる」ということに非常に関係している仕事だと私は思っているんです。カウンセリングの中でも「教える」ということが入ってきます。しかし、重点はどちらにあるかと言うと、私は「育てる」ほうにあると思います。

植物を育てるのに似ている

そして、ちょっとついでに言っておきますと、私はこんなことも思うんです。カウンセリングで何かを育てるというときにイメージに浮かびますのは、「木」です。つまり木というものは育ってきます。育ってきますけれども、どういうふうに育つかというと、十分な太陽と十分な水と十分な肥料と、そういうふうなものが全部そろっていると、木は自分で育ってくるわけです。

ところが動物でしたら、たとえば犬には、われわれはしつけるということをやらなきゃいけませんね。たとえば「おすわり」というようなことをやりますね。あれも別に、十分に食料を食べさせてやっていたら、知らん間におすわりをするということはないですね。やっぱり叱るとか、ほめるとかいうことをしなくてはならない。

動物に対しては、われわれは「しつける」、「教える」ということばが使えるかどうかわかりませんが、そういうことが可能ですけれども、植物に教えることはできません。なるべくこっちをむいて出てくるようにとか、花は土曜日に咲くようになんて、できない。ただわれわれは、ある程度植物にしつけることは可能です。

たとえば木に支えをしてまっすぐにしたりできます。そして、動物というのはバシッと怒って、そのときにしつけようとするけれども、植物は添え木をしたところで、長い間生長するのを待たねばならないのです。このように、しつけにしても、木のしつけと動物のしつけは、全然それにかける期間が違うことがわかりますね。

そういうイメージからいきますと、われわれカウンセラーの仕事は、植物を育てるのと似てるなあと私はよく思うんです。私という生命を持った人間は、人間的なところもあるし、動物的なところもあるし、植物的なところもあるんじゃないかと私は思ってるんです。そういういろんなものを持った存在の中の非常にゆっくりと育ってくるというところに目をつけている仕事じゃないかと、私は思っています。

しかし、カウンセリングで「教える」ということが何もないわけではありません。それはあとで言います。

それはともかくとして、こんなふうに考えていきますと、たとえば、先ほど言いましたが、このごろ非常に多い、学校へ行かない子がありますね。学校恐怖症と言ってみたり、登校拒否症と言ったりしてますが、結局、本人は学校へ行こうとしてもどうしても行けないという子がいます。

そういうときに、この子どもに「おまえは絶対に、朝学校へ行かねばならないんだ」ということを教えてやるといったって、教えなくても本人は知っているわけです。本人は学校へ行かねばならないどころか、中には学校へ行きたいと思っている子どもがたくさんいる。行きたいんだけれども、どうしても行けない。登校時になると、中にはおなかが痛くなったり、頭が痛くなったりする子もあります。

あるいは、これは不思議ですが、どうしても目のさめない子がいます。金だらいの上に、目ざまし時計をのせますね。それを二つやっておいても、目がさめない子がおります。そして学校へ行く時間が半時間ほど過ぎたら、パッと目がさめるんです。これはほんとうにすばらしいものですが、そういうふうな子どもに、われわれは学校へ行くというように教えてやることは意味がありません。

そうしたら、これは学校へ行くようにしつけないといかんというんで、一つの方法としては、学校へ行かなかったらなぐりとばすという方法があるかもしれませんし、学校へ行ったらほうびをあげるという方法があるかもしれません。で、残念ながら、そういう方法でも、むずかしい子はなかなか行けません。

みなさんもそういう子どもにカウンセリングをされた経験のある人はわかると思いますが、無理にやろうと思ったらできます。私とおとうさんとでがんばって、その子をタクシーに乗せて学校まで連れていったりすることはできます。できましても、その子は学校でものすごい頭痛になったり、食べたものを全部吐いてしまったり、ちょっと目を離しているすきに窓からとんで逃げて帰ったりなどということが起こります。

育ってくる力を引きだすには

こういうふうに、われわれは簡単に「教える」とか「しつける」ということは断念しなくてはならない。そうすると、われわれは何ができるかというと、普通の子どもたちはみんな学校に行っているのに、この子はここで学校へ行けないのは、育ってくるときにどっかで育ち方がひずんでいるんじゃないか。あるいは育ちそこなっているところがあるんじゃないか。そうすると、その育っていないところをちゃんと育てるように、われわれは育て直すということをしなくちゃならないというふうに私は思うんです。

そうすると、カウンセリングのほうは「育てる」というほうに重点が行きますので、われわれは一週間に一ぺん会いますけれども、その子に会いましたときに、「学校に行きなさい」とか、「行かなだめじゃないか」というふうなことを言うんじゃなくて、この子をどんなふうに育てようかというふうに考え直すんです。

先ほど「育てる」というところで、植物の話をしましたが、種というものは不思議なものですね。というのは、ときどき非常に昔の古い種が発見されることがありますね。そしてその種に対して、適当な土と適当な温度と適当な水分を与えますと、大昔の植物の芽が出てきたりするのがありますね。そうすると、結局、種というのは条件さえ整えば、自分からずっと育ってくる力を持っているのに、条件が悪かったら育たないわけです。

それと同じことで、学校へ行っていない子どもは、条件さえ整えば、自分でもちろん喜んで学校へ行くほどの可能性、つまり種を持っているんだけれども、その種を誰かが育てないようにした。つまりその子に十分な水と太陽と空気と栄養とを与えなかったんではないかというふうに考えてみたらわかると思います。

そうしますと、私はその子に会いまして、どうするかというと、その子が自分の心の中に持っている発展していく可能性、種、それを自分の力で出していけるような土に、われわれがなるといっていいんじゃないでしょうか。ということは別に何をするんでもなくて、来た子と会って時間をともにすればよい。

そうすると、普通の人が会うのとカウンセラーが会うのとどこが違うかというと、われわれカウンセラーは、ひたすらそういうふうに訓練をされてきたわけですが、その子が何か自分の持っている可能性をそこで出しやすいように、あるいは何でもそこで表現しやすいような、そういう態度で接しているということが言えると思います。

「好きなようにしなさい」

これをある人はこんな言い方をしました。ある人のもとに来たクライエントに対して、われわれは、「自由にして保護された空間」を提供する。なんかむずかしそうなことばですが、簡単に言ってしまえば、「好きなようにしなさい」ということです。

ところが、私はこんなむずかしいことはないと思います。「好きなようにしなさい」って、言われたほうもむずかしいけれども、言うほうもむずかしいです。というのは、学校の先生がこの中におられますが、たとえば、学校の先生がクラスで悪いことをした子を職員室へ連れてくる。きょうは一ぺんカウンセリング的にやろうというんで、「おい、きみ、何でもいいからしゃべりなさい」と言ったって、生徒としてはそんなもの言えるはずはないでしょう。

ほかの先生はジロジロと、「あいつ、何か悪いことしたな」って顔で見ているし、その先生は先生で、仕事しながら、「何でもいいからしゃべりなさい」と言うならば、「すみません。どうもすみません」くらいしか言えないでしょう。生徒はそう言ったらいちばん早いこと帰れるんじゃないかなあと思っているわけでして、心の底にあることを、そんなところで、自由にしゃべれるはずがないわけです。

だから、おとうさんでも先生でも、「何でも言えって言ってるんですが、子どもはちっとも話してくれない」と言われる。これは子どもが悪いのだと言われますが、そうじゃなくって、ほんとうは聞くほうの態度が悪いんです。こうは言ってますけれども、そんなふうになるためにはどれだけの訓練がいるかということを私は言いたいと思います。

これはむずかしいことです。実際はとくに中学生や高校生を相手にするのはむずかしいです。中学生や高校生はなかなか何も言ってくれない。「何でも好きなこと言ってもええよ」と言っても、「別にありません」とか……。「別に」とか「いいえ」とかいうのはよく言いますね。それはつまり心が十分にそこに開かれていないということです。

そうは言いますけれども、こういうふうな関係をつくるということはほんとうにむずかしいことです。しかしそこでわれわれが少しでも「自由にして保護された空間」といいますか、そういうものができたと思いますと、その子はちょっとしゃべってくれます。

ところが大事なことは、私がその子と会いましたら、パッとそういう関係ができるという、そんな簡単なものじゃありません。つまり私が高校生に会いますと、その子は「別に何も言うことない」って言います。そのときの私の反応によって、むこうは、この人はどれだけ自由な人間かということがわかるわけです。

「言うことないったって、悩みはあるやろ」なんて言ったら、もうこちらはぐっと話を狭《せば》めてしまって、自由じゃなくなっています。あるいは、型通りに、「あなたとしては言うことがないんですね」と言ったとしても腹の底で、「なんや、こいつ」と思ったら、非常に不思議なことに、われわれが腹の底で感じることは非常によく相手に伝わるように思います。

これはみなさんがお医者さんに会っているときのことを思われたらわかると思います。お医者さんの診察を受けるとき、われわれは弱者で、お医者さんがもちろん強いほうです。お医者さんはものごとがわかっているが、われわれはわからない。そうしますと、お医者さんは診《み》て、「これは手術すべきだ」などと言われます。

それを聞きながら、私は腹の底で、「ちょっとこれは怪《あや》しいなあ」とか、「この医者、ちょっと自信ないんじゃないか」とか感じるときがあります。あれはなぜかというと、弱い者の勘《かん》はさえてくるわけです。弱い者はもう勘しか頼るものがないですから……。

私が知識を持っておったら知識で対抗できます。お医者さんが手術をせよと言われても、いや、検査の結果こうですからって、論議するんだったら理論で対抗できますが、理論はむこうのほうがよっぽどよく知っておられる。何でもよく知っておられるんだったら、われわれはもうひたすら勘に頼ることになる。

子どもは直感でわかっている

それと同じことが、われわれ大人と子どもの場合、先生と生徒の場合にも起こるわけです。そういう意味で、生徒たちの直感というものは非常にすばらしいものがあると思います。だから、私たちが「何でも言いなさい」とか言っても、どのくらいの自由さを持っているのか、生徒はだいたいわかるんじゃないでしょうか。

ただし、これは私が無理してこういうふうに言っているわけでして、子どもが意識的にそう思っているわけじゃありません。「こう言うたら先生どう言うやろ」と思って、「ああ、このぐらいか。たいしたことはないなあ」というような、そこまで思っている子どももいます。子どもでも中学生や高校生になりますと、相当な子がいますから、そこまで先生を値ぶみして、完全にそれをことばで表現できるような子もいますけれども、一般には、そういうふうに言えないにしても、心の中で勘でわかるようなところがあると思うんです。

それはともかく、われわれがもしもそういうふうにして、いま言いました「自由にして保護された空間」というものをその子に提供できますと、あるいは、一ぺんにはできませんけれども、お互いの関係の中でだんだんできてきますと、その子はぽつぽつ話をはじめる。つまりいままでいわば、種みたいにぐっとふたをされて成長していなかったものが、私との関係の中で出てくるわけです。

そうしますと、「いままであまり人に言うてなかったんだけれども、ぼくはひとりっ子だし、あんまり大事にされて困ってんのや」てなことを言いだすわけです。そうすると、われわれはそれをずっと聞いている。

そのときに、「ひとりっ子だし、大事にされて困ってる」とその子が言ったときに、「何を言うか、世の中にひとりっ子はいっぱいいるじゃないか。おまえだけが学校に行っていない。けしからんじゃないか」というふうには、私らは言わないです。

なぜ言わないかというと、いま育ちかけた芽を引っぱるということはやめておこうということです。早いことチューリップを育てたいばっかりに、毎日芽を引っぱっている人というのを私は聞いたことがありません。ぼくらができることは待つこと、それとやっぱり単に待っているんじゃなくて、水をやり、太陽をあてますね。それが必要です。

しかし、もう一つついでに言っておきますと、植物にこやしをやるときに、はりきって根元にたくさんやりすぎて枯らす人がおられます。それと同じように、こういうカウンセリングをする人がいます。それはどういう人かというと、一生懸命になって、「またあしたも会おうか、親に言ってあげようか、ぼくが何とかしてあげようか」といってがんばる人です。そうすると、クライエントはこやしに耐えかねて死んでしまいます。

こやしは離れたところにまけ

　みなさん、そういう経験ありませんか。はじめてカウンセリングをやりかけたときに、一ぺんやって、クライエントが話してくれて、うれしくてしょうがないから、一時間でやめたらいいものを二時間も聞いて、「またあした来なさい」って言ったら、来ないようになったというのがあるでしょう。あれはこやしの効きすぎのカウンセリングです。むずかしいですね。その木が育つためのもっとも適切なこやしというものがある。

　そして、私はよく言うんですが、こやしは根元にまかない。離れたところにまきます。

　そこで、話を聞いて、たとえば「普通の中学生であれば、おとうさん、おかあさんからもう少し中学生なりに自立して、自分の力で生きていけるのに、この子は全然そういう力を育ててもらっていない」ということがわかります。つまり、おとうさん、おかあさんがあまり大事にしすぎて、自立心がかえって育っていないということがわかります。あるいはもちろんおとうさん、おかあさんが無関心すぎて育っていないという人もあります。人によって違うわけです。

　ところがこういうことも起こってきます。そういう子と、私が話をしてますと、だんだん元気が出てきます。カウンセリングの中でずいぶん元気が出てきて、ぼくはひとりっ子で大事にされとったのはいいけれども、自分でぼくがこれをすると言ってやったことがない。いつもおとうさん、おかあさんが言うたことをいままでやってきた。おとうさん、おかあさんの言うたことをやると、いい子やなあってほめられて、そうしてやってきたけれども、考えると、上手に親に飼育《しいく》されていたみたいなものだった。だからぼくは自分の力でがんばりたい、と言いだすと、こちらも非常にうれしくて、これはだいぶ伸びてきたと思う。どんな花が咲くだろうと、うれしくなってくる。

ところが、そういう子が家出するということがわりとあります。あるいは家出をしかけるということがあります。家出をすると言いましても、学校恐怖症の子でほんとうに家出をしてしまう子は少ないんです。そこまではなかなかできません。だから家出に近いことをやる子が多いですね。どんなことをやるかというと、自転車でフラッと出ていって、なかなか帰ってこない。心配して探したけれどもどこからも連絡がない。困っておりましたら、遠い遠いところの交番から連絡があった。なぜだか知らんけども自転車でどんどん走りたいと思って走っていたが、とうとう疲れたから、交番へ寄ったというわけです。こんなことが実際あります。

あるいは、自動車に乗ってみたいなあというんで、もちろん高校生ですから乗れませんけれども、自動車をちょっとさわって、「この中に入ったらどうやろ」と思って、見ておったら、ちょうど年末の警戒で引っかかって、自動車泥棒と間違われたとかいうふうなことが、案外起こってくるわけです。

可能性にはプラスもマイナスも入っている

ここでむずかしいことは、われわれの持っている可能性というものは、プラスのものもマイナスのものも一緒に入っているということです。だからそのあらわれ方のちょっとの揺《ゆ》れによっては、どっちにも動くわけです。さっき言いましたように、ひとりで行動できるようになったと言ったらえらいかっこうがいいですけれども、親元を離れて、飛びだして、かってに家出したんではちょっとやりすぎなんです。

ところが、さっきから言っていますように、うまく育ってきた子というのは、そういうことをやりながら訓練をされて育っていきますから、適当にやれるわけですが、長い間、育てられ方がひずんでいる子は、急にそういう力が出てきますと、どうしても曲がったほうへ出てくることが多いわけです。

そこで「治療と教育」という問題が引っかかってきます。つまり治療という点からだけ簡単に見てみますと、この子がこういうふうに家を飛びだすぐらいの元気が出てきたということは、だいぶ育ってきたではないかというふうに思われる。ところが、教育というほうから硬い目で見ますと、そんなむちゃなことをやってもらったら困る。そういうルールをはずれたことをやってもらったら困る。こういうことになります。

そういうことは、われわれは非常によく体験しています。私の同僚の山中康裕《やまなかやすひろ》先生の書かれた『少年期の心』を読んでおりましたら、おもしろい事例が書いてありました。緘黙《かんもく》って、みなさんご存じですね。学校でものを言わない子。学校でものを言わない子が、山中先生のところへ遊戯療法《ゆうぎりようほう》を受けにいきまして、だんだん元気になってきたら、消しゴムをみんなに投げだすようになるんです。授業中に、切って投げつけるわけです。

それは教育的に言うと、どうもほめられたことじゃないですね。しかし、治療的に見ると、とうとうコミュニケーションがはじまりつつある。つまり、ものは言えないのだけれども、いままで誰ともものを言えなかった子が、ちょっとあの子に言いたいというか、そういう感じで消しゴムを投げていると思うと、これは相当治療は進んできたわけです。

こういう問題はしょっちゅう起こります。そういうときに私は思うんですが、そこでたとえば治療しているんだから、この子が消しゴムをほうるようになったのはいいことだ。いいことだから、そういうことを認めない先生が悪いとか、あるいは消しゴムはどんどんほうらすほうがよろしい、というふうに単純に考えるのは、私はカウンセラーとしてもだめなように思います。またそのときに、消しゴムをほうりだしたというので、その子をバシッと叱る先生がおられたら、私はこれは教育者としてだめだと思います。

つまり、われわれのむずかしいところは、私が際立《きわだ》てて言ったような極端な二つの考え方のまん中あたりに、解決の道を見出《みいだ》していかねばならないことです。つまり、それはだめというのでも、それはよろしいというのでもない。山中先生は、消しゴムをほうるというのはよくなってきたと思うけど、担任の先生はたまらんだろうと思うから、電話をかけて、じつはあの子はものを言おうとする力が出てきているんだから、消しゴムをほうっているのはじつは悪いことではない。悪いことではないけれども、先生としてはつらいでしょうと話しあう。

そういうふうにお互いにわかりあって、一体どうしましょうかということになってきます。担任の先生もちょっと大目に見ていましょうと言われた。そうしたらなかなかおもしろいことが起こりました。先生はちょっと大目に見ていますから、その子がいい気になって、消しゴムをほうる。すると当てられた子が怒りだして、スリッパをほうったわけです。そのスリッパが違う子に当たった。そうしたら「痛い」と言った。先生は黒板に書いておられて、パッとふり向いたら、スリッパを誰か当てられてるでしょう。その先生は緘黙の子がほうったもんだと思って、「○○ちゃん、そんなスリッパをほうったらいけません」と注意した。そうしたら緘黙の子がパッと立ちあがって、「ぼくじゃない」と言ったんです。はじめてここでものを言ったわけです。

これは私、非常に感激して読みました。学校の先生とカウンセラーが心を合わせて、子どもの行動を見守っているうちに、事件が起こって、先生も堪忍袋《かんにんぶくろ》の緒《お》が切れた。消しゴムぐらいだったらいいけど、スリッパをほうるとは何ごとか。先生がバシッと言うたことに対して、その子が立ちあがって、「ぼくじゃないよ」と言った。そしたらみんなが、「○○ちゃん、もの言うた」と喜んだというのです。

そういうふうな非常におもしろいことが、カウンセリングをやっているとよく起こります。私は、実際、それが好きでこの仕事をやっていると言っていいぐらいです。

これはだめだとか、これはいいことだというふうにきめてしまわない。いいことだけれども困ったことであるとか、困ったことだけれどもいいことだというあたりで、みんなが心を揺らしながら、一緒にそこに参加しておってこそ、非常におもしろいことが出てくるように私は思います。

そういうふうに考えますと、さっき私は非常に割りきって、治療的に言うとこうだ、教育的に言うとこうだと言いましたが、じつは治療も教育も一つの道のところへ一致してくると、私は思うんです。簡単に考えずに、上手に考えていきますと、それは治療的でもあるし教育的でもあるというふうに言えると、私は思います。

ところが、いまの話はうまいこといきましたが、いつもうまいことといくとは限らんじゃないかと、みなさん言いたいと思うんです。その子はよかったけれども、そうでないこともある。実際、そうでないこともたくさんあります。というのは、みなさんの中でたとえば非行をする子どものカウンセリングをしておられる人は、そんなおまえが言うほどうまいこといかんじゃないかと言いたいだろうと思います。

たとえば、ある中学生がみんなの前でたばこを吸っている。カウンセリングをしていると、その子の気持ちがよくわかるときがあります。ああまでして、あの子はみんなに注目してほしいのだ。親からも注目されない。誰からも目をかけられない。たとえ怒られてでもいいから注目されたいというんで、あんなばかなことをやっているという気持ちはわかるにしても、その子が学校でたばこを吸うのを、「その気持ちはよくわかる」とか、「可能性の発見」とか言うておられない。

気にかけてくれていることがわかれば

あるいは、こんな例もあります。

小学校一年生の子どもさんで、おかあさんの愛情をほとんど受けずに育ってきたような子がいます。その子は、もちろんうまく育っていない。学校でもほとんどものを言わない。ところで、その担任の先生が「自由にして保護された空間」というのを相当教室の中に持ちこめるような先生であれば、その子は、授業中でもチョロチョロッと先生のところへ寄ってくるわけです。それで先生をつねる。

授業中にやってきてつねられたらたまったもんじゃないですけれども、すぐわかることは、その子は「先生、こっちむいて」と言っているということです。その子にすれば、はじめて自分のことを気にかけてくれる女性が、その子の世界にあらわれたわけですから……。おかあさんと同じことでしょうね。

だから、その先生があっちむくということだけで腹が立つ。ほんとうは、ずっと自分のほうをむいていていてほしいわけです。それが、先生は四十人全体に注意をむけなければならないので公平にやっておられると、出てきてつねるわけです。ところがその先生はそれがわかる先生でしたから、「あんた、おいで」と言って、その子を抱いて、一年生を教えられた。

ひとり抱えて、みんなに教えるなんてこと、できるんだろうか。ほかの子が文句言わないだろうかとみなさん思われるでしょう。ほんとうは、ほかの子だって先生に抱いてほしい子がいっぱいいるはずですね。ところが、その先生はちゃんとできたんです。

なぜだと思いますか。四十人の中で、絶対に先生に抱いてもらわなければならない人がひとりいる場合というのは、私は抱いてもいいように思います。

先ほどの話にかえりますと、非常におもしろいことに、生徒たちはそれがわかるんです。小学校一年生の子は、何もあの先生はひいきをしているんではないということがわかるんです。みんな、ひいきしているとやかましいでしょう。

ひいきしているというのは、そういうほんとうの問題から離れて起こった場合、その子が抱いてほしいからじゃなくて、ちょっとかわいらしい顔をしているからとか、あるいは両親から教師が何かもらったからとかいってやりだしたら、そりゃあ子どもは敏感に反応しますけれども、その子は絶対にそれが必要と思ってやっていたら、みんな怒らない。しかし先生がそうして教えていたら、勉強に熱が入らなくなった子がひとりいる。その子は、やっぱりその次に抱いてほしい子です。つまりおかあさんとの関係が、この子ほどでもないけれども、次に問題のある子です。

そのときに大事なことは、先生はひとりの子を抱きながら他の子どもたちが見えていないとだめです。あ、あの子はかわいそうに、ものすごくかわいそうなことを、あの子に対して自分はしていると気がつく。そうすると、その先生はみんなが勉強しているときにずっと回っていて、その子にとくに声をかけてやる。「ようやっているね」って言うだけでいいんです。あるいは肩をすっとさわるだけでも、その子はそれでだいぶ満足します。つまり、先生は自分のことを気にかけてくれているのだということがはっきりわかるわけですから……。

子どもが本気で怒るとき

だから、われわれは非常に観察眼が鋭くないとだめです。

私の話を聞いて感激する人が、「そうや、やっぱり愛情が大事や」と言うんで、よし、私も誰かかわいそうな子を抱いてみせようと思う人があったとしても、抱いてみせるためには、ものすごい観察眼がなかったらだめだということを忘れないようにしてください。そういうことをするということが、どれだけみんなに対して影響を与えているかということです。そういう力のある人だけができるのです。

あるいは、その子を抱いていましたら、みんな文句を言わずにそれを許容していますが、おもしろいことに、この子が元気になってきたら、必ずみんなは文句を言いだします。子どもたちというのはほんとうに不思議ですよ。もう元気になって、先生がそれ以上抱かんでもいいのに、今度は先生が抱くのが好きになって抱いておったら、必ず文句が出てきます。

そのときに、自分ではっきりわからないけれども、ほかの生徒がざわついてきたとか、誰かが文句を言ったとか、誰かが勉強しなくなったとか、そういうこと全体を見わたしておいて、自分はこの子に授業中にこういうことをしたということは、一体よかったのだろうか、悪かったのだろうかということまで考えられるようになりますと、相当特別なことをやっても、成功するように思います。

人間の心が自然に流れている、この子こそ抱かれてもおかしくないんだということがずっと心に流れているときというのは、子どもたちはそれを許容します。私はそういう点で、ほんとうに生徒とか子どもというのを信頼します。

われわれが本来的なことをやっている場合は、よっぽどルールと離れたことをやっていても、彼らは怒らない。彼らが本気に怒るときは、ぼくはどこかわれわれのほうが間違っているんだと思います。

だから、先生方は、自分の生徒あるいは児童をもっともっと信頼していいと思います。ほんとうにこうだと思うことを自分がやってみて、やったときにみんなはどう言うか。本来的なことをやった場合は、相当彼らはそれを認めてくれると思われていいんじゃないでしょうか。

流れに従うこと

自然の流れということで、ちょっと思いだしたんですが、横道にそれて申しわけないですが、印象的なことだったんで話をしたくなったのですけれども。じつはみなさんご存じかどうか知りませんが、ベッテルハイムというアメリカ人で、自閉症《じへいしょう》の子どもさんのことをよく研究した有名な学者がおられるんですが、その方が京都大学へ来ておられまして、日本の小学校で一年生はどんな授業をしているのか見たいと言われるわけです。

それで私はベッテルハイムさんを連れて、ある小学校へ見学に行きました。カウンセリングをずっとやっておられて、いまは小学校の校長先生をしておられる中村良之助という先生にお願いして、京都の小学校に見学に行ったわけです。

中村先生が、ベッテルハイムさん夫妻を、小学校一年の教室に連れていってくださって授業を見ておられました。そこでおもしろいハプニングが起こりまして、一年生の子が急にウェーッて吐きだしたわけです。そこでその先生はパッと教科書を置いて、その子をトイレへ連れていかれたんです。

すると私の横におられた中村先生がスーッと出ていって、教科書を持って続きを教えられるんです。生徒は平気で続きをやっています。担任の先生は子どもの世話をしてだいぶたって帰ってこられたんです。中村先生は教科書を渡して後ろへ行かれ、その先生がまた続きを教えられるんです。

それをベッテルハイムさんが見まして、ものすごく感心しまして、こんなことはアメリカでは考えられないと……。ベッテルハイムさんがいちばん感心したのは、「なんと日本人はものを言わずに、お互いによくわかるんだろう」ということです。

一年の担任の先生が、「私、ちょっとこの子を連れていきますから、校長先生お願いします」なんて全然言いません。その子を連れて、パーッと出ていくだけだし、中村先生も平気で教えて、先生が帰ってきたら、「私がやってました」とも言わずに、教えている教科書の場所をおさえるだけで退《しりぞ》くと、先生はすぐに続きをされる。生徒たちもみんなまるで何ごともなかったように授業を受けている。

アメリカ人から見れば、すべてがことばなしで行われる点に感激したんでしょうが、私が感心したのは、そういう教育的な流れが自然に流れているときというのは、その流れに小学校一年生の子が全部入っていて、どんなことが起こっても、全然びくともしないということです。へたな先生だったら、ウェウェなんていう子どもを連れて外へ行かれたら、子どもたちは大騒ぎをすることでしょう。ワァーッと叫ぶとか、ついてくるとか……。それでまた急に校長先生が続きを教えるなんてことをしたって、みんな話を聞けないと思うんですが……。

それが何ごともないように、全部スーッといくということは、子どもたちはそういうものを非常に鋭敏に感じとっている。そこに不安がないということです。そこで校長先生があわてたとか、担任の先生があわてたとかいうことがあれば、子どもたちも不安になるんでしょうが、そういうことはなしに、流れているものに平気で乗っている。

横道へ行きましたが、そういう人間の心が流れているときに、流れている方向と言いますか、そういうものをわれわれがはっきり見定めることができたら、教育の「教える」ということとか「規則」ということとか、カウンセリングのほうの「育てる」ということがどこかでぶつかるように見えながら、ちゃんと一つの流れの中に流れこんでいくことができるということを、われわれは知っておくべきだと思います。

「いい子」のジレンマ

学校のルールというものとカウンセリング的な「育てる」というものがぶつかるということが多いという点で思いだした例を一つあげます。これも私、非常に印象に残っているんですが、ある中学校の先生からお聞きした例なのです。

その先生の話によりますと、担任をしている女生徒の親から電話がかかってきまして、その女の子のところに名前を伏せた手紙が来たとのことです。その手紙の中にはセックスに関することが書いてあった。純真な女の子ですから、ものすごくびっくりして、おかあさんに言った。おかあさんも憤慨《ふんがい》して、一体こんないたずらを誰がするのかわからないけれども、あんまり腹が立つから、ともかく担任の先生に伝えるというわけです。

その中学校の先生はその手紙を見て、この筆跡に見覚えがあるとわかってきたというんです。そして、「これは去年卒業したあの子だ」とわかったというんです。なかなか大した先生だと思いますけれども、その筆跡から考えて、いま○○高校の一年生になっているあの子に違いないと思った。ところが、その家へ行って、手紙をつきだして、「これおまえ書いたんやろう」と言ったって、知らんと言われたらさっぱりですね。いくら筆跡が似てると言ったって、「知らん知らん」と言われたらさっぱりだけれども、ほっとくわけにはいかんと、その先生は思ったわけです。

ついでに言っておきますと、その高校一年生の男の子は、中学時代は非常にいい子だったそうです。だから先生としても、まさか、あの子がやるとは思えないという感じと、筆跡から考えても、どうしてもそうだという気持ちがあったので、よけい確かめたいという気もはたらいたんでしょう。ところが、もう高校へ行っていますから、中学の先生が訪ねていくのに、どうしたらいいのかずいぶん迷われたんだけれども、ともかくその家へ行って、「ちょっとこのへん寄ったから」と言って、その子を「散歩に行こう」と連れだした。

家で話すといけないので、二人で散歩に出て、神社か何かのところまで行って、その子に手紙を見せて、「これ、おまえ書いたんちがうか」と言うわけです。そうしたらその子が非常にあっさりと、「ぼくが書きました」と言った。あんまりあっさりと言ったんでびっくりしてしまったんですけれども、「何でこんなことしたんや」と言うと、その子は、「自分でも何でこんなばかなことしたのかわからない。夜中に勉強しておって、十二時過ぎたころに、なんか退屈でいやになってきて、なんかむしゃくしゃしてきたんで、そこらにあった週刊誌からそういうやつを写して、あの子に出したれと思って出したんや」と言う。

そして、「先生、ぼくはむしゃくしゃしてしょうがないんや。勉強、勉強っておかあさんに言われて……。じつは、うちのおかあさんは、先生は知らんだろうけども、ちょっと悪い成績をとったら、一日中全然ものも言うてくれへん。頭から叱るということはないんだけれども、一切ものを言わない。そのときはほんとうに冷たい感じで、おかあさんと自分はまったく切れてしまった気がする。そんなことで、自分はわりあい勉強するので、先生はえらい生徒と思ったかもしれないけれども、自分はつらくてしかたがないんや。そんなのでむしゃくしゃしているうちに、やってしまった」と言う。

カウンセリングは近所迷惑⁉

先生は、それを聞いているうちに、その子の気持ちが非常によくわかる。それからきょうはそういう話をする間がありませんが、子どもが自立していくときと子どもの性の問題は、非常によくこんがらがって出てきて、性的な問題であるかのごとく見えても、ほんとうは子どもが自立しようとするあがきとして出てくる場合が多いんだということを私はよく言っていましたので、その先生はそれを思いだしたんですね。

だから、はあ、この子はこういうふうにおかあさんに冷たくやられている中で、何とかあがいているうちに、こういう変なことをしたんだなということが先生はわかってきた。「先生、ぼくの気持ちようわかるやろ」、「うん、わかる」と言ったら、「おかあちゃんに言わんといてくれ」と言うんです。「ここでおかあさんにこんなもの見せたら、何日黙ってしまうかわからへん。それを思ったら、ぞっとするから」と言う。

みなさん、こんなときにどうされますか。

こういうことは、カウンセリングをしていると非常によく起こります。ぼくらは、その子の気持ちがわかるだけに悩みます。中には、先生、ウソをついてくださいと言う人もよくあります。いまから私、ほんとうはボーイフレンドと遊びに行くんだけれども、おとうちゃんはボーイフレンドと遊びに行くと怒るから、おとうちゃんから電話がかかったら、ちょっと電車が遅れましたって言っといてくださいなどという人が実際にいます。

そういうふうなことがいろいろあるわけですが、この先生がどう言われたかというと、「おまえの気持ちはものすごくよくわかるけれども、おまえのしたことはたいへんなことだ。男のほうは、週刊誌を写して出したつもりかしらないけれども、もらった女の子の気持ちというのは、ものすごくたいへんなのだ。あるいはその家の人にとってもたいへんなことである。それほどたいへんなことをして親に言わないということは、教師にはできない。だから、おれは絶対に言う。言うかわりに、おまえの気持ちもよくわかったので、おかあさんがもっと考え直してもらわないかんということを、ぼくとしても全力をあげておかあさんに話をする。しかし、こういうことをうやむやにしておくということは、教育者としてできないんだ」ということを言われたわけですが、その子が、「それやったら、先生、言うてもいいわ」というわけで、その子を連れて家へ行かれたんです。

ところが、わかると思いますが、先生がそこまで決意をして乗りこんでいった場合は、先生の言い方が違うので、おかあさんの受けとり方が違う。なにも子どもがほんとうに憎いおかあさんというのはあまりおりません。そのおかあさんにしても、憎いというよりも悪い点をとられたらつらくなってしまって、そうなってしまうんだと思うのです。

そこで先生が必死になって話をされ、「こんな手紙を出したんですよ。ここまで子どもを追いこんだのはおかあさんですよ」ということを、正面からがんばって言われたんで、おかあさんも納得された。もちろんおかあさんもはじめは怒られましたが、そこからおかあさんもずいぶん態度がかわられて、うまくいったという話を聞きました。

この場合、私が感心しますのは、われわれカウンセリングをやっている者は、子どもの気持ちがよくわかる。わかりすぎるために、へたをすると甘くなってしまうというところがあるんです。そして何かその子の秘密を守ってやったとか、あるいはその子がおかあさんから怒られるのを救ってやったような気持ちになりながら、ほんとうはそれを種にして、その子なりその子のおかあさんなりが前よりよくなろうとする機会を、カウンセラーの甘さが奪ってしまっているということがあるんじゃないか。このことを、ぼくらは非常に反省すべきだと思います。

消しゴムを投げる子の話をしましたが、ある子どもの可能性を伸ばしてくるということは、ある意味では、まわりの者は一応迷惑するわけです。確かに緘黙の子がずっと黙っているということはつらいことですけれども、その子が黙ってくれているほうが、消しゴムをほうり回るよりは近所の人は楽なわけです。そういう点を私は非常に単純な言い方をしまして、カウンセリングは近所迷惑なものだとよく言っています。

そういうときに、カウンセラーのわれわれが甘さの中におぼれこんでしまうとたいへんなことになる。さっきの話でしたら、その子がおかあさんが冷たいと言うと、そんな冷たいおかあさんは困る。よし秘密にしておいてやろうというふうなほうへ行ってしまったら、せっかくの機会を無にしてしまうということが起こると思うんです。

痛みを痛みながらやっていく

そういうふうに考えますと、学校における、ルールを破ってはいけないということと人間が育っていくためには、ある程度、どこかでちょっとルールを破らねばならないというジレンマ、そういうものをわれわれカウンセラー自身が引き受けると言いますか、痛みを痛みながらやっていかないとだめだということがわかります。これは教育者にとっても同じだと思います。

つまり、そこで先生が子どもの気持ちがわからずに、「なんだ、おまえ、そんなばかなことをして、おかあさんに言うてやる」と言ったら、これはやっぱりむちゃくちゃになっていたと思います。

また逆に子どもの気持ちがわかりすぎて、おかあさんに言わなかったら、これはまた問題です。

ところが、いざ自分がその場に置かれますと、高校生に「先生、おかあさんにだけは言わんといてくれ」と言われたときは、こっちはほんとに困りますよ。もうどうしようかと思って、胸がドキドキします。そのときに、どうしたらいいか、カウンセリングの本のどこかに書いてあるかなと思ったって、なかなかそういうことは書いてありません。

そして、私は思うんですが、そのときにわれわれはどうしていいかわからないつらさを体験しますけれども、そのつらさよりももっとつらいことを、先にその高校生は体験しているわけです。つまりおかあさんに冷たくされたということです。

これはほんとうにぼくのおかあさんやろかと思ってみたり、もう勉強はやめてやろうかしらと思ってみたり、勉強したら、おかあさんは急にニコニコしだして、上手な料理もつくってくれるから、やっぱりおかあさんの言う通り、勉強しようと思ってみたり、その子は高校生なりに、非常に苦しい、つらい体験をしているわけです。その苦しい、つらい体験とだいぶ似たものがぼくらの心にも起こってこそ、カウンセリングは進むように、私は思います。

そして私が思うのは、そういうつもりでやっておりますと、クライエントは非常にうまいこと、われわれをそういう苦しみの中へ入れてくれるような気がします。そしてその高校生が、「先生、秘密にしといてな」と言うときは、一体こっちもどうしていいかわからない。むこうもどうしていいかわからない。お互い対等のところに立って苦しんでいる。そういう感じです。

じつは、私はそういうふうな対等のところに立ってむかいあうということが、カウンセリングですごく大事なことですし、じつは教育でも非常に大事なところではないかと思います。「育てる」というほうに注目しますとね。

上下関係のない関係

ここでまた、もうちょっと教育というほうにかえってきますと、ここでまた間違わないようにしていただきたいのは、対等の立場に立つとか、もっとかっこうのいい言い方で、「クライエントとセラピストは共通の地平に立つ」とか言いますが、その点についても反省が必要です。

カウンセラーが上で、クライエントが下におるんじゃなくて、一緒のところにいる。だから、高校一年生の子と私と、あるいは小学校一年の子と私とが、上下じゃなくて、同じところに立って会う。これがほんとうのカウンセリングであるとか、ほんとうの教育であるというふうなことを言いますと、中に間違われる人がおられまして、「私は小学校の教師ですけれども、子どもと同じようにやっています。むちゃくちゃやってます。漫画が大好きですわ」とか、「子どもと同じように、いたずらをやっています」と言うんですが、それで対等だと思われたら、非常に困ります。

知識まで対等で、何にも知りませんなんていうのがよい先生であるということはないので、そこのところを決して間違わないように……。というのは、「教える」ということがもし入るならば、知識を「教える」という点に関しては、生徒と先生は圧倒的に違わなければならないと私は思います。

何もかも同じだったら、月給をもらう価値がないと私はいつも言っているんです。

もしそこまで先生と生徒が対等やとがんばる先生がおられましたら、先生は授業料を払っていただきたい。むこうが払って、こっちがもらうんだったら、もらう分ぐらいえらくないと困ります。つまり、それはどういうことかと言いますと、知識ということに関しては、圧倒的にわれわれのほうがよく知っている。単に知っているだけじゃなくて、今度は子どもたちに算数を教えたり、国語を教えたりしていますが、そういう教え方についても非常によく知っている。ほかの人が教えるよりは、自分が教えるほうがよく教えられるという点で、われわれは子どもと比べるときに格段の差がある。だから教師である。

しかし、私の言っていますような、心のほんとうに底にある可能性の問題というところまで話を持っていきますと、俄然《がぜん》そこでわれわれは対等になってくる。ところが、非常におもしろいことに、そういうときになるほど、みんな上へ行きたがります。先生と生徒というふうに……。こんな事件だったら、先生と生徒が上と下になるのは非常に簡単でしょう。

「何やおまえ、こんなばかなことして」と言ったらしまいです。「おれはこんなばかな手紙、一ぺんも出したことなかった」と言ったら、ばかなことをした生徒と、何もしなかったえらい先生と、パッと分かれます。

そうでなくて、私が言っているのは、その子は確かにむしゃくしゃしてこんなことをせざるを得なかった。あるいは冷たいおかあさんに対して、どうしていいかわからなかったという苦しみを持っている。

私は、それと同じ苦しみじゃないですけれども、この高校一年生の子と話をしながら、この子の秘密を守っていいのかどうか。その冷たいおかあさんのところへ私が行って、話をするのかしないのかということで、ほんとうに迷っていると言いますと、私はその子と同じところにいます。その子も、その冷たいおかあさんに対してどうしようかという点で迷っているわけですから……。

そういうときに同一のところに立てるということが、ほんとうの教育であるし、カウンセリングであると私は思うんです。

しかし、こんなふうに言いますけれども、私がいま言ったようなことをするのは、ものすごいエネルギーのいることです。つまりそこで、その子が、「先生、秘密にしておいて」と言ったときに、「よし、秘密にしておいてやろう」というふうに、先生が言って帰ったほうがよっぽど楽です。それはおかあさんに言いにいくとなるとたいへんです。おかあさんのところへ行ってから、三時間くらい延々とやらねばなりませんから。

だから、われわれが本気になって、こういうことをしようとするためには、やはりものすごいエネルギーがいるものだということも忘れてはならないことだと思います。

子どもがよくならないのには理由がある

さっきも言いましたが、上と下の関係になって、下の者に説教するという格好をとる限りは、何時間やっても、するほうは疲れません。というのは、自分は高いところから下の者に言っているわけですから……。長いことやればやるほど、こちらの精神衛生がよくなるくらいでして、疲れるというようなことはないです。聞いているほうは疲れますけれども……。

あるいは、先生のほうばかり話をしましたが、親の立場でもそうです。親でよく言われる人があります。「私は子どものためにこれだけやっているのに、どうして子どもはよくならないんでしょう」と。子どもの苦しみ、悲しみという点において、同じところに立ってやるんじゃなくて、上から、うちの悪い子どもをどういうふうによくしてやろうか、そういう考え方です。

どこかいい先生のところへ連れていってやろうかとか、どんな薬があるやろうとか、ハリが効くからあっちへ行こうかとか、つまりものすごい時間と金はかかっています。けれども、ひとりの生きた人間としての子どもに会うということは、一ぺんもなされていない。それ以外のことは全部といってもいいくらいしているんです。そして、私は子どものためにどこそこへも行ってきました。あそこへも行きましたと、できるだけのことはしたように言われるのだけれども、私が言ったような意味における子どもの悲しみとか苦しみと、本気でまっすぐ正面からむかいあって話をされたことがあるかというと、絶対にないはずです。

なぜかというと、そっちのほうがどれだけエネルギーがいるかわからないからです。そういうことをするのがカウンセリングであると考えますと、先ほどから言っていますように、治療と教育ということは、すごく結びついてくると思います。

最後にもうちょっと言っておきますと、こういうふうに言いますと、治療と教育は非常に結びついてきまして、カウンセリングと教育も結びついてきて、そうしたらもう教育者は全部カウンセラーであるとか、カウンセラーは全部教育者であるとか言いたくなってくるんですが、実際にやってみますと、そう簡単にいかないところがあります。

なぜかと言いますと、さっき「育てる」ということを言いまして、「育てる」中で、子どもなり生徒たちがいろいろルールを破ったりしても何とか先生の努力によってうまくいく範囲を言いましたが、そうは言っても、学校だけではどうしてもうまくいかない子がいるというのは事実です。学校の先生の努力だけではどうしてもやりきれない子どもは、私はいると思います。

私がいま言いましたような配慮が、先生方に少しでもありますと、いままでよりもよっぽど教育はうまくできるでしょうが、ただ子どもの持っている問題が非常に大きい場合は、子どもたちが起こす問題にしても、その程度が大きいです。あるいはむずかしい。

たとえば中学生や高校生の例で言いますと、ちょいちょいそういうのがありますが、自分は非常に変なにおいがするから、においのために自分をいやに思っていると訴える人がいます。実際はにおわないのだが、本人はそう思いこんでいる、そんな生徒さんがいますと、先生がこの子に共感しようと思っても、なかなか共感しにくいと思います。その子が、先生、変なにおいがするでしょうと言ったときに、においがすると言ったほうがいいのか、しないと言ったほうがいいのか非常にむずかしい。このような例は学校の先生ではなかなか扱えません。

だから私が言いたいのは、確かにカウンセリングと教育は非常に関係してきますけれども、ほんとうにむずかしい、先生の力ではどうしても扱えないという場合は、やはり専門家に任すということも考えていただきたい。われわれはそういうむずかしい人に一対一で会っているのです。

裏切りは治療のはじまり

実際、私は思いますが、そういう生徒さんたちに会って、ほかの人たちよりもわれわれが何か意味があるというのは、その子の苦しみがほかの人よりもよくわかるということじゃないかと思います。そういう子どもが来たからといって、われわれは治《なお》す方法というのはないんです。

結局、いまも言いましたように、その子に対して「自由にして保護された空間」を与えて、その子が自分で治ってくるのを待つんですが、そのときに、その子のつらさをわれわれがどれだけわかることができるか。これはやっぱり相当経験がないと、また単なる経験だけではだめで、よほどの訓練を受けてないと、わからないと思います。

あるいは非行少年の子どもでも、単純にちょっとたばこを吸ったとかくらいだったらいいですけれども、もっともっとすごいことをやらかす子がいますね。みなさん、そういう子のカウンセリングをされた経験のある人はみんな覚えがあるでしょうが、そういう非行をした子どもにカウンセリングをして、「ちょっとよくなってきたなあ」と思うときに、必ずといっていいぐらい、その子はもう一ぺん悪いことをします。必ずやるといって間違いないくらいでしょう。

われわれがカウンセリングをしますと、ずっといい子になってきて、ほかの先生も、やっぱり「カウンセリングしたらいい子になるなあ」と喜んでいると、その子が何か悪いことをする。もっと極端な場合だったら、カウンセリングをしてくださっている先生の家に下宿までして、がんばってよくなった子が、その先生の月給を盗んで逃げたことがあります。

みんな、裏切られたって言いますね。これだけ一生懸命してやったのに、おれの月給持っていきやがって、裏切られたと言いますけれども、ぼくらからすると、そういうのはみんな治療のはじまりみたいなものでして、だいたい起こってあたりまえなんです。

ただそのときに、そりゃあ確かに金を盗《と》られてうれしいことはないけれども、そういう子がほかの人じゃなくて私の月給を持って逃げざるを得なかったということを、私がどこまで理解することができるか。ほんとうに共感することができるか。そういうふうになりますと、これはなかなかむずかしいわけです。

立ち直りを待つ

そういうふうになってきますと、これはちょっとややそっとカウンセリングの勉強をしたからとか、教育とカウンセリングは根本的に似ているからといって、簡単にはいかないところがあると思います。だから、やはり非常にむずかしくなってきますと、専門的な人が当たるほうがいいんじゃないかと私は思っています。

ただし、そのときに大事なことは、「おまえみたいな悪いやつは少年院行きや」とか、「おまえみたいな変なやつは児童相談所へ送ってしまうぞ」とか、そういうふうな言い方じゃなくて、この子はやっぱり専門的な人が当たったほうがいいんじゃないかというふうな考え方で専門家に頼む場合と、厄介者払《やっかいものばら》いをしてしまおうと思って言うのとでは、ずいぶん違います。

そういう子どもたちの中で教護院へ行ったり、少年院へ送られたりする子がいますね。そういう子どもたちが立ち直っていくための非常に大きい条件として、その子が入っている間に、担任の先生が面会に来たというのがあげられます。つまり、担任の先生が「おまえみたいに悪いやつは少年院行きだ」という考え方じゃなくて、残念ながら行ったけれども、帰ってきたら受け入れようと思って、面会に行かれる。あるいは面会に行けなければ手紙を出してあげる。そのことがあるかないかで、立ち直り方がものすごく違います。

つまりせっかくその子たちが立ち直ろうとするときに、「あなたが立ち直ってくるのを待っていますよ」ということを言ってくれる教育者がいるのかいないのか。厄介者払いしたから、「できることなら卒業までは出てきてくれんほうがいいんや」なんて思っている人がおられたら、その子は出てきても行くところがないんです。行くところがないから、結局はまた何か悪いことをするよりしかたがないんです。

そんなふうに考えますと、みなさんは、自分がいま学校の教師としてはこの子にはここまでしかできないので、いまは専門家に任してあるが、帰ってきたときに、また自分は教師としてつきあおうというふうな考え方をされますと、これは非常にうまくいきます。実際に、そういう連絡をとりながら、上手にそういう生徒たちをよくしていった先生方というのは、中学にも高校にもおられるわけです。

もう一つ、これは非常にむずかしいことですが、われわれはほかの人に比べて、子どもたちが悪いことをする気持ちがよくわかるわけです。「たばこを吸って悪いやつや」というんじゃなくて、ああまでして注意を引きたがっているとか、あるいは消しゴムをほうったにしても、これはコミュニケーションのはじまりだとか、よくわかるわけです。

わかりますけれども、その反面で、「おまえのやっていることは悪いことだ」というのは決して忘れてはなりません。これはへたをすると、わかりすぎて、まるでいいことをしているみたいな気になってくるわけです。だから家出なんかしたら、元気になってきたというんで、「もっと家出やれ」というような気持ちになりますと、その子はどこまでやったらいいかわからんようになります。

そういうふうなことをやりながら、いろんなものとぶつかって、人間は自分の力を試しながら自分にふさわしい生き方をつくりだしていくわけです。しかしそのために、カウンセラーが「おまえの気持ちがわかる」ということを拡大して、「おまえのやっていることはいいことなんだ」というふうになってしまうと、だめなんです。

ところが、「おまえのやっていることは徹底的に悪いことであって、何も意味がない」というのも、これまただめなのです。そうじゃなくて、「おまえのやっていることはわかるし、意味を持っていることだけれども、その行為自体は悪いことである」。ことばで言ったら簡単ですが、この非常に簡単なことを、生きている人間の心の中におさめるということはたいへんなことでして、そういうことを実際にわれわれがどこまでやり通すことができるか。それを生きぬいてその子どもにぶつけることができるかということによって、われわれがどれほどのカウンセラーであるのか、あるいはどれほどの教育者であるのかということが決定されるというふうに思います。

やはり、そういう両立しがたいものをわれわれの生きている心の中でどこまで両立させていくかというところに、われわれの使命があるように思います。

第二章　心を聴く

私が児童文学を読むわけ

きょうは「カウンセリングの理念と技法」という題でありますが、ここの講座には毎回呼んでいただきましてやってきているだけに、また同じことをしゃべるのじゃないかと思って心配しているのですが、なるべくそうならないように気をつけながら話を進めていきたいと思います。

先ほども、この前しゃべったことと、同じことを言わないようにしようと思って見ていたのですが、誰でもそうですけれども、なかなか変わったことを言うのはむずかしいもので、ついつい同じことを言ってしまうわけです。とくに「カウンセリングの理念と技法」という題を出されましたら、カウンセリングに対する理念とか、私の技法というのはそれほど変わるものではありませんので、同じようなことになりそうですが、なるべく最近の話題と関連させながら、カウンセリングの理念と技法ということを広く考えてみたいと思います。

私はカウンセリング以外のこともいろいろやっておると司会の方が言われましたが、必然的にそうなってきたわけで、片手間にあちこちやっていたというのではなくて、カウンセリングをやっておりますと、どうしても広いことをやらざるを得ないと思っております。

たとえば、最近児童文学のことをずいぶんやっておりまして、児童文学のことについてものを書いたりすることが多い。そうすると「あなたは何でもやるな。カウンセリングの片手までやっているのか」と言われるのですが、私のつもりでは、カウンセリングの片手間に児童文学をやっているというのじゃなくて、私の仕事と非常に関連していると思っているわけです。

極端に言いますと、カウンセリングの本を読むぐらいだったら児童文学の一冊でも読んでほしいと言いたいぐらいです。きょうも児童文学の本を一冊持ってきまして、それを種にしてカウンセリングの理論と技法というものを語ろうかと思ったぐらいでした。

たとえば児童文学の中で、親と子が対話したり、子どもが先生とものを言ったりするところが出てきます。そういうところを見ておりますと、こういう関係、こういうやり方が、カウンセリングにおける人間関係とまったく同じだ。われわれよりももっとうまく書いてあると思うときがあります。

われわれはどうしても理屈ばったことを言います。受容するとか共感するなどと言う。漢字で書いてしまったら簡単ですけれども、実際はそのときにどんなふうにしたらいいのかとなりますと、なかなかわからないわけです。みなさん、カウンセリングの本もある程度読んでおられるでしょうし、ここでも話を聞かれるわけですが、話を聞いてもほんとうはどうしたらいいかなかなかわからない。ほんとうはどうするかというところが、児童文学の本なんか読みますと、ピッタリするものが出てくるわけです。

この先生はこんなふうにしたけれども、こんな方法もあるのじゃないかと思えるでしょうし、ここでこの先生がやったことこそ共感と言えるのじゃないかと思うところもあるわけです。そんなふうに思いますので、ついつい児童文学の本を読んでしまう。なぜ大人の本を読まなくて児童文学を読むのかと言われると、老眼鏡をかけなくても読めるからだと言っているのですが……（笑）。このごろ目が悪くなりまして大人の本は老眼鏡をかけないと読めないのですが、児童文学は字が大きいし漢字が少ないし、すぐ読めますので。

そういう冗談を抜きにして言いますと、児童文学というのは子どもの目を通して世界を見ていますから、かえってよく見ているところがある。大人というのは、大人の常識というものを持っておりますので、どうしてもその目で見てしまいます。たとえばおしぼりを見ましても、ぼくらはすぐにおしぼりと思ってしまうわけです。これを見るが早いか、手ぬぐいとかおしぼりということばが出てくるわけです。

ところが子どもの場合は、おしぼりを見ても、ナメクジに見えるかもしれないし、相手に投げつけてやろうかと思うかもしれないし、いろんな連想が出てきまして、非常にいろんなふうに見ることができる。われわれ大人というのは、どうしても縛《しば》られている。

いま話をしておりますようなことが、じつはカウンセリングと非常に関係してくるわけです。いろんな言い方ができますが、まずカウンセラーという人は、ものごとを簡単にきめつけない人だという言い方ができると思います。

おしぼりをお見せしまして、これはおしぼりだときめつけてしまうことはしない。もちろんおしぼりだということを知らなかったら困ります。知ってはいるのですが、ほかのものになるかもしれない。ほかのことに使えるかもしれないと、いろんなふうに思うことができる。

いろんな見方ができると

たとえば、きょうみなさんは非行少年の話を聞かれたと思いますけれども、非行少年だときめつけてしまうことがいちばんいけないことです。

ある子どもがたばこを吸っている。そこですぐ、この子は非行少年である、もっとひどい人は、だからだめだときめつけてしまうと、その子はそれ以上変わりようがない。どうせ先生はおれをだめだと思っているんだから、あるいはどうせ先生はおれなんか問題にしてないんだから、ご要望にこたえてむちゃをしようということになってきて、やればやるほど、われわれは「それ、思っていたとおりだ」と思うわけですから、私が思っているのとむこうがやるのとどんどん合うばかりで、今度その子がほかのことをしようと思っても、変わりようがないのです。

ところがカウンセラーというのは、非行少年が来ましても、非行少年であるかもしれないし、ないかもしれない。たばこを吸っているけれども、よい少年かもしれない。悪い少年かもしれない。といって、間違えないでください。私のこのような話を聞いて、感激しすぎる人で、逆を言う人がいるのです。非行少年は、みんな立派ないい人ですとか……。

立派かどうかわからんでしょう。立派であるときめつけるのもおそれおおい話であって、別に立派ときめなくてもいいのです。どんな人でもみんないい人だと言うけれども、いい人は案外悪いことをしますから、そうはきめつけない。広い立場でその人に会っていく。

じつはこれは非常にむずかしいことです。こんなふうに言っております私も、長い間の経験を通じて、だんだん、割合きめつけずに人に会うことができるようになってきました。しかし、なかなかはじめのうちはそうはいきません。頭で考えておってもだめで、実際にみなさんがそういう人たちに会っていかれますと、わかると思います。また逆に、きめつけずに会うということがどんなにむずかしいことかということもわかられると思います。

子どもの目というのは、きめつけずにいろんな見方をしている。いろんな見方が書いてある本を私は読みたいのです。私は児童文学の本を読んで、これは児童文学としてすばらしい傑作《けっさく》だとか、これは読むべきであるとか思っているのではなくて、ひたすら思っているのは、私がカウンセラーとして人に接し、カウンセラーとしてやっていく上で意味のあること、感激することを読んでいるというふうになるわけです。だから児童文学のこともやっているのです。

最近では神話について話したりしていますけれども、神話も私の仕事とすごく関係しているのです。たとえば、家庭内暴力で子どもが親を殺したりすることがあります。そんなことはすさまじいことですけれども、神話を見ますと子どもが親を殺した話とか、兄弟で殺しあう話もいろいろ載《の》っているわけです。

神話の世界の話を見ていきますと、現代の世の中に起こっていることが、そのもとになるような形で載っている。だから神話を私は一生懸命読んでいるわけです。それをいまの世の中のこと、私がやっていることと照らしあわせて読んでいる。

みんな関係してくるわけです。みなさんが実際にカウンセリングということを真剣におやりになる限り、いろんなことを勉強しなくちゃなりません。この中に実際にカウンセリングをしたり、学校の先生がたくさん来ておられますが、もし自分が教師として接する子どもの目のすばらしさに出会ったら、それを機会に勉強してください。それをとくにお願いしておきます。

私がこんなことを言いましても、なかなか勉強というのはできないものです。私もそういうたぐいでして、これを読もうかなとか思って買ってきて、本だけいっぱい積んで、ツンドクをやっている。ツンドクもしない人があるようですけれども、せめてツンドクぐらいやってください。私はたくさん本を書いていますので、読まなくてよろしいですからどうぞお買いくださいと言っているのですが（笑）、ツンドクしていただくだけでもけっこうです。

本を「生かす」読み方

買ってきてそのまま積む人はないでしょう。パラパラと見て、どんなことを書いてあるか目次を見たり、あとがきを見たりします。そして置いておくわけです。自分が担任で持っている子どもが、たとえばおかあさんをなぐったということを聞きますと、一体子どもがおかあさんをなぐるということはどういうことやろ、そういえばそんな話がこの間買ってきた本にあったなとかいうときに本を読んでください。そうしますと、単に本を読むよりすごく自分の心に入ってきます。

この本にこんなえらそうなことが書いてあるけれども、実際はうまくいかないじゃないかということがわかることもあるし、自分は家庭内暴力なんてむちゃくちゃだと思っていたのに、本を読むとこんな見方があるのかとか、こんなふうにうまくやっている人もあるのかというふうに、わかってきます。みなさん、自分の直面したことがらと関係のあることは、できるだけ本で調べるようにされたらいいと思います。

ただし、これもむずかしいことですが、本で調べるということと、本にとらわれるということとは違いますので、間違えないようにしてください。本には一般的なことが書いてあるわけでして、みなさんが会っておられる個人のことをそのまま書いてある本というのは絶対ないはずです。

たとえば登校拒否の子がおった。学校へ行かない。何かの本を見ますと、登校拒否の子を学校へ行かせた体験談が書いてあって、その先生はその子のところへ通っていって話しあいをしたと書いてあったら、それじゃこの通りにやろうかと簡単に考えないように。この先生はこういう方法でやっておられる。しかし一体自分は、あの子に対してどうしたらいいのかと考えてください。

私の知っている人で、登校拒否の子のところへ行ったら、何も話をしてくれないけれども、碁《ご》が好きだというので、先生が碁をやろうかと言うと、やろうやろうと言うので二人でやっているうちに、先生も強いほうだったのですが、子どものほうがどんどん強くなって、ついに先生も負かされるころになったら、子どもが学校へ行くようになったという話があります。

そんなのを聞くと、おれは碁ができんからもうだめだ。そんなことは思う必要はないので、碁はできなくても、将棋《しょうぎ》をやる子がおるかもしれないし、碁も将棋もやらなくても子どもが碁をやりたいと言ったら碁をやるような精神が大切なのです。碁なんてやめて学校へ行きなさいとか、勉強しなさいとか言うのじゃなくて、まずその子の興味のあるところから一緒にやっていこうという精神を汲《く》みとれば、別に碁ができなくてもうまくできる。

本を読まれますときに、すぐ自分の事例に短絡的《たんらくてき》に結びつけない。本から得たことを、自分の事例にどのように「生かせる」かと考えてください。

大学の講義は、なかなか先生はいいことを言っておられるのですけれども、問題は学生がほとんどおぼえてないということでしょうね。これは学生さんを責めているんじゃなくて、私自身もそう思います。

私の学生時代に習ったノートが、家の整理なんかしていると出てきて、面白半分に見たら、早くからなかなかいいことを習っているんです。ノートに書いてあるんだけれども、全然おぼえてなくて最近私が発見したような顔をして人にしゃべったりするんだけれども、じつは大学時代に習っているのです。

それはなぜかというと、先生が話しておられるだけの体験を学生は持っておりませんから、頭にちょっと残っていても、自分の心に残らない。だからこそわれわれは、大学で学生さんに教えるということは、非常にむずかしいことだと思います。

大学で数学を教えたり物理学を教えたりするのはまだ教えやすいでしょうが、カウンセリングとか教育学は非常に教えにくいと思います。その人がある程度の人生の経験を踏まえないと、なかなかわからないところがあるのです。カウンセリングとか教育とかは、ある程度年をとらないとできないところがある。人生経験を必要とするところがあります。

講義だけ聞いてもおぼえられない。逆に言いますと、体験に基《もと》づいて本を読む。これをやりますと、非常に自分のものになってきます。

心理テストで見えること

カウンセリングをやるかたわらで、あるいはその補助として、たとえば心理テストというのがあります。心理テストをしてある程度子どものことがわかったりしますので、それを使って診断しようということもあるわけですが、心理テストにしても、本だけ読んだって絶対わかりません。本で読んだ知識が自分のものになって使えるためには、相当な経験を要します。

私はこのごろテストというものをほとんどやりませんが、昔は心理テストをすごくやったのです。ロールシャッハテストを鬼《おに》みたいにやっていたのですが、ロールシャッハテストが上手になるよい方法は、自分の知っている人にテストさせてもらうのです。

自分の友だちにたのんで「すまんけどこれ一ぺん受けてくれないか」というふうにするときに、その友だちをよく知っているわけだから、だいたいこっちで結果を考えておくのです。あの友だちだったらこういうことを言うのと違うか、こういう反応が出てくるのと違うかと自分で考えておく。そして友だちにやってもらいますと、だいたい私の思うように出てくるのでなるほどおもしろいと思っていますと、ときどき思いもよらんのが出てくるわけです。

思いもよらないのが出てきたら、何であの男はこういうことを言うんだろうということを考えつづけるわけです。しばらく経って、わかることがある。自分が案外友だちをちゃんと見ていなかった。よく見えてきたら、なるほどとわかることがある。

そういうことを繰り返していきますと上手になるわけでして、私はロールシャッハテストをやりだしたときに高校の教師をしていましたので、生徒さんにたのんではやっていました。その生徒をよく知っているわけですから、受けてもらって、なるほど思った通りだなというのと、思っていたのと全然違うのが出てきてびっくりするようなことがありました。

とんとわからないと思っていたら、五年も六年も経ってから、なるほどなと思うようなことが出てきたことがあります。それほどテストのほうが私より人をよく見ているということがあるのです。

そういう勉強の仕方をしますと、知識が身についてくる。自分のものになってくる。カウンセリングの本を一冊読んでおぼえようと思ったらいくらでもおぼえられる。試験があると言ったら必死になっておぼえたらいいわけで、答案に書けるでしょうが、それを自分の身につけるということはたいへんなことでして、そのためには自分の体験と合うように本を読んでいくというふうにやってほしいと思います。

よいことがあったら悪いことがある

みなさん、カウンセリングということに関心を持ってこられたわけですが、カウンセリングに関心を持つ方がいままでもたくさんありますのは、カウンセリングが必要であるとか、カウンセリングを受けたほうがいいという場面がだんだんふえてきたからではないかと思います。

新聞に文部省の出しました統計が出ておりましたが、校内暴力の問題、あるいは登校拒否がふえてきているということが出ております。ここには先生がたくさんおられますが、みなさんの学校の中でも校内暴力が起こっていることがあるかもしれませんし、そういうことはないにしても登校拒否の子は何人かは絶対いると言っていいでしょう。そういう子どもさんに対して、カウンセリングという方法があるのだったら、それを勉強したいとみなさんも思っておられると思います。

新聞なんか見ますと、校内暴力がふえてきたとか、登校拒否がふえてきたとか言いますと、世の中だんだん悪くなっていくような錯覚を起こすんですけれども、別にそうではなくて、よくなっていることもたくさんありますので、そっちのほうも忘れないようにしたいと思います。

たとえば、よくなっているほうを言うのは簡単でして、昔だったら高校まで行く人は非常に少なかった。ところがいま高校へ行く人は九十何パーセントですから、非常にたくさんの人が高校へ行っている。

少ない人が行くよりはたくさんの人が行くほうがけっこうなのですけれども、たくさん行っているためにむずかしいことも起こっている。高校へ入ったけれども勉強がむずかしくて困っている人もふえてくるわけです。

なかなか世の中むずかしいわけで、「二つよいこと、さてないものよ」というのが私の大好きなことばでして、二つよいことというのはないのです。高校へたくさん来てくれる。これは非常にうれしいことです。たくさん来てくれると、どうしてもある程度の率の高校生は、授業がわからないけれども高校に行かなくちゃならない。それならもっと試験をむずかしくして、高校の学力をつけられる子だけにしたらいいかというと、それはできるかもしれません。そうすると、高校へ行きたいのに落とされてしまう人がふえるわけですから何か悪いことが起こってくる。

世の中、二つよいことというのはさてないものでして、何かよいことがあると何か悪いことがある。何か悪いことがありそうでも、またよいこともあるものでして、そんな点を考えますと、いまの中学、高校は悪くなったと言いますけれども、悪いばっかりじゃなくて、よくなっているところもたくさんあると思います。

もちろん生徒が先生をなぐったりするのは非常に悪いことでして、困ったことですが、よいほうの面を言うと、ぼくらの中学時代に比べると、いまの中学生のほうがはるかに自由に先生にものを言ったり、自由に自分の意志を表現できるようになっている。これはいいことだと思います。

あんまり自由になりすぎて先生をなぐったりすると困るので、それではだめなのですが、いまの中学が昔の中学に比べてものすごく悪くなっているということはない。

よい面もたくさんあるわけです。

家族のことにしても、昔の家族といまの家族と比べて、一体どっちがよくなってどっちが悪くなったかと言われると、そう簡単には言えないと思います。やっぱりよい面もたくさんあるし、悪い面もたくさんある。ただ残念なことに、そうよくなった点ばかりとも言えない。

いまの世の中、便利になったということは言えると思います。大阪から東京へ行こうと思ったら三時間ほどで行けますし、アメリカへ行こうと思っても飛行機で行けますし、非常に便利になりました。便利になっただけ不便になったということもたくさんあるようで、両方の面があります。その両方の面があるということを、私たち、忘れてはならないと思います。

じつは、カウンセリングの場合も、よいことがあったら悪いことがあると言っていいぐらいなのです。カウンセリングの場面で絶対によいということはめったにないのじゃないでしょうか。

コーヒーのメリット、デメリット

カウンセリングの場面でカウンセラーがコーヒーを出したらどうかという考え方があります。来られた方にコーヒーをサービスする。来たほうもリラックスするし、こっちもリラックスできますし、コーヒーが飲めますからいいことなのですが、悪い面もあるのです。よいほうと悪いほうと、両方考えられますか。片方だけではだめです。

コーヒーを出すよいほうは、いま私が言いました。それから、たとえば会社なんかでカウンセリングをはじめた。カウンセリングルームをつくったけれども誰も来てくれない。カウンセリングをはじめて誰も来てくれないことほど憂うつなことはないわけで、先着十名さまに景品を差しあげますということもできませんから（笑）、来てもらおうと思うと、いい部屋にして、絵でもかけて、コーヒーの一ぱいでも飲んでもらおうか。みんな話すことがなくても、あそこへ行ったらホッとしてコーヒーが飲めるからというので来るだろう。そのうちに、じつはと悩みを話しだす人があるんじゃないかと考えるし、実際にそのようにやっておられるところもあります。

コーヒーを飲みますとどこが悪いかと言いますと、そのことによって話がだらけると言いますか、その場面のよい意味での緊張感がなくなるということもあります。カウンセリングというのは、受けるほうはたいへんなものです。受けに来られるほうは、はじめはそんなにたいへんなものだと思っておられないかもしれません。何かよい答えを聞きだそうと思っておられる人もあります。

たとえば、自分は寮《りょう》にいるんだけれども、隣のやつがうるさくて自分は全然眠れない。不眠で困るので寮から出たいと思うんだけれども、出たら金が高くつくし、寮は安いけれども同室のやつが感じが悪いし、部屋をかえてくれと言っても、よほどのことがない限りかえません。みんなが文句を言うたびにかえていたらたいへんですから、かえない。部屋は、来年の四月にはいっせいにかえますから、そのときには希望を聞くかもしれないけれども、いまはかえられない。

その人は相談に来まして、「眠られないし、部屋はかわれないし、ひとりで住むのは高くついてだめだし、先生、どうしましょう」と言います。その人が来てわれわれに期待されることは、私が答えを言ってくれると思っておられるわけです。中には、そういうふうに言うと、私が寮に電話をかけて、「私は京大の河合でございますが、おたくの寮では部屋をかえたほうがよろしい。心理学的に見てこの人には部屋がえが必要です」と言ってくれると思って来られる人が非常に多いです。

カウンセリングは手術に似ている

ところがぼくらはどうしているかというと、そういう方が来られても、「部屋はかわれない」、「そうですね。なかなかかわれませんね」、「ひとりでは高くつく」、「高くつきますね」、「眠れません」、「つらいでしょうな」と一生懸命言うていますが、こちらから答えは出ません。

その人が来るときには、寮が悪いのと違うか、もうちょっと月給が高いほうがいいのと違うか、何かいい薬があるのと違うか、そういうことばっかり思っていた人が、私と話をしているうちに、どうしたらいいのだろうと自分で考えるようになってくるのです。

自分で考えると、思いがけないことがいろいろ出てくるものでして、その人自身が私に言おうと思っていないようなことが、カウンセリングの中で出てくる場合が非常に多い。

「うちのおやじも寝つきが悪いんですよ」という話をされることがある。こっちが熱心に聞くものだから、むこうはつられてしまって「だいたいうちのおやじはですね」なんて、おやじさんの話をしていく。

私がずっと聞いていると、その人は話をしながら、「おやじも寝つきが悪くて、自分も寝つきが悪いということは、はたにおるあいつが悪いんやと思っていたけれども、ひょっとしたらおれのほうが悪いのかもしれん。ほかのやつが来てもおれは眠られんのかもしれん」というようなことを思いはじめるわけです。思ったからにはその人もついつい「横のやつがガサガサすると思っていたけれども、ぼくはだいたい寝つきが悪いんでしょうかね」と言われるかもしれません。

ぼくらはそれはまたそれで「そうかもしれませんね」と答えますから、荷物は誰かに渡してやろうと思うのに、全部自分のほうにかぶさってくるわけです。そんなときなかなかうまいですか。コーヒーはどのぐらいお飲みになるんですか。「このコーヒー、なかなかうまいですな。どこのブレンドですか。先生、コーヒーはあんまり飲むといけないそうですね」なんて、話がずれてしまう。

カウンセリングは、極端に言うと手術するのに似ているんじゃないかと思います。しかもこちらがさわるのじゃなくて、その人が自分自身でだんだんさわっていくことになります。自分は痛いところにさわりたくないので、あいつが悪いんだ、こいつが悪いんだと言うておられる。私と話をしているうちに、だんだんその人のことば自体が自分の痛いところへさわっていくわけです。

そこが、つらいですけれども、クライエントのすごいところでして、自分の力で乗り越えられる。それだったらこうしましょうとか、もう一ぺん考え直そうということばが出てくると非常にうれしいのですが、なかなかそこへ行きにくい。

痛いところへふれたときにコーヒーなんか出ますと、日常会話にだらけてしまう。カウンセリングというのは、考えたらただ話をしているだけです。ただ話をしているだけだったらどこでもやっているじゃないか。わざわざカウンセリングルームへ入っていって、カウンセラーがおってやらなくても、あっちこっちでやっているじゃないかと言われるのですが、ぼくらの話というのは日常会話とは違うのです。

型にはまったらおしまい

日常会話と非常に違うところは、そう簡単に結論を出そうとあせっていない。あくまでも相手の言われたことに焦点を当てて見ている。こちら側からそう簡単に答えを出していかない。

日常会話を考えてみられたらよくわかります。友だちがいて、「おい、このごろどうや」、「不眠で困っているんや」、「なんでや」、「隣のやつがやかましいてしょうがない」、「そんなら部屋かえてもろたらええやないか」、「部屋かえてくれへん」、「おまえとこの寮はかたいな」すぐそういう話になる。こちら側が答えを言うてやる格好になって、だいたい答えはうまくいかない場合が多い。

その人もできないのだから、だんだんしょうがないということになって、「そのうちに眠れるよ。まあしっかりやれよ。さようなら」、それで終わりになるわけです。パッパッと答えを与えていって、最後のあたりでサッと帰ってしまうというのが日常会話です。おあいそで、「そのうち元気になるよ」とか「まあまあ」とか言って帰ってしまうわけです。

ところがカウンセリングというのは、まあまあで終わらない。そのしんどい話を続けていこうとするわけですから、そのときに大事なことは、こちらが答えをあせらずにその人の出してこられたものにずっと注目していることです。日常会話とは相当違います。へたなカウンセラーほど日常会話に近づいてしまう。

これとは逆に、カウンセラーで日常会話を聞いてもカウンセリングみたいに聞こえてくる人がある。道で会って「おはよう」、「おはようございます」まではいいけれども、「このごろ困っているんだ」、「困っているんだね。ウンウン」なんて言う。そういう人はだめなんです。

なぜだめかというと、型にはまってしまっているから。型にはまって、その人が生きていなかったら、やっぱりカウンセリングじゃありません。カウンセリングの非常にむずかしいところは、日常会話と違うことをやっているんだけれども、こっちがいきいきしていないといけない。そこのところが非常にむずかしい。みなさんやってみられたら、どれだけむずかしいかわかります。

はじめのうちは、ちょっと型にはまって日常会話と違う格好でもがんばってみなければ仕方ないでしょう。はじめから、いきいきとしてかつ相手の言っていることに注目してというふうには、なかなかいきません。だいたい普通の人は、自分が出したいことを出しているときにいきいきしています。

たとえば相手が映画を見てきた。「何を見てきたの」、何々だと言って、出てきた俳優の名を言う。「その俳優、ぼく知ってるわ」というときはこっちがいきいきするけれども、私の全然知らない映画を見てきて、全然知らない俳優で、おもしろかったと言うてくれても、「そうか」と言うているうちにだんだん眠たくなる。私の心がはずまないから。

ところがカウンセラーというのは、相手の言っていることを聞いていながら心がはずむ、そういう人間になっていかねばならない。それはなぜかというと、人間の話というのは、聞いているとどれだけおもしろいことが起こるかというのを、ぼくらはたくさん体験してきたわけです。しかもカウンセリングに来られてうれしい話をされる人はまずないでしょうね。

来られて、「どうですか」と言ったら、「最近一千万円のくじが当たりまして、うれしくて仕方ないんです」なんて話す人はない（笑）。だいたい、学校へ行きたくても行けないとか、結婚したものの相手が気に食わんから何とかしたいとか、大学へ行きたくても人が怖くて行けませんとか、一般的に言いますと、しんどい話、つらい話ばかりです。

悩みの御用聞きはいらない

ほとんど同じ話を繰り返す人がいます。たとえば自分の姑《しゅうとめ》さんがすごく悪いやつだという話をしに来られる人だったら、話を聞いても繰り返しになって、また来週ということになって来られても、結局のところは姑はどんなに悪いやつかという話をまた言われる。

それを聞いていると、またあの話かと思います。何か楽しい話の一つでもしてくれたらいいのに、そういう話ばかりで、それだけだったらいいですが、「先生のところへ来だしてからますます悪うなってきました」とか言われると、だんだんこっちも眠たくなってくる。

そういう話を聞いていて、われわれがいきいきすることができるというのは、そういう話も関心を持って聞いておったら、だんだん変わってきて、変わってくる中に光が見えてくるという体験をするからでして、私がみなさんにこんなことをいくら言ってもだめで、ある程度みなさんがそういう体験を持たれないとだめです。

先生方が多いので申しあげますが、自分のクラスの中で変なことをやったやつを頭からきめつけずに、一ぺんあいつの話を聞いてやろうと思って接してみられることです。

私はよく言うのですが、はじめはだまされたと思ってやってみないとしょうがない。たとえば問題を起こした子を連れてきて、「何でもいいからしゃべってよ」と言いますと、だいたい「別にありません」と言うでしょうね。先生も困ってしまって、「しかし、何か悩みぐらいあるやろ」、「悩みですか。そんなものありません」、「何かありませんか」と御用聞きみたいにやっておられる人もあります。

「悩み、ありませんか」というのはあほな話で、よく冗談で言うのですが、そんなこと言うたらあかんのです。上手な方法は「きみみたいに楽しく生きとったら、悩みなんてないやろな」と言うと、「悩みありますよ」と必ず言いますから、「どんなんあるねん」と言うと、一つぐらい言わんといかんようになってくるのです。もちろんこれは冗談ですが。

もの欲しそうにやるとだめですね。カウンセリングをやっている人で、悩みのつかまえ役みたいな、悩みの御用聞きみたいな人がいますが、あれはやっぱり困るのです。悩みがあるかないかではなしに、話したいことがあれば自由に話してくださいという態度です。

私は、問題があって来た高校生に、「何か悩みはありませんか」なんて聞いたことは一ぺんもありません。何か好きなことはないかというのはよく聞きます。「何か好きなことはないか」と言うと、「好きなことはあんまりないけど、ここへ来て話をするのはいやや」と反発する子もいます。そんなときは「なかなかうまいこと言うな」と感心するわけです。「一本やられたな」と言うと、その子はこいつを一本やっつけたと思うとうれしくなって、そこから話がはじまる。

「何も好きなことはないけど、こんなところへ来るのはいやや」と言うと、普通は先生は怒るでしょう。「何言うとるのや。せっかく呼んだっとるのに」とか。そういうときにこっちが「あんたうまいこと言うな。一本やられた」とか、「なかなかおもしろいこと言うやないか」と言うと、話がはじまる。

この人は話を聞く態度が普通の人と違う。ちょっとぐらい冗談を言うたり、嫌味を言うても平気で受けとめている。そこで勝負がきまるところがあります。中学生や高校生はそこのところをすごく大事にしていると思ってください。

私はよく言うのですが、中学生や高校生のカウンセリングは、顔を見たときにきまる。パッと会ったときに相手が「このおっさん、ましや」と思ってくれるかどうかで勝負がきまる。彼らはそういうことを非常によく知っています。

中学生や高校生で問題を起こした子にわれわれが会いますと、だいたい引っぱってこられていますから、来るときにもう怒っているわけです。「こんにちは」と言っても、相手は怒っているわけだから、なかなか話をしてくれなかったりする。

彼らが非常によくやりますのは、こちらを怒らす戦法です。たとえば「ここへ来るのはいやや」と言うて、「何を言うとるか」というふうにこちらを怒らせてしまう。

通じる相手かどうかの見きわめ

ともかく謝《あやま》ってしまおう、というのもある。

たとえば、シンナーをやったとか盗みをしたとかいって来られます。「きみ、どうですか」と言ったら、「どうもすみません。こういう悪いことは今後しないと思います」と言う。謝ってしまったらそれでものを言わんときめているわけです。うっかり自分のことを言いだすとたいへんですから。先生は「そんなことしたらだめやないか」、「はい、どうもすみません」。こっちはだめやないかばっかりも言えませんから、何か言わんとしょうがないので、結局、説教することになります。「高校生にもなって、だいたい……」と先生が説教すれば、相手は疲れるまで待っていたらいいわけです。相手は「もう終わるかな」と思っている。こっちの元気さとの相関関係みたいなもので、二十分ぐらい話をして「じゃあ、しっかりやりたまえ」となる。

そこでは、先生がどんな立派な人かというのはよくわかります。けれどもその子の心の中は何もわからない。なぜかというと、中学生や高校生は、うっかり自分の心の中のことを出してきたらたまらんわけです。出してきたら、自分が責任を持たなければならない。

出してきて、先生はほんとうに一緒にやってくれますか。こんなたいへんなことを、先生ほんとうにわかってくれますか。まず先生はわからんやろうし、わかったところで一緒にやってくれはせんやろということを、彼らは勘《かん》で見破っているわけです。そういう変なことが起こらないためには、先生を怒らすか、謝りたおすかという方法でやる子が多い。

しかし、彼らが来て、すみませんとか、ぼくらを怒らすようなことを言っても、それはそれとしてこちらが心を開いていると、どうもこの人はちょっと違うということがわかってくる。そうすると、ポツンとホンネらしいことを言うてくれる。

言うてくれても、むずかしい子があります。たとえばこんな子がありました。学校へ行ってない子で、「学校へ行ったら友だちができるし、いやや」と言うのです。友だちができるといややから、学校へ行かんというのは、話が合わない。

へたな先生ほど、こっちが答えを言うてしまうのです。「何を言うとるのや。友だちがあるほうがいいじゃないか」と言うと、「そうです」、「そうやろ。そんなら何や」となって、だんだん先生が、友だちというのはいかに大事かという話をして、それで終わってしまうのです。ちょっと聞いてすぐこちらから言う人ほどへたな人で、彼らもそこはうまくて、先生が何か言いたくなるようなことを言うのです。

私だったら、「へえ、あんた友だちができるの、いやか」と言うのです。この人はそういうことを言うても通じるなと思うと、ゆっくり話をする。なかなか話の本体が出てこない。よく聞いていたら、結局その子のおとうさんが精神病だったのです。自分のおとうさんが精神病だということはすごくつらい。友だちが来たら、友だちはおとうさんを見てどう言うやろ。そう思うだけで学校に行けない。

はじめからそう言ってくれたらわかるんだけれども、その通りに言わんというところが、中学生、高校生のおもしろいところです。友だちができるからいややと、そっちを言うてしまうのは、そういうことばを投げかけてもたじろがない人かどうかというのを見ているわけです。

たばこを吸う子に「何でたばこを吸うのや」と聞いたときに、「うまいから吸うねん。どこが悪い」なんて言う子があるでしょう。あれはそういう一発をくらわして、先生がどういう返答をしてくれるか。先生の返答に対して相手はちゃんと見ているわけです。

「たばこ何で吸うのや」、「うまいから吸うとるねん」、「そうやな。たばこはうまい」と先生が言うても、腹の中でハラハラしているともうわかってしまうわけです。口先だけは相手に話を合わせても、ボヤボヤしていると、この先生は無理しているとわかるわけです。すると、「先生、無理せんでもええよ」とその子が言うてくれることもあります。「たばこ吸うのが悪かったら悪い言うたらいいやないか」、そう言うてくれたら、「おまえ、よう見とるな」と言うたらいいのです。「ぼくも無理して言うたけど、通じんか」と言うと、そこで通じてくるのです。

心が開くきっかけ

このように、通じる時点というのがあるのです。うまいことといった場合、一発で通じることもあるけれども、そうでない場合はちょっとガタガタしますが、結局子どもというのは、あるいは中学生、高校生というのは、大人をうまく見ているところがあるのです。それにパッとふれたときに、ぼくらはそれをそのまま承認する。よう見ているなとか、そういう見方もあったのかとか。

そうは言いますけれども、はじめはなかなかうまくやれません。話を聞いていると簡単ですけれども、実際にやってみるとなかなかできません。私はいつも言うのですけれども、カウンセリングというのはスポーツと非常に似たところがあります。修練の繰り返しです。

私はスポーツも好きで、よく見ています。野球も見るし相撲《すもう》も見る。見ていて、カウンセリングとよく似ているなと思います。相撲の立ち合いなんて、ぼくがいま言ったこととすごくよく似ている。パッと立ったときにどう差すかというのを瞬時のうちにやりあうわけで、彼らも非常にうまいわけです。

いろいろうまいことやった子を思いだします。ずっと黙って、一時間中ほとんどものを言わなかった子があります。ぼくは、黙ってみたり、ものを言うてみたりして、最後に「あんた、ひとつも言うてくれへんけど、来週も来るか」と言うたら、うなずいてくれるわけです。

来てくれるんやな、忘れたらいかんと思って「何月何日の何時においでください」と紙に書いて渡した。すると、それで紙飛行機をつくって飛ばした子がいます。その飛行機を見て、「よう飛ぶな。どないしてつくったん」というところから話しだす。「こんな折り方もあるのやで」とか言いだすわけです。そこではじめて、最後の時点で心が開く。

心が開くきっかけは、紙飛行機をつくって飛ばすところなのですが、そんなことはなかなかぼくらは思いつかんと思うのです。そのときに、せっかくぼくが書いた紙なのにとか、何をふまじめなとか言ってしまうと、もうその子は次から来ないでしょうね。

相手はこちらの容量を測っているみたいなものです。私はよく言うのですが、カウンセラーがどの程度かというのは、クライエントに聞いたらよくわかると思います。残念ながら、ぼくより大人物の人がときどき来られます。そういうときは、こちらが落第して、あとは来てくれません。

ところがおもしろいことに、こちらに見切りをつけた人が、一年、二年経ってまた来ることがあります。不思議に思います。こちらも一、二年経って修練してましになったら、だいたいわかるのでしょう。勘がはたらくのではないでしょうか。一回、あるいは何回か会ってうまくいかなくて別れた方が、二年ほどして来られて、「また来られましたね」と言うと、「ちょっと」とか言われますけれども、話してみると、相手は、こちらがだいぶ成長したからいけると思って来たんだなと思うときがあります。それほどクライエントというのはものすごいものです。

中学や高校でやっておられたらよくわかります。そのときにうまくいかなかったようでも、大学へ行ってからあいさつに来る。もっと極端な場合、結婚してからあいさつに来ることがある。

「あのとき先生が言うてくれたときには腹立ってむちゃくちゃ言うとったけれども、ほんとうは喜んでいたんや」とか、教えてくれる子がいます。これは非常に不思議なものです。

みなさんも、ちょっとぐらいだめでも希望を失わずに待っておられたら、いろいろ後でおもしろいことが起こるということもおぼえておかれたらいいと思います。

「見通し」を持って聞く

カウンセリングというのは、結局根本は相手の言うている話をどこまでぼくらがちゃんと聞くことができるかということになってしまうと思うのです。ちゃんと聞くということがなかなかできないわけで、やっぱり興味を失うと眠たくなりますし、また同じことを言いやがると思うし、そう思わずにほんとうに心からその人のことに関心を持って聞きつづけることができたら、だいたいみんなよくなっていかれると思います。

うまくいかないときは真剣に聞けません。また繰り返しかと思ってみたり、もっとひどいときは、相手の言うことを聞かずに昼飯に何を食おうかなどと思いだします。

人間というのは、相手の言うことにずっとついていくことはなかなかできないわけです。来られた人が、「先生のおかげでだいぶ元気になってきました」なんて言うとこっちもうれしくなりますが、「来るたびにだんだん悪くなります」と言われたり、同じことを繰り返されたり、それまでの話とまったく違う話をしたりされると、そう聞けたものじゃない。

私はこんな言い方もします。カウンセラーというのは、どんな話を聞いてもそれに興味とか関心を持てる人でないといけない。同じ話をする人が来られたら、何と同じ話をされることかと感心できる才能です。そうは言いましても、三ヵ月ぐらい同じ話をされるとだいぶいやになってきます。そういう意味では、ある程度見通しが持てないといけません。

はじめは、日本ではまだむずかしい現状ですが、できたら指導者（スーパーバイザー）を見つけられると、ずいぶん助かります。指導者が「これは三ヵ月ぐらいは同じ話を聞かなあかんよ」と言ってくれる。人間というのはおもしろいものでして、見通しを持っているとずいぶんしんぼうができるのです。同じ話をされても、この人は三ヵ月ぐらい言うよと聞いていたから、そのつもりで一生懸命聞いていると、ちょっと変わってくる。極端な人の場合は、一年ぐらいはおもしろい話は出てこないと覚悟をきめる。そういう人もほんとうにおられます。

考えたらあたりまえだと思いませんか。誰だって、自分の痛い話、自分のつらい話、自分の言いたくない話を持っておられるでしょう。それをあっちこっちへ言われますか。絶対言われないでしょう。この人にこそ、このときにこそと思うから言うわけです。何もかも自分の欠点を公表して歩く人はまずいないと思います。

私だって、いやなことなどたくさんあっても、普通は言わない。この友だちならという友だち、しかも二人だけでゆっくり話ができるとき、そういう機会を選んで話をするでしょう。

ところがわれわれのところへ来られる方は、気の毒なことにそういう友だちも持ってないし、そういう親族とか親も持ってないから来ておられるわけで、人に対する信頼感も非常にうすいでしょうね。うっかりしゃべったってろくなことがないという体験までしてこられている。そんな人が、会って、いくらぼくらが心を開いていますとか言ったって、すぐに言うてくれるほうがおかしいのじゃないでしょうか。一年間ぐらいぼくらの様子を見られる話が続くのはあたりまえでしょう。それがあたりまえだとわかってきますと、一年間おもしろくない話をされても、ちゃんと聞くことができます。

ところがそういうことを知らずに、カウンセリングというのは、聞いていたらすぐによくなるように思っていたら、うまくいかないでしょう。見通しをつける力というのは、はじめはつきにくいです。本気でやるのだったら、はじめのうちは指導してくれる人があったほうがよろしい。一回目に会って、こんなことがありましたと指導者のところへ行くと、指導者がだいたい言うてくれます。

「これはたいへんです。だいぶ長い間同じような話が続くだろう」とか、「三ヵ月ぐらいしんぼうしていたら変わるのと違うか」とか、「案外、おとうさんの悪口ばっかり続くけれども、それをずっと聞いていたら展開してくるよ」とか言うてくれますと、来ても来てもおとうさんの悪口を言うのを、また同じことだと思わなくて、聞けるでしょう。

天狗《てんぐ》になったら失敗する

結局のところカウンセリングというのは、ほんとうに関心を持ってその人の話を聞ければうまくいくんだけれども、聞けないために、見通しを持ったり、ちょっと工夫をするわけです。ただ非常に注意しなければならないのは、私がいまここで全然技法の話をしてないように思っておられるかもしれませんが、ほんとうはこれが技法でありこれが根本だということを言っているわけでして、それに対していわゆるいろんな技法みたいなものがあります。

本を読まれたら、催眠《さいみん》をかけてやるとかグループでこんなふうにやるとか、目をつぶってイメージを思い浮かべてもらうとか、私もやっていますけれども夢を聞くとか、いろんな方法があります。しかし、あんまりそういう技法にはじめから飛びつかないほうがいいように思います。

カウンセリングの根本は、結局はクライエントが治《なお》っていくということです。クライエントがクライエントの力で治っていくのです、どんな方法であれ。ところが、へたに技法を使ってやっていると、クライエントが治っていくということを忘れて、まるで自分が治してやったような錯覚を起こしてくるのです。それがいちばん怖い。

私の言いましたような方法をやっておりますと、クライエントが自分の力で治っていくということが非常によくわかります。「眠れません」、「ウーン」と一生懸命聞く。「隣のやつがやかましい」、「ウーン」と聞く。「寮はかなわん」、ぼくは何も言わないで一生懸命聞いていますと、来た人が自分で考えて、「そういえばおやじも眠れんと言うていましたな」という話をして、そこから「一緒の部屋のやつがうるさいと言っていたけれども、あれがうるさいのじゃなくて、自分がちょっとしたことに引っかかる人間じゃないかと思います」と自分で気がついてこられる。

そういう人間はどうしたらいいか、自分でどんどん気がついて治っていかれるわけですから、私はただ感心しているだけで、カウンセリングが終わったときに感じることは、なんとこの人は立派な人だろう、よく自分で考えて自分でよくなっていかれたなということがわかるだけでして、私がえらかったと思うことはまずありません。熱心に聞いたということはほめられるべきかもしれませんが、私が治したということはない。

ところが、いわゆる技法を使ってやりますと、天狗になりやすいのです。ぼくらの仕事ほど天狗になって長続きしない仕事はないんじゃないでしょうか。天狗になったらすぐ失敗します。ぼくらでも、そう言っていましても治ったらうれしいですから、ときどきは天狗になります。うまいことといった。あんな調子でやるんだなという気持ちが自分の中に起こってくる。そういう気持ちが起こってきますと、聞いていてもだめなんです。

たとえばその人が「眠れません」と言うと、「眠れないでしょうね」と言うけれども、「そのうちに変わるぞ」と思っているわけです。そういうのは、その人にわかるのです。何かこいつは下心を持って聞いている、熱心でないというのがわかるのじゃないでしょうか。

その人がちょうど同じような時期に変わってくる。前と同じように、「私、寮をかわろうかと思うんですが、ひとりでは食っていけませんし」と言われる。ほれ、きたきたというようなものでしょう。私は喜びますね。ほんとうにうまいことといくのです。前もうまいことといったし、今度もうまいことといった。三人ぐらいうまくいったら学会で発表しようかな、同じパターンだしなんて思っていたら、ポッと来ないようになったりします。なぜかわかりますか。

しゃべっても聞く、黙っていても聞く

話をしている人はつらいわけです。はじめはあいつが悪いんや、こいつが悪いんやと言うてるうちに、だんだん、自分にそういう性格があって、それをどう越えていくかというつらい話になってきている。その人は非常につらい思いをしてカウンセリングに来ているわけです。

話を聞いてもらうという点では、あの先生は話がよくわかるとか、あの先生は一生懸命だとか、あそこへ行っていたらどうも自分は問題を解決できるらしいとか、勘がはたらきますから来てもらえるけれども、来ると同時につらいわけです。自分でそんなことを言おうと思っていないのに、自分はだめな人間ですとかいう話になるわけで

しょう。

来ている人はだんだん気が沈むのに、聞いている私は、うまいことといってるといい気になっているわけです。カウンセリングで非常に大事な、共感するというのが、ずれていく。ぼくはうれしがっている。相手はつらがっている。これがある程度以上ずれますと来られなくなります。相手は腹が立ってくるのでしょう。自分はこれだけつらい思いをしているのに、どうもあのカウンセラーはどこかで喜んでいるらしい。そんな甘いものじゃないと思うと腹が立ってくるのじゃないでしょうか。

ちょっとぼくらが天狗になりますと、そういうことが出てくるのです。私も同じような失敗をしたことがあります。何でこんなうまいことといっているのが途中で来られなくなったんやろと思ったら、うまいことといっていると思うことによって私は喜んでしまっているわけです。そういう経験をしたことがある。そのとき思ったのです。なるほどな、こういう態度ではほんとうに聞いていないんだなと。

技法というのは、実際に、たとえば催眠をかけたり、いろんな方法がありますけれども、そういうので治る人でも、結局その人が治る力があるから治ってくれているのです。みんな催眠で治るのだったら全部催眠をかけたらいいのですが、かけたって治らん人は治らんのです。簡単な人はどんな方法でやってもうまいこといきます。むずかしい人はどんな方法でやってもむずかしいのです。簡単なのを一つのやり方で治したからといって、その人が天狗になりますと、なかなかうまくいきません。

そういう点で、残念に思うことがあります。スポーツの選手なんか練習すればするほどだんだん強くなって、ちょっとぐらい天狗になっても強い人は強いんだけれども、ぼくらはいくらやったって天狗になれないというか、いつも相手に対して謙虚《けんきょ》な気持ちを持っていないと仕事ができない。カウンセラーというのはそういう非常に不思議な職業です。

そのかわり、うまいことといくときはほんとうにすばらしい。人間というのはすばらしいと思うことがあります。こんなことがあるのかと思うほどよくなっていかれる人もあります。

技法と言いましても、特定の技法にはじめから頼られないほうが賢明だろうと思います。根本は、相撲と同じことです。相撲の根本が「押さば押せ、引かば押せ」というのと同じように、カウンセリングというのは、「しゃべっても聞いていなさい、黙っていても聞いていなさい」で、ともかく聞いていたらいいんだというぐらいの気持ちではじめたほうがいいのじゃないでしょうか。そうしているといろいろ出てきますので、出てきたことからぼくらが学ばせてもらう。これは何度繰り返してもいいぐらい大事なことだと思います。

心におさまらない話

もう一つ言うておかねばなりませんが、聞いておりますと他人にしゃべりたくなるのです。しゃべりたくなる誘惑にどれだけ勝てるか。これもカウンセラーの一つの非常に大事な尺度《しゃくど》じゃないでしょうか。

たとえばカウンセラーをやっていて、高校生がやってくる。かわいらしい顔をしてにこにこと入ってきて「こんにちは」と言うて、勉強はよくできるし、どこを見ても問題ないと思っているのに、おとうさんをむちゃくちゃになぐって骨を折ったなんていう高校生が来たりします。話を聞くと、高校ではどんな成績をとっているとか、こんなことをやっているとか、にこにこしていい話ばっかりするけれども、おとうさんの話になったらものを言わない。

「きみはおとうさんをなぐるのか」と言ったらものを言わなくなる。ほかの話をしたら話をする。にこにこして「さよなら、先生、また来ます」なんて帰ると、どうしても同僚に言いたくなる。「きょう変な高校生が来てな。どこから見ても普通なんやけど、おやじだけなぐりよるんや」なんて言いたくなるでしょう。なぜだかわかりますか。

自分の心におさまりきらないからです。自分の心におさまらない話というのは、人に話したくなると思ってまず間違いないと思います。何か変わったこととか、新聞の記事など、みんな知っているはずなのに、人に話しませんか。サラ金でやられて一家心中したという話だったらみんな新聞を読んでいるはずだから言わなくていいのに「サラ金で心中した人がおったな」、「おれも見た」、「私も見た」と言いだす。

あれはなぜかというと、そんなことによって五人も死んでしまう、そんなばかなことがあっていいのかというのは、心におさまらないから。不思議なことに人間というのは、人と話をしているうちに心におさまってくるのです。「おまえも読んだか。えらいこっちゃな」、「サラ金は悪いな」とか、「あほなやつがおるな」とか言うているうちに、何となく心におさまってくる。

しかしクライエントからしたら、そんなことをしてもらったらたまったものじゃないんじゃないでしょうか。クライエントは自分の腹におさまらんから、ぼくらにしゃべってくれているわけでしょう。そのおさまらない話をカウンセラーも持って、フラフラになって抱きかかえているから、二人の間で話が進行していくのじゃないでしょうか。

あんな高校生が何でおとうさんをなぐるんやろとか、どんなおとうさんなんやろとか、あれだけ話をしてくれる子がおやじのことをひとことも言わないということは、私の聞き方が悪いのか、あの子が言いたくないのか、などといくらでも考えることがあります。おさまらないものをひとりで持つことによって、私の心は動きつづけるんです。

それがわからない人は、一週間に一ぺんだけ人に会って、何でカウンセリングが進むのやと思うけれども、一週間に一ぺんしか会ってないけれども、心は一週間中動いているわけです。

みなさん、カウンセリングを自分で受けられたらわかります。うまいことといっている間は、カウンセラーに会ってないときも心は動いています。たとえばその子だったら、おとうさんとけんかして「またなぐってしもた。あの先生にどう言おう」とか、「こんななぐった話をしたら、あの先生はどんな顔するやろ」とか、心は動いているわけでしょう。会っていないけれども、ずっとつながっているわけです。

カウンセラーのほうはカウンセラーのほうで、会ってないけれども、あの子、今度来るまでになぐるんやろかとか、何でそんなことをしなくちゃならないのだろうかとか、本を調べてみて、家庭内暴力はこんなのがあるんだなとか、いい子が多いと書いてあるけれども、何でいい子が暴力をふるわないかんのだろうとか、こちらの心も動いている。

ところがそれを職員室で「こんなことがあったんや」と言うと、みんな出てきて「近ごろの若いやつは何をしよるかわからんな」、「そうやそうや」と言うて終わってしまう。何も解決がついていないのに、カウンセラーの心がおさまってしまうわけです。こんなばかなことはありません。

秘密を守る力

ぼくは見ていていつも思います。立派なカウンセラーほど自分がやっている話はされない。もしされるとしても、される態度が違う。こんなオモロイことがあった、あんなオモロイことがあったじゃなくて、こういうしんどいことを私は持っているけれども、どうしたらいいんだろうという格好で話される。

これは本物です。聞いたほうも必死になって考えないといけない。聞くほうも心が揺《ゆ》れるし、しゃべっているほうも心が揺れます。普通の話というのは、みんな心におさめるためにする話でしょう。

カウンセリングというのはたいへんなことで、人のしんどいものを荷物に入れて、自分で持ち歩くわけですから、他人にチョコチョコしゃべるようでは話になりません。ところが非常に残念なことに、外国に比べて日本人のカウンセラーは、しゃべる人が多いと、私は思います。

日本人は西洋人に比べましてどうしても秘密を守る力が弱い。ついついしゃべってしまう。それでいろんなトラブルが実際に起こっています。トラブルが起こるとか起こらないとかじゃなくて、カウンセラーの本質は秘密を守るものであるということはわかりますね。秘密を守るというよりも、それを自分で持ちかかえていくからいいのに、人にしゃべるというのはおかしい。もししゃべるのだったら、ほんとうにその人とその問題をわかちあえてやるんだったらよろしい。

このことは、みなさんよくおぼえておいてください。自分がついついしゃべりそうになったときには、反省してください。何で私はついしゃべりそうになったのだろうとか、しゃべってしまったとしたら、なぜあんなことをついしゃべったのだろう。

私は絶対にしゃべらないぐらいの方法をとっていますけれども、われわれの場合、非常にジレンマを感じますのは、私がほんとうにやっている話をここでしたほうが、みなさんもっとよくわかるでしょう。みなさんに話をするときにはみなさんのためになるのだったら、ある程度は実際にやっていることを話したほうがいいのじゃないかという気持ちと、そんなことをやっていたのでは私の職業は守れないというジレンマがものすごくありますが、私はいまのところ、やっていることをしゃべらないほうに賭《か》けています。

他の先生の中には、勉強のためとあらばしゃべろうというふうにして、しゃべっておられる方もあります。「二つよいこと、さてないものよ」です。話をすることもいいし、話をしないこともいい。私はいま話をしないほうに賭けているのです。

私が、児童文学のことを書いてみたり、昔話のことを書いてみたり、神話のことを書いてみたりするというのは、一つは自分のクライエントの話を絶対しないためです。

ただしクライエントと私とが必死になってやりぬいてきたことは、みんなに言いたい。これは言うほうが役に立つ。

実際にこういう人が来られてこんな夫婦げんかがあって、こんな殺しあいがあってということは言いたくない。それと同じことが、幸か不幸か、神話の世界にも、昔話の世界にも、児童文学にもありますので、私のカウンセリングで体験したことをもとにして、そっちのほうを話しているのです。

あんまり私は自分のやっている実際の例を話しません。ところがみなさん方から見るとちょっとずるいので、ほんとうにおまえがやってどんな失敗をしたか言うてくれたほうがおもしろいじゃないかと言われる。うれしいことに実際にやったことを話される先生もおられますので、その先生はそちら側に賭けておられる。みなさんはそれを、そう思って大事に聞くということが大切です。

面白半分に聞くのじゃなくて、話される先生は、ほんとうは話されることによって傷ついているはずだと思うのです。他人の秘密をしゃべってその人が傷つかなかったら話にならないので、自分が傷ついてもみんなのために話そうと思って話されるわけですから、聞くほうも大事に聞く。話すほうも大事に話して、聞くほうも大事に聞きますと、あんまり悪い効果は出てこないようです。

話すほうも聞くほうもどこかでちょっと興味本位なり面白半分になると、クライエントに対して非常に悪いことが起こるような気がします。実際そういう例はたくさんあります。

簡単に言ってしまえば、ずっと関心を持って話を聞いておられて、聞いた話をみなさんは誰にも言わずに持ちつづけて、しかもそのために不機嫌にはならない。これが大事です。

「私は誰にも言うてないよ」とか言って人に怒りまわるようではまだうまくいっていないので、やっぱり自分の心におさまっていかないといけません。おさまっていくからうまくいくので、それをやっているために人に当たっているようではだめなのですけれども、それをずっと自分で心に抱きしめておさめていくことによって、じつはクライエントも心の中でそれができていくということが言えると思います。

いろんなことをしゃべっているうちに時間が来てしまいました。カウンセリングの技法の一つとして時間を必ず守るということがありますので、それに従って私もこのへんでやめておこうと思います。

自分がほんとうに生きていくことがカウンセリングになる

質問——秘密の保持ということをうかがったのですが、かつて経験したことで、私の関係しておりました問題の生徒が処分問題に抵触するようなことがありまして、たばこの件だったのですが、人間関係がへたというか、問題のある生徒だったのですけれども、生活指導的に現在の心境を書きなさいという中に、ずいぶん長い時間をかけて一行だけ「たばこは絶対やめないし、学校もやめない」と書きましたそうで、学校の関係者もかなり頭にきまして、処分問題が持ちあがったのですが、そういう場合に本人の秘密、生育歴とか本人の現在のあり方とかを、どの程度どういうふうに、八十人もいます職員会議の中で出したものか、教えていただきたい。

答――その問題は非常に大事な問題でして、くわしく言えばそのことでいろいろ話をしなければなりませんが、とくにこの中におられる先生方は、いまおっしゃったジレンマに迷われることが非常に多いと思います。生徒に話を聞くとき、先生を信頼して言ってくれる。そのことをそのまま職員会議で言えば処罰の対象になる。さりとて先生が黙っていて後でばれた場合、問題になります。

私の知っているいちばんすごい例で、ピストルを隠しているのを言わなかったって、警察に挙げられて問題になった先生があります。まず大事なことは、カウンセリングをするということは命はかからんとしても、首はかかっていると思ってください。首をかけるのをいやな人は、カウンセリングをせんほうがいいと思います。

ところが人間世界というのはうまくできたものでして「二つよいこと、さてないものよ」と言いましたが、あれかこれかということをきめる必要はないのです。秘密を聞いた。これを職員会議で言うか言わないか。まん中あたりというのはない。ところがほんとうの答えはだいたいまん中にあるのです。カウンセリングをやっていて、いつもそう思います。

　自分はこの秘密を職員会議で言うべきかというときに、へたな人ほど頭で考える。カウンセリングは秘密保持だ、言うべきでない。片方では、職員会議に対してわれわれは責任を持っている。言うべきである。非常に単純で、私はよく言うんです。理論で一生生きられるんだったら金がもうかって仕方ないじゃないか。経済の理論はいっぱいあるけれども、理論を勉強してももうからない。

　要するに、人間が生きていくということはたいへんなことなのです。そのたいへんのどまん中で生きていこうというのがカウンセラーです。職員会議で言わなかったなら、ひょっとしたら自分は職員会議の総スカンを食うかもしれない。言ったらこの子の一生がどうなるのか。そういう立場のフラフラのところへ自分の身を置いて、われわれがそこでフラフラになるからクライエントがよくなっていくんです。

　ぼくらが苦しまずにクライエントがよくなるというのは、虫がよすぎると思いませんか。クライエントはものすごく悩んでいるのです。たばこはやめたほうが学校へ来られるけれども、たばこも吸いたいし学校へも来たい。ぼくらは秘密は守りたいし、守りたくないし、よう似とるでしょう。

クライエントは非常にうまいので、悩みの本質をカウンセラーに突きつけていく。ぼくらもその中でフラフラになる。不思議なことに、真剣に悩んでやった場合、おもしろい解決が出てくるものです。

たとえば私だったら、そのときに決心するかもわかりません。人に黙っていこうと。そのかわり、黙っていこうと決心した場合、いちばんずるい方法の「カウンセリングだから秘密保持だ」なんて絶対言いません。ばれたときには絶対責任をとろうと思います。「申しわけなかった。わかっていたけれどもぼくの腹でやったんやから、処罰するなりしてくれ」と真正面から出ていきます。

だめだと思ったら、その子に言います。「カウンセリングが秘密保持といっても、先生は首をきられたくない。私も月給をもろうとるんやから、おまえよりは月給のほうが大事やから、言わないかん」と言い方はいろいろあります。ほんとうのことを言うと、生徒はわかってくれる。ごまかすと絶対だめです。

「いま話を聞いたらぼくは黙っておれない。職員会議で言わんとたいへんなことになるから」と言うと、むこうから言う子がよくいます。「先生、ぼくより先生の首のほうが大事なんでしょう」、「あたりまえやないか。あんたのために首になってどないなるのや」となる。「ぼくらはあんたのことよりも自分の妻子のほうが大事なんやから、そんなことでぼくの首を飛ばそうという考えは甘い。そう言うたからにはたばこをやめないかん」、話はすごく深刻になります。

ところがそこまでトコトンやっていくと、ほんとうの話になってくるんです。その前の甘っちょろい話をしていても、カウンセリングになりません。ちょっと真剣に話を聞きだすと命がかかるので、われわれの命がかかるいちばん大事なところに秘密保持がある。先生が悩まれるのは非常によくわかりますし、そのときにやっぱりその中で自分はどうしていくか。

いろんな方法があります。校長先生にだけは話にいった人があります。そうすると今度は校長さんが困るわけです。昔話の中にそういうのがあります。鉄の輪が頭にはまっていて誰かにものを言うとパッとむこうへ飛んでいく。ギューと締まって、誰かにものを言うとまた飛んでいく。あんまりたいへんだったら校長さんに輪をはめて、どうなるか見ておったらいい。そのときに校長さんがどれだけ偉大な人かよくわかります。これももちろん冗談ですが。

いちばんへたな人は二枚舌を使う人です。子どもに聞いておいて、職員会議で言う。私はだいたいは本人に言います。残念ながら私の器量では秘密保持はできない。私がすごく器量の大きな人間だったら、あるいは大金持ちだったら、首が飛ぼうがどうなろうが、秘密保持できますけれども、クライエントも大切ですが、自分の生活も大切にしなくてはならない。それはやっぱり言わなければしょうがない。

言うときのちょっとしたニュアンスとものの言い方で、ぶんなぐられるかもわからないし、その子どもは怒って家に火をつけるかわからない。どんなことが起きるかわからない。

しかし不思議なことに答えというのは常にまん中になって、まん中の答えが出てくるのです。出てきたときは感激します。私が困っておったら、「それやったらぼくがたばこやめなしょうないな」と言うてくれる子もいます。「そんな困るんやったらやめたろか」ということです。恩にきせてやめるということで、その子はやめるわけです。ぼくの首をつなぐためにやめてやろうという言い方をする子もいます。

実際にばれてしまって、職員会議で問題になって、しょうがないからこっちも処罰を受けますと言うたら、職員会議全体が変わってきて、「あんただけ何で苦しめないかんのや」ということになる。それもものの言いようなのです。ぼくが責任をとると言うからこそ職員会議が変わるかもわからんけれども、「カウンセラーは秘密保持です」なんて言うと、「そんならカウンセラーをやめてもらおう」ということになる。

カウンセラーなんかうちの学校にいらんというところもあります、おったらたいへんなことになるから。われわれがほんとうに生きていくということがカウンセリングになっていく。それが技法ということばで呼べるのかどうか、疑問に思うぐらいですが、非常に大事なことです。

第三章　カウンセラーという人間

教科書通りのことは起こらない

カウンセラーになるためには、やはり理論的に勉強するということと、実際的にやるという、理論と実際とがほんとうにからみあってないと、なかなかできない仕事です。頭でっかちで、本ばかり読んでもなかなかうまくなりません。

みなさんの中には、本を読んで感心された人があると思いますが、本を読むといろいろ書いてありますね。たとえばクライエントが来たら、クライエントを受容しておればいいというふうに書いてあります。なるほどと思って、よし、それでやってやろうと思っても、なかなか本に書いてあるように、クライエントがよくなりませんね。よくなってくれるはずだと思うんですけど、なかなかよくならない。

私は学生によく冷やかすんですが、あんたはカウンセリングの勉強をしているけれども、クライエントが勉強してないからだめと違うかと冗談を言うのです。こっちが本に書いてある通りやったつもりでも、むこうは本に書いてある通りやってくれませんので困る。というのは、実際の場面というのは何が起こるかわからないんですね。その何が起こるかわからないことを、一つ一つなかなか本には書けない。

私も本を書いておるわけですが、思いますのは、本に書くときは、どうしても典型的なことを書くわけですね。非常に典型的な、しかもうまいことといった話を書くんです。ところが、そのようにうまくいく典型的な人は非常に少ないんです。

これは何事でもそうでして、みなさんが数学の問題を習うときでも数学の問題というのはきれいに因数分解ができたり、割り算がちゃんとできるような問題が出してあって、きれいに解けますけれども、現実の問題はそんな簡単に解けるようなものはありません。というよりは、現実にぶつかってきたときに、一体それは何が問題なのかわからないという場合が多いんです。教科書にはちゃんと、きれいな問題にして載《の》ってますからできそうに思うんですが、実際はそうではない。

それと同じことがカウンセリングでも起こるわけで、本に書いていないことのほうが非常によく起こるわけですね。そう考えますと、理論的なことと実際的なことを結びあわせて勉強していかなければならない、あるいは訓練を受けなければならないという特徴があります。

そうしますと、理論的なことはさっき言いましたいろいろな勉強があるわけですが、実際的なこととしましては、きょうみなさんがおやりになるようなロールプレイというのがあるわけですね。あるいは理論も実際も兼ねたようなものとして、有名なカウンセラーがおやりになったテープを聞かせてもらって、ははあ、こんなふうにやっていくんだなというふうに教えてもらうということもありますね。

そういうのをみなさん、されたかもしれませんが、先生のテープを聞かせてもらって、なるほど、ああいうふうに応答していくんだなというふうに考える。あるいは実際的な訓練としては、自分がクライエントになってみるというのもあります。自分がクライエントになって、カウンセリングを受けるということですね。これも非常にいい訓練になります。

私は自分がカウンセリングを受けるのがいちばんいい訓練じゃないかと思うくらいですが、これはなかなかむずかしいことです。自分がクライエントになってカウンセリングを受けますと、クライエントの気持ちというのが非常によくわかります。自分がなるんですからよくわかる。

私も長い間受けていた経験がありますが、自分がそれを受けていた気持ちというのは、いまから考えても非常に大切な体験だったと思います。しかし、そういう機会はみなさんはあまりないと思いますので、そんな中でロールプレイというのが出てきたんです。

人間と人間の勝負

ところで、こういう訓練を地道に重ねていかないと、カウンセリングがどうもできないらしいということが、最近よくわかってきたように思います。ずっと昔、われわれがやっておりましたころは、何かカウンセリングというのは、必死になってがんばれば誰でもできるんじゃないかというふうな気持ちを持っていました。じつはこのへんが非常におもしろいところなんです。

といいますのは、訓練、訓練と強調するのは、訓練を受けた人と訓練を受けていない人とは明らかに違うので、訓練を受けなければならない、こういう考え方ですね。これが非常にはっきりしますのは、たとえばスポーツの世界なんか完全にそうですね。スポーツの世界は、いわゆるプロの選手というのと、われわれのように何もやっていない者とは絶対に違いますね。なるほど、ああいうふうに厳しく鍛《きた》えられるからああなるんだということがわかります。

あるいは音楽でもわかりますね。長い間練習した人がバイオリンをひかれますといい音がしますけれども、われわれがやれば、音は音でも全然違う音が出る。のこぎりみたいな音が出ますね。いい音はどうしたら出るのかというと、訓練で毎日毎日練習しておったら、そんな音になってくるんです。

それはどんな楽器でもそうです。尺八《しゃくはち》なら尺八でも、首振り三年ということばがありますね。尺八を吹いて、尺八のよい音を出す際に首を振りますが、その首がほんとうに振れるようになるまでに三年かかると言われております。

石の上にも三年ということばがありますが、三年という期間はなかなか大事らしくて、三年間、死にもの狂いになると何かものになるらしいんですけれども、カウンセリングだって、実際は首振り三年ぐらいのものだと思うんですが、おもしろいことに、素人がやっても玄人がやっても、あまり違わないときがあるんですね。そこがカウンセリングの不思議なところなんです。

たとえて言いますと、カウンセリングをずいぶんやってもうまくいかないのを、まったく新しい人が死にもの狂いになってやったら、うまいことといくときだってあるんです。これは非常に不思議なことです。

なぜかと言いますと、カウンセリングというのは人間と人間の勝負みたいなところがありますね。だから、死にもの狂いになってやった場合というのは、これはちょっと違うものが出てくる。たとえば、学校恐怖症の子が来まして、「ああ、学校恐怖症か」と思いますね。長い間やってきたし、また似たようなやつが来よったと思います。「これもどうせ学校行くやろ」と思って私が会うのと、はじめてカウンセリングをする人が、「何とかこいつを行かさないかん。こいつが行ってくれなんだら自分は生きがいがない」と思って、死にもの狂いでぶつかるのと、ずいぶん違いますね。

ところが、ここでおもしろいのは、ベテランと若い者の死にもの狂いと言いましても、音楽だと絶対に違うんですよ。音楽で十年やってる専門家が、「ああ、そうか」と思って曲をひく。私ははじめてやけどこんな好きな曲はないといくら思ってひいても、いい音は出んわけですね。

だから、音楽とかスポーツとかいうのは、訓練された者と訓練されてない者の差が画然《かくぜん》と出てくるんですけれども、カウンセリングの場合は、まったく訓練されていない人でも、死にもの狂いになったらうまくいくところがあるんです。だから、一回目に死にもの狂いになってうまいことといった人は、こんな調子やったらできるのと違うかと思いこみやすいところがあるんです。

一回めの奇跡

みなさん方の中でも、カウンセリングをされて、一回めに非常にうまいことといった経験を持っておられる人が多いんじゃないかと思います。私は一回めの奇跡とよく言っておりますが、一回めの奇跡がよく起こるんです。なぜかと言うと、ほんとうに死にもの狂いに、自分の全人格をあげて当たってますから。そして、そういう人が二回めに失敗することが多いんです。なぜだかわかるでしょう。二回めは前のように、なかなか死にもの狂いになれないからです。

だから、二回めの人でも、一回めと同じように死にもの狂いになれたら、これは大したもんです。こう言いますと、みなさんすぐこのことばを思いつかれると思います。「初心忘るべからず」ということばがありますね。これは有名な芸術家が言ったと思うんですが、じつはほんとうにすごい人はこの通りでして、たとえば、俳優でも、ハムレットを何回も何回もやって、今度は六十回めのハムレットというときにでも、まったく新しい気持ちでハムレットをやれる人はすごい名優ですね。

そのときに、「ああ六十回めや、まあやったろか」と思ってやる人もいる。それでも何とかこなせるというふうに言えるかもしれませんが、そのときに、六十回めでも新しい気持ちで臨《のぞ》めるとしたら、すごい人です。

そういうふうに言いますと、私は思うんですが、カウンセラーの訓練の一つというのは、何回やっても初心忘るべからずと言うことができるような人間になるように、自分を訓練しなければならないというふうにも言えます。

それはともかくとして、そういうふうに、あまり訓練を受けていない人が死にもの狂いになりましても、おもしろいことが起こるんですけれども、そうは言うものの、長い目で見てみますと、一回めの奇跡は起こっても、二回めは起こらないし、いつかうまいことといくときがあっても、だいたいうまいこといかない。

ところが、訓練されている人は、ずっとむずかしいことを上手にやっていくというふうなことが、このごろ、ずいぶんわかってきたんじゃないかと思うんです。だから、何か死にもの狂いでやったろうとか、何が何でもやりぬくという気持ちだけではだめで、やはり訓練が必要だということが、最近ずいぶん認識されてきたというふうに私は思うんです。その一つとして、ロールプレイが出てきたのです。

ところで、みなさんは本で読んだり、あるいは講義で聞いたりしてよくご存じだと思いますけれども、さっきから私が言っておりますような、いわゆる大学の勉強と言いますか、むずかしい、しちめんどくさいことを四年間習っていかなくても、カウンセリングというものは、カウンセラーとしての基本的な態度を持っておれば、うまいことといくんだということを言った人がいますね。そしてこれは、カウンセリングということが、こういうふうに非常に広く広がっていった一つの原動力とも言えると思うのです。

誰が言ったかと言いますと、ロジャーズというアメリカの学者が、カウンセリングをやるためには勉強なんかあまりする必要もないし、何もいらないんで、クライエントに対して、一つの非常に基本的な態度で臨んでいればよろしい。その基本的な態度さえうまいことといっていれば、クライエントはだんだん自分でよくなっていくんだということを言ったんですね。

カウンセラーのたった三つの条件

それはどんなことを言ったかというと、ご存じの方が多いと思いますし、あるいはどっかで聞かれたかもわかりませんので、あまりくわしくは言いませんが、ロジャーズさんの言ったことはたった三つでして、簡単なものですね。考えようによると、カウンセラーの勉強なんて何もしなくても、極端に言えば、この三つだけ学んだらいいということになります。

その三つというのはどういうことかと言いますと、クライエントがいろんな話をされます。あるいはいろんな気持ちが動きますね。そういうものに対して、カウンセラーはまったく無条件に積極的に関心を払っていく。無条件な積極的関心とか、積極的尊重というふうな言い方をする人がありますけれども、これが第一条件です。

第二条件は、共感するということ。ともに感ずる。クライエントがいろいろ言われますね。その悩み、苦しみ、悲しみ、あるいは喜びもあるでしょう。そういうものをともに感じていく、共感する。

第三番めは、これはいろいろな訳語がありますけれども、自己一致と言っておきましょうか。自己一致というのは変な言い方ですが、例をあげて言うとわかりやすいと思いますが、カウンセラーが一致しているということは、そのときに言っていることとか、感じていることと思っていることとかが、ぴったり一致しているということです。

一致していないほうを言うとわかりやすいと思いますが、われわれが日常生活でよくやっておるように、たとえば、友だちがやってきたときに、うるさいなと内心思うけど、口ではよう来たなと言うのは、これは一致してないですね。あるいは女の人だったらよくあると思いますが、友だちが新しい服を着てきたら、なんて変てこな服装やろうと思うけど、似合うわねと口先で言う、これは一致していない。そういうふうに口で言うこととか、表情に出ることとか、腹の中にあることとかいうのが、ぴったり一致することが自己一致ということです。

そして、ロジャーズさんという人はずいぶん思いきったことを言う人で、この三つさえできればいいと言うんです。あとはいらないと言うんです。いろいろむずかしい勉強みたいなものはせんでもよくて、カウンセラーはクライエントが来られたときに、この三つがぴったりとできておると、クライエントは自分でだんだんよくなっていくと言うんです。

これは非常に有名な話ですので、カウンセリングのことを勉強された方は、どっかで必ず聞いていると思います。きょうはじめて聞くという方がおられたら、それはほんとうに初心も初心の方で、非常に立派な方だと思います（笑）。

ともかく思いきったことを言っているようですが、私はほんとうだと思います。ロジャーズさんはほんとうにうまく言ったと思います。間違っていないと思います。そしたら、私がさっき、ものすごく訓練をしなくちゃならないとか、そんなことを言いましたが、そんな訓練はいらんじゃないか。

この講習会でも、こんな長い時間かけずに、来たら三条件を書いた紙一枚渡して、紙一枚惜しいからもうちょっといろいろ箇条書きを述べて、これさえ見れば必ずできると言うて、一枚三千円とか言うて渡せばいいんですけれども（笑）、なぜそれをやらないかと言いますと、この三つができる人というのはほとんどいません。

この三つをやるということが、どれだけむずかしいかということです。ものすごくむずかしいということです。そう言いましても、そうかなとみんな思われるでしょう。ところが、きょうやりますロールプレイというのを実際にやりますと、一ぺんにわかります。

私はときどき大学でカウンセリングの講義をします。あるいはカウンセリングを教えます。そのとき、さっき言いましたロジャーズさんのことばは大事ですから教えます。教えたら、学生は黒板に書いたのをパッとノートして、「ははあ」と思っているわけですよ。そのあとで私は必ずロールプレイをやります。そして、ロールプレイをやりまして、「みんな、むずかしいこと考えんでもよろしい、ここに書いてある三つさえやればいい」と言うのです。そこで、はい、やりましょうと言うてやらしたら、なかなかうまくできません。

私はよくほかの大学へ非常勤講師として教えに行きます。遠い大学へ教えに行って、短い期間でカウンセリングのことを教えなければなりませんので、その中にロールプレイを入れてやります。あとで学生さんにいろいろ感想を書いてもらいますと、ロールプレイをやってよかったというのが非常にたくさん出てきます。あれで、どれだけむずかしいかということがよくわかったということが述べられております。

このごろの学生さんは元気のいい人が多いので、みんな、ロールプレイをやったら、必ず「先生もやってみせてください」と言われます。みんな、そのうちにむずかしいということがわかってくるんですね。腹が立ってくるから、最後のほうになると、「先生、一ぺんやったらどうですか」と言う。こっちも乗るほうだから、「よし、やろか」というわけでやりますね。

そうすると、私のやるのを見てて、みんないろいろ思いあたるわけですね。そして、「あんなふうにやるんだな」とか、「ここはたしかに違う」ということが、ほんとうに腹の底でわかるわけです。たった一分や二分やっただけでも、どんなにすごいものかわかりますということを書いている人が多いんです。と言いますのは、まねごとであれ、実際にやるということはむずかしい。

修練を重ねてだんだん一つのものになっていく

もう一度話をもとへ返しますと、さっきの三条件というのはどれだけむずかしいかと言いますと、たとえば、いちばんはじめに、無条件に積極的に関心を払うなんて、簡単にそう言いますけれども、これはなかなかできませんよ。というのは、クライエントの話というのは、みんなだいたいつらい話が多いんです。楽しい話をしに来る人はめったにおられません。

カウンセリングにクライエントが来られて、「どんなことですか」と言ったら、「金がもうかって困ってます」なんて話はあまりありません。そんなら、「どんなことですか」と言いますと、「学校へ行く気がしませんわ」というような話ですね。

そしたら、学校へ行っていないという、その気持ちに無条件に積極的に関心を払うということはむずかしいですよ。腹の底で、「こいつ、何で行ってないのやろ」とかね。それから、クライエントは、学校に行ってないと言うてるだけでしょう。それに対して、そのことに無条件に関心を払うんじゃなくて、「あんた、いつごろから行ってませんか」というようなことを、すぐこっちは言いたくなりますよ。そしたら、たとえば三日前からです言うたら、「ああ三日ですか、そんならもう行けますか」とか、あるいは相手がそういうことを言ってないのに、カウンセラーのほうが勝手に話をしだす。というと、言ったことに無条件に関心を払うんじゃなくて、もう条件つきなんですね。カウンセラーが勝手に条件をつけてしまう。

みなさん、実際にやられたらわかりますが、相手の言ったことをそのまま、無条件に待つということは非常にむずかしい。それが、たとえば学校に行ってないぐらいだったならまだいいんですが、クライエントの中には相当なことを言う人がいます。たとえば、「あんまり腹が立つから、きょうは先生を一発やるつもりや」と言うような人がいます。そしたら、無条件に関心を払えますか、「はあ、一発やるんですか」なんて。

それでも、カウンセリングやっとるのやから、これをやらな商売成り立たん、いうて必死になってやる人もいます。「一発やりたいのや」、「はあ、一発やりたいんですな」と言うてるときに、腹の中では、やらんといてくれと思っているんです。

そしたらこれはどうでしょう。いちばん最後の第三条件が満足してないんです。第三条件に自己一致ということがある。自己一致とは、カウンセラーが「やらんといてくれ」と思うのだったら、やるなと言うべきだということです。しかし、クライエントのやりたい気持ちは受容できていない。一体どうしたらいいのかわからないんです。

中にはこういうことを言う人がいます。カウンセラーの基本的態度の三条件のうち、一と三は矛盾《むじゅん》しとるじゃないかと。それは三をやろうと思ったら一ができない。一をやろうと思ったら三ができない。だから、こんな一、二、三と書いてくれてもナンセンスだと言った学生がいます。なかなかいいことを言いますね。

私がそのときにどう言ったかと言いますと、じつはそうなんや、そうなんやけれど、カウンセリングはこうしたらできるなんていうことをたった三つの条件で言うのが、もともと無理な話なんです。つまり、たった三つの条件でできるんだったら、みなさんいまお帰りくださっていいわけでして、いますぐできないということは、相当な修練を経ないとできない。ということは、ちょっと見ますと矛盾しているかのごとく見えるものを、矛盾せずに心の中に統合していくということを、ぼくらはやらねばならない。

そして、これはロジャーズさんだけじゃなくて、ほかの学者の方も、カウンセラーとして大事なこととして、いろいろな条件を書いています。きょうはロジャーズさんのだけを言うておりますけれども、ほかの学者もいろいろな条件を述べています。それをよく見ると、その中にもいま言ったような意味での矛盾をはらんでいます。はらんでいてあたりまえなんです。

それは、ちょっと見には矛盾と見えるようなものを、われわれは死にもの狂いになって自分のものにする努力をしなかったら、カウンセラーにはなれないということです。だから、一と三は、じつは一見矛盾しているようですけれども、われわれが修練に修練を重ねていくときに、これはだんだん一つのものになっていく。

どれだけ共感できるか

ところで、一と三の間に二があるわけですが、二番めに言いました共感というのは、どうも一と三を結びつけていく非常に大事な要素になっているように思います。だから、三つじゃなくて、一つだけあげよと言われましたら、私は共感というのをあげます。カウンセラーは共感さえできればいいと、こう言っているのです。

たとえば、ある生徒さんが、「先生をきょうはなぐる」と言いますね。そのときに、われわれがほんとうにその気持ちが共感できているときには、腹の底からなぐりたいやろなと思いますよ。「ああ、なぐりたいの」と言うことができます。自己一致して、「なぐりたいの」と言うことができると思います。

そのときに、なぐりたいやろなと言うているのは、なぐれと言うてるわけでもないし、なぐるということはよいことだと言うてるわけでもないし、同意でも、賛成でもありません。「わかる」と言っているんです。そのときに、その気持ちがわかるということがものすごく大きいことでして、そういう意味において、われわれが腹の底から、「ほんとうにわかる」と言うたときには、その人はだいたいやりません。……非常に不思議なことです。

わからんのにわかったような顔をしてるときはだめです。それから、しょうがなしにとめたって、やる人はやります、共感ということがなければ。それほど共感するということは、私は大事なことだと思います。

ところが、共感するということは、ものすごくむずかしいことです。言うならば、カウンセラーというのは、ひたすら共感する訓練をしているんじゃないか、とさえ私は思います。みなさんはきょうロールプレイをやられますから、ロールプレイをするときに、カウンセラーになる人がおられましたら、クライエントさんの言われることを、自分がどれだけ共感できるだろうということを考えてみられたらわかりますが、なかなかむずかしくてできません。

そのことは、もうちょっとくわしくあとで言うとしまして、そんなわけですから、三つの条件にしぼられるようなことをわれわれは順番に一つ一つ練習していかなければならない。その一つとして、きょうはロールプレイということをみなさんがやられるということです。

体を動かすと違ってくる

そこでちょっと話を変えまして、ロールプレイとはどういうことかということを考えてみましょう。ロールプレイのroleというのは役割ですね。playというのは遊びという意味もありますけれども、演技するということです。だから、お互いに何かの役割を持って演技をする、それがロールプレイです。だから、ロールプレイというのはいろんなところで使われております。

たとえば銀行で、新しい銀行員が入りますね。そうしますと、その人たちをすぐ前に出して、お客さんが来られたときに、お客さんに接するというのはむずかしいので訓練をしますが、そのときの訓練にもよく使います。

まずはじめに誰かがお客さんになって、誰かが行員になって、たとえば「百円預けますけれども、通帳つくってもらえますか」というようなことを言われたら、どう応答するかとか、「お金を預けませんけれどもマッチいただけますか」と言う人があったらどうするとか、なかなかむずかしいことです。そういうときには、いかに愛想よく断るかということも練習されるんじゃないかと思いますが、実際に店に出る前に一度役割をもって練習してみる。これは銀行に限らず、いろんなところでやっておられるようです。

あるいは、きょうは学校の先生がたくさん来ておられますが、学校で道徳教育の時間にロールプレイを使っておられる先生がだいぶあります。きょう、ここで聞いて、どうもおもしろそうだなと思ったら、やっていただいたらいいんですけれども、これはなかなかおもしろいんです。ぜひやってごらんなさい。

たとえば、よく遅刻してくる生徒がいますね。そのときに、「遅刻したらだめじゃないか」とか、「おまえ、何で遅刻した」というようなことを言っても、なかなか効果がないものです。人間なんて、口先で言われてもなかなか腹の底にこたえない。

もうちょっと腹の底にこたえさそうと思うと、そういうふうにいつも遅れてくる子がおったら、怒らずに、「あんた、きょうも遅れてきたな、朝、起きるところをお芝居で一ぺんやってくれないか」、こういうふうに言うわけです。そして、誰かおかあさん役の人が出てきて、「〇〇ちゃん、八時ですよ」と言うたら、「ウウーン」とかやりますね。

それをやらせまして、今度はその遅れてくる子に、「すまんけど、あんたおかあさん役やってくれんか」と言うて、ほかの子に寝ている子をやらせますと、いつも遅れてくる子がおかあさん役になって、「もっと早く起きないとだめじゃないの」とか、「高校生にもなって、そんなぐずぐず言うていいんですか」なんていうようなことを自分のことばとして言わねばならない。

そうすると、片方はおもしろいものだから「ええやないか」とか、「そんなもん、遅刻したってかまへんやないか」とかやりますと、その子は「いや、いけません」と言う。そういうところを経験しながらやってもらう。そして、「あんた、いまどんな気がした」とか言うたら、「ウーン」と言うていろいろ考えます。そういうふうに工夫していろいろやらせてみます。

おかあさん役をやらしてみたり、あるいは、よくけんかをする子がおったら、「あんたたち、ようけんかするけど、きょうは一ぺん演技でやってもらおか」とか、「本物やないけど、一ぺんこの前でやったらどうや」とか言ってやらしてみます。そしたら、みんなの前に行ったら照れくさいから、いつもけんかしてる子が、「おまえの気持ちもようわかる」というようなことを言いますね。そうすると、誰かを呼んできて、「この子はえらいわかるわかる言うとるけど、腹の底ではほんとうにわかってないのと違うやろうか。だから、この子のわかってないと思うあたりを、あんた、やってくれんか」言うて、またほかの子にやらせるわけです。

そういうふうにしますと、おもしろいものですから、いろんなことが出てきます。非常に豊富に出てきます。子どもにやらせますとほんとうに感心します。親役をやらせますと、親をよく見ているなと思いますね。非常にうまく親の気持ちをとらえてやったりします。そして、「あんた、そこまでわかってるんやったらどうなんや」と、こういうふうにもっていくわけですね。

そういうふうな意味でロールプレイを使う。これはさっきから言うてますように、人間というものは、頭で考えているのと、体を動かしてやるのとは、ずいぶん違うということですね。

ロールプレイは竹刀《しない》の剣道と同じ

さっきから、カウンセリングというのは、理論と実際がほんとうにからみあっていると言いましたが、われわれはカウンセリングの理論を勉強すると言いましても、頭でわかっても何もならないわけですね。自分の腹の底でわからねばならない。とすると実際にやってみる。実際にやってみると言っても、簡単にはいきませんので、役割でやってみようというので、ロールプレイということを考えついたわけです。

このように、ロールプレイというのは非常におもしろいと思うんですが、役割ということですけれども、実際にみなさんにやってもらいますときには、指導する先生のやり方がいろいろありますので、どんな方法でやられるか私はわかりません。しかし、たとえば、あんた出てきてクライエントになりなさい。あんたはカウンセラーになりなさい。こうしてやるわけです。つまり、片方はカウンセラーの役割をするし、片方はクライエントの役割をする。だから、どちらも本物ではないわけです。

そうしますと、こういうことを言う人があるんですね。「そんな、にせもの同士でやったらだめじゃないか、本物がいちばんいいんじゃないか」と。それはたしかにそうです。私はよく言うんですが、ロールプレイというのは竹刀をもってする剣道みたいなものです。

ほんとうのカウンセリングというのはほんとうに切れる刀でやります。やっぱり真剣でやるんだから、剣術というのは竹刀でやるのはやめとこうじゃないか、みんな真剣でやったら文字通り真剣になるだろう。それはそのとおりですけれども、はじめから真剣でやりますと、傷ついて仕方がないんですね。だから剣道のときはわれわれは防具をつけて竹刀でやっているわけです。

しかし、実際に、竹刀の剣道でやって強い人と刀を持ったとき強い人とは必ずしも同じではない。竹刀を持ったら平気だから面《めん》とか行きますけど、ほんとうの刀を持って、なかなか面とか行けないもんです。と言って私はやったことありませんから、想像するだけですが、やっぱりどこで切られるかわからんと思うと怖いですね。その点、竹刀の剣道は役に立たないかというとそうじゃない、やっぱり役に立っているんです。

どうも話が横道に行っていけませんが、こんな話を読んだことがあります。昔の侍《さむらい》が急に賊《ぞく》に襲われてはじめて人を切るわけです。刀を抜いてむちゃくちゃふり回して、三人ばかりやっつけた。自分で何をやったか覚えてなくて、とにかくやっつけたということはわかったんですね。

おれもさすがにがんばったら人が切れるのかと思うんですね。自分はどこを切っただろうと思って調べたら、全部左のけさがけに切っているんです。考えてみたら、自分は剣道のときにそれがいちばん得意だった。だから無我夢中で自分は刀をふり回したと思っているけれども、剣術でいつも得意の技が、無我夢中のときにもちゃんと出ているわけです。

練習というのはそういうものなんです。

役割なしでも、役割だけでも生きられない

これはつまり、役割というのはそれほど怖いということです。竹刀でやっているようだけれども、真剣のときも、それが思わず出てくる。だから、役割と言うとよそごとのように思うんですが、役割と自分自身というものはどれだけ密着しているだろうと考えだしますと、非常にむずかしいものです。

そういうふうに考えますと、役割というものを非常に大切に考えていく考え方もあります。たとえば、私はここに来ておりますけれども、役割を持って来ています。ここでともかくカウンセリングの話を一時間半しなければならないという役割を持っております。しかも、単なるそういう役割じゃなくて、京都大学教授であるとか、いろんな役割を背負っておりますね。そして、私はある程度役割にふさわしい行動をここでとることを期待されております。

役割抜きで私が行動したら、絶対にこんな服は着てこなかっただろうと思いますし、暑いからぬいでしまって、いいかげんなかっこうでそこらへんで寝ころぶんじゃないかと思いますが、それができない。私の役割が私を規制している。そういうふうに考

えますと、役割と私というのはどれだけ切り離せるか。

私は家に帰って役割抜きの自分に返っているかどうか。家でも、おまえは父親という役割で生きているんじゃないかと言われる。あるいはおまえは日本人という役割を持っていると言われる。そういう役割をどんどんぬぎ捨てていきますと、最後に何が残るのか。結局、私はラッキョウの皮みたいなもので、役割という皮を重ねてラッキョウができているんじゃないかというふうにも考えられる。このように考えると、役割というものは、人間と切っても切れんくらいの関係があると言う人さえあって、非常におもしろいことです。

そしてまた、逆の言い方をしますと、私という人間を捨てて、役割だけするということもほとんどできません。たとえば、ここへ数人の人が集まってきて討論会をするとしましょう。ただしおのおの役割を決めておきます。あんたは何歳ぐらいのおじいさんになってください、あんたは高校生だと役割をきめまして、そして題を与えます。何でもよろしい。いろんな演題、再軍備についてでもよろしい。女学生はジーパンをはいてよろしいかという題でもよろしい。

そしてやってもらってますと、議論に熱中しだしますと、みんな役割を忘れてしまいます。六十歳のおじいさんになった人は、そのつもりで言っているのははじめのうちだけで、十分もたったら知らん間に自分の意見になってしまって、自分の地が出てきます、議論が白熱すればするほど。自分というものを離れて役割だけで生きるということも、人間ってなかなかできないんです。

だからみなさん、きょうはロールプレイをやられるときに、役割というのと自分とが、どのくらいのあたりでどう引っついておるんだということを考えてみられると、非常におもしろいんです。やられますと、はじめ照れくさいと感ずる人があると思います。

たとえば、私はよく大学生なんかにロールプレイをやらせますけれども、「やりなさい」と言うと、クスクス笑う人が多いですね。「さあはじめましょう」言うたらクスクス笑ったり、言いかけるだけで笑ってみたり、笑いが非常によく出てきます。みなさんだって、やられたら笑いが出てくると思います。ただし、私がきょう話をしてしまったので、もう出ないかもしれません、先に言われると出ないもんです。

なぜクスクス笑いが出てくるかと言いますと、笑いというのは非常におもしろいものでして、笑いというのはどういうことかと言いだしますと切りがない。いろんな学者が笑いについてむずかしいことを言っておられますが、その中で一つおもしろいことを言った人がいます。笑いというものは客観ということがないと出てこない。これは確かベルグソンという学者が言ったと思うんですが、ものごとを客観視することの中にこそ笑いが出てくる。

たとえば、みなさん、こういう経験があるでしょう。朝起きて、さあやろうと思って立ちあがったとたんにステンと引っくり返って頭を打って、くそ、腹が立つと思いながらかみそりを使っていると切ってしまって痛いと思う。腹が立つから奥さんをどなりつけようと思ったらまた頭を打ってと、そういうことがありますね。そういうときに、はじめは笑いは出てこないけれども、あんまりやっていると、しまいに笑えてくるときがあるでしょう。

あの最後に笑えてくるときは、「おれもばかやなあ」と、そういう気がしますね。「おれもばかやなあ」というのは、見る者と見られる者の分離が生じているわけです。その見る者が自分の心の中に出てくるまではかっと怒ってますね。そこで、ふっと見る自分という客観というのが出てくると、笑いが起こってくるわけです。

その証拠に、動物なんていうのは、ものごとを客観視する力がありませんから、動物で笑うのはいませんね。見たことがありますか。馬が働きに働いて、おれもきょうは働かされた、クスクスなんてやりだすと、たまったもんじゃありませんが（笑）、そんな馬は見たことがありません。

「役づくり」と「共感」は似ている

ロールプレイのときというのは、この客観の問題がむずかしいんです。ロールとどのくらい引っついたらいいのかわからないんですね。ロールプレイで、たとえば、「河合さん、あなた十八歳の女の子やってください」と言われるのでやろうと思っても、十八歳の女の子の気持ちはなかなかわからんし、まじめにやらないかんと思うて一生懸命になりますけど、引っついたり離れたりしますね。距離がわからないときにクスクスッと笑うと、それで距離ができる。

「おれも十八歳の女の子をやってるぞ」と、こういうふうに見られるわけですね。そしてその中にグーンと入っていくのを防ぐわけです。あんまり入っていくと何が何やらわからなくなりますし、またゲラゲラ笑ってばっかりおったらロールプレイはできませんね。

役割と自分がかけ離れすぎて、これは全然おもしろくない。見ているほうでも、ちょっとやったらゲラゲラ、ちょっとやったらゲラゲラ、もっとまじめにやれと言いたくなるでしょう。だからはじめはみんな照れくさい。照れるというのはそういうことですね。

照れるというのは、自分というものがどの辺におるのか、はっきりわからない。つまり自分の位置というものがはっきりしないときに照れくさい。そういう感じをみなさん味わわれると思いますけれども、そういう中でロールプレイをやりながら、役割と自分というものが、どういうからみあいをしながらやっているかということを考えられますと、さっき竹刀の剣道のことを言いましたが、竹刀の剣道をやっているようでも、真剣に近いほどのなかなかの効果を持つものです。俳優さんがこういうことを実際に体験しているわけで、俳優さんはみんな役割を持つわけでしょう。たとえば、私という人間が源義経《みなもとのよしつね》になってみたりするわけですね。そういうときに、役者という人間と役割との関係は非常におもしろいものなんですね。役にあんまりなりきってしまったらだめなんです。

　これは高校生のへたな演劇なんか見に行ったらときどき見かけますけれども、文化祭なんかに行きまして、高校生がやってたら、やっている本人は感激して、主人公まで泣きたくなるようなのをやられると、こっち側が照れくさくなりますね。そう熱心にやらんでくれというような気がします。本人と役割とがまったく一つになっておると、われわれは見ちゃおれんという気がするんです。不思議なことですね。

　また、役割と自分が離れすぎて、ほら見てみろ、おれが義経やってるのだぞというようなかっこうでやられると、これまたいやになります。このように役割と本人との関係ということでは、役者の人はものすごく苦労しているんです。

　みなさんご存じかもしれませんけれども、「役づくり」という言葉があります。みなさんの中で演劇をやっておられる人はご存じだと思いますけれども、演劇をやるときに役を与えられますね。源義経とかそんな強い役になれたらいいんですけれども、そうじゃなくて、六十歳になって定年になって、職業がなくて、子どもにぼろくそ言われて、フラフラ街を歩いているような役が来ますね。そうすると、そういうふうな役を私の心の中につくっていかねばならない。

役者の人はどうしてつくるか知ってますか。彼らは、町に出たときに、そういう人を常に見ているわけです。一生懸命観察して、そういう人たちの一挙手一投足、たばこの吸い方、その人の毛のなであげ方、全部見るわけです。そしてそれを自分のものにしていくわけです。

このことは共感するということとよく似ていると思います。つまり、私はこう言いたいんです。役者の人が一つの役を与えられて、それになりきるのに役づくりという、あれだけの苦労を重ねるように、ぼくらはぼくの前に座ったクライエントの人生ということを共感しようと思ったら、どれだけたいへんなことかということです。

それを安易に考えすぎて、いまも言いました学校に行ってない子に、「学校に行ってない、苦しいですか、苦しいでしょう」とか言って、おれは共感したなんて思ってますけれども、ほんとうは大間違いで、高校三年生なら三年生が、学校に行けずに家にいるという、その心をわれわれはどこまで共感できるか。

それは言うならば、私がその高校生を劇で演じても、みんなが、なるほどなと感心してくれるような迫真力《はくしんりょく》のある演技ができるほどにわかっているか、というふうに考えますと、私は役者の人が役づくりのために払うあのたいへんな努力と相当するだけのことを、ぼくらはほんとうは共感のために払わねばならないと思います。

きょうはそういうことを言う暇はありませんが、演劇に関心のある方は、俳優術というか、俳優の人が自分を鍛えていく修業の仕方と、カウンセラーが自分を鍛えていく修業の仕方と、ものすごくよく似ていると気づかれるでしょう。あるいは教育者と俳優も非常によく似ております。

「一流」の人がやってきた努力

みなさんの中に先生方が多いんですが、俳優としての教師ということを考えてみられると、非常におもしろいと思います。教師というのは、ある程度の役割を演じなければなりませんし、教室の教壇へ上がって、教師としての役割を演じているんだけれども、先ほども言いましたように、教師としての役割が非常に遠くにあって自分と離れている人はだめですね。

教壇へ上がった途端に、みんなはウソをついてはいけません、何々してはいけません、といっぱいしてはいけないことをしゃべって、家に帰った途端に全部忘れるというのでは、これは教師としての役割と自分が離れすぎている。だけど、自分を生地《きじ》のまま出したほうがいいとは限らない、というふうなことを考えますと、俳優術というのと教師論というのは、非常に重なってくると私は思います。そういう点で、あるいはカウンセラーも似ていると考えられます。

また役づくりのことに戻りますが、私は役づくりの苦労とか技術とかを読むのが好きです。そういうのを読んでて、こういうふうにわれわれもやらねばならないといつも思います。それだけのことを私はしているだろうかと思います。つまり、私もカウンセラーのプロだったら、俳優のプロ、野球選手のプロ、音楽家のプロと同じだけの努力をしていなければならないと思うんです。

実際にそういうのを読みますと、ともかく一流になった人というのは、すごい努力を積んでいます。あだやおろそかで一流の選手になったとか、一流の音楽家になった人はありませんね。あれだけの苦労をわれわれはしているかというと、なかなかカウンセラーの場合は、そういう修業をしていない人が多いんです。

なぜかというと、われわれは人間が相手ですから、クライエントががんばってくれることが多いんです。われわれはへたでも、どれだけクライエントに助けてもらっているかということなんです。バイオリンひきはバイオリンがこちらを助けてくれることはありません。こちらが演奏するようにしかなりません。だから練習するより仕方がない。野球の選手でもそうでしょう。バットをふったら球があたってくれるということはないと思います。

ところが、クライエントというのはすごいものでして、こっちがへたにやったらへたにやったようにがんばってくれるクライエントがたくさんおられるんです。こんな若いカウンセラーに気の毒やからがんばろうと思ってやってくれる人とか、こんなこと言うたらカウンセラーはびっくりされるからやめとこうと思って話をしない人もいますし、クライエントは苦労を重ねてよくなっていくわけです。このために、カウンセラーは、どうもほかの一流の職業人に比べて研鑽《けんさん》を怠《おこた》ることが多いんじゃないかというふうに私は思います。

しかし、ほんとうはわれわれはそれだけの努力をしないと本物じゃないと思います。そういう意味で、こういう役づくりの話なんか読みますと、なるほどと思うし、実際、私はクライエントがひとり来られたら、その人と一緒に歩んでいく中で、俳優が役づくりをするように、その人のイメージといいますか、その人というものをぼくの心の中につくりあげる努力をしなければならないんじゃないかと思います。

そんなふうなことをいろいろと背景から考えていきますと、ロールプレイということは、簡単なようでなかなか意味も深いし、おもしろいことがわかると思います。

ねらいと指導者が必要

ここからロールプレイの実際的な話に変わっていきますけれども、みなさん、きょうおやりになるときに、先生方がどんな方法をされるか私は知りませんが、ロールプレイと言いましてもいろいろな方法があります。たとえば、いちばんよくやりますのは代表者の方に出てきてもらうというやり方です。代表者が二人出てこられまして、ほかの人は全部見ておられる。まわりを囲んで見るときもあります。

そしてロールプレイをするんですが、まず私は、ロールプレイをするときに、ある程度のねらいというものがいると思います。どういう目標を立てるかと言いますと、たとえば、いちばんはじめにクライエントが来られまして、いろいろ話をしながら、ある程度のことをいろいろお聞きする（われわれはそれをインテークと言いますが）、受付をするときに聞く、その受付としてどのように会えばいいのか。

あるいは、さっき言いましたが、来た人がどうのこうの、受付がどうのこうのなんていうより、ロジャーズさんの言っている三つの条件を満足すればうまくいくんだから、この三つの条件というのをどれだけ自分ができるかやってみよう。だから、すぐ話を聞きながら、自分はどれだけ共感できるだろうか。どれだけ無条件に積極的な関心を払えただろう、どれだけ自分は自己一致しただろうか、こういうふうな三つの条件を満足する態度の練習をしよう、そういう目標がありますね。

あるいは、その場で目的をきめて、たとえば非行少年というのはなかなかむずかしいから、非行少年のやって来たときの練習をしようじゃないか。来るなり「帰ってええか」と言う子もいますね。そういうのを一体どうしたらいいか、その練習をしようとか、そういうのがねらいになってきます。

あるいは、そういうややこしいことを言わずに、とにかくやってみましょう、というのも一つの方法です。ともかくやってみて、やったあとでいろいろな観点から話をしましょうというふうなときもあります。だから、目標みたいなものを持ってやるときと、とにかくやりましょうというときとありますが、そのへんはその先生のやり方によって違ってくると思います。

そして、ロールプレイをするときに大事なことは、必ず指導者がいないといけません。指導者なしでロールプレイすることはよくありません。もしも指導者がいない場合は誰か見ている人がいないといけません。たとえば、「あんたと私と二人だけでロールプレイの練習をしようやないか」というようなことは、私は避けたほうがいいと思います。

二人でやるときも、「ちょっとあんた聞いててくれるか」とか、「あんた見ててくれるか」とか、見てくれる人をつくったほうがよろしい。カウンセリングは見てる人がおらずにやるのだから、見てる者なしでやるのがほんとうじゃないかと思うかもしれませんが、練習は練習ですので、見ている人がいります。

というのは、実際にやられたらわかりますが、なかなか見ている人なしに二人だけではできません。ロールプレイというのは、簡単そうに見えて複雑なものです。だから、二人でロールプレイをやってて、案外お互いに傷つくこともありますし、傷つけることもあります。

あとからも言いますが、意地悪しようと思うとできますし、わかってて相手のいやなことを言ってやれと思うとそう言えます。そういうふうに、腹の底に一物《いちもつ》持ってやったらますますむずかしくなるでしょうし、それでなくても、役割を演じるだけでもなかなかしんどいものですから、ぐっとがんばっていく気がしません。どっかでサボりたくなります。それで面白半分になったり、いいかげんになったり、そんなことなら、やらんほうがよっぽどましです。

竹刀でやっているといったって、やっぱり真剣にならないといけませんので、二人だけで真剣にやるということは非常にむずかしい。それをやろうとすると、いま言ったように、指導者がおるということは非常に強いことです。指導者がおってくれると、ぐっと座が引きしまる。だから、みなさんも指導者がいないとするならば、せめて自分たちのグループで、五人なら五人のグループでやろうと、二人でやっているのを三人は見ているといったかっこうでやったほうがよろしい。

自分自身の問題は避ける

そして、クライエントになった人は、どんなことをやられてもよろしいが、自分自身の問題を言わないということが大事なんです。つまり、自分そのままの生地でクライエントにならないということです。中には生地で「自分のことを言ったほうが、一石二鳥で得や」と思う人がいるんです。自分の問題も助かるし、勉強もできるしと思いますが、そんなことを一生懸命やるくらいだったら、どっかにカウンセリングを受けに行かれることです。

ほんとうはそれがいちばんいいことなんです。ロールプレイなんてするよりも、自分の問題でどこかにカウンセリングを受けに行くことが、じつは自分がカウンセラーになるための、いちばん早道だといってよいくらいです。

クライエントになった人が自分の問題を言いますと、言わずにおこうと思うことが、思わず出てしまうことがあるんですね。カウンセラーの人が聞いて共感してくれますと、次を言わねばならないような気がしてつい言ってしまいますね。そうすると、自分はほんとうは秘密にしておきたいところまでしゃべってしまって、あとで困ったという人さえいます。

そんな秘密というものは、やたらに他人に公表するものじゃなくて、自分で一生懸命考えて、自分で悩んで、自分で克服していくものなんですね。そのときに、ひとりだけのカウンセラーを相手に、必死になってやるのはよろしいけれども、たくさんの人に公表すべきものじゃありません。だから、クライエントになった人は、自分以外の人になってやってください。

そういうふうにクライエント役の人は誰か他人になりますね。たとえば、私は三十五歳ぐらいの会社員で、会社がいやになって困っている人をやります、と言ってやりますね。ところが、考えてみますと、他人になるということはものすごい共感の練習です。つまり、他人の気持ちを共感できてないと、クライエントになっても長続きしないわけです。みなさん、やってもらったらわかります。

これは大学生なんかがやるとおもしろいんで、「さあいまからロールプレイをやりましょうか」と言ったら、元気のよい人が、「私がやります」と言って出てきますね。こういう元気のよい人は、必ずみんなを笑わせてやろうと思ってるわけですから、クライエントになったら、みんなの喜ぶようなことを言うてやろうと思って意気揚々とやってくる。

実際にあった話ですが、カウンセラー役の人が「どんなことですか」と言ったら、「私はガールフレンドが十人もおりまして、どうつきあっていいか困っているんです」と言うと、みんな喜んでワーッと笑うでしょう。ところが相手に「フーン」と言われたら、次を言おうと思ってもなかなか言えないんですね。自分が共感できないわけですから、十人ガールフレンドがおったらどうなるのかわからない。

できないことを言うたものの、最初は景気がいいんですが、次の話が続かないんですね。つまり、思いがけないことをパッと言って喜んでみたところで、その話を続けていくためには、そのことに自分が共感できていなかったらできないわけです。だから、みなさんがクライエントになられましても、自分が共感できるような人にならないと、なかなかできません。

また、おもしろいことに、共感できるようなことをやっているということは、自分とどこかで重なっているんです。このへんが非常にロールプレイのおもしろいところです。自分のことをそのまま言っているわけじゃないんですけれども、自分の何かとどこかで重なっていることをやっています。

カウンセラーの人はカウンセラーとしてやるわけですから、そのまま自分の生地でカウンセラーをやればよろしい。ところが、クライエントになって出てきた人は、他人のことを共感しながらやっていくわけですが、これをはじめてやりますと、なかなかできないものです。

たとえば、大学生なんかにやらせますと、こんなことがありました。私はそのとき、こういうことを言ったんです。「きょうのねらいはさっき言いました三つの条件、つまり、カウンセラーは別にむずかしいことを考えんでもよろしい、ともかく相手が話をされたら、それに無条件に関心を払う、共感できるかどうか、自己一致しているかどうか、その三点でやりなさい」ということでやったわけです。

質問ばかりするカウンセラー

カウンセラーとクライエントが出てきます。そしてクライエントの人が、「私、このごろ会社へ行く気がしないんです」と言いましたら、「行く気がしないんですか」と聞いていたらいいんですが、「そうですか、会社はどちらのほうにお勤めですか」なんて質問するんですね。

クライエントはしょうがないから、「何とか会社です」、「いつごろからお勤めですか」、「何年からです」、「大学はどちらで」、「何とか大学です」、「成績はどんなですか」、このへんまで来ると、見ている連中がワーッと笑うんですね。「何で笑うのか」と言うたら、「カウンセラーがいっぱい質問ばっかりしているやないか。練習はクライエントの言ったことに対して、どれだけ共感できるかという練習をするはずやのに、知らん間にカウンセラーがいっぱい質問している」と言って笑うわけです。交代してやりましてもよく似たことが起こるんです。

そうしますと、別の学生さんが、「私がやります」と言って出てきたんです。その学生はどうしたかと言うと、ノートを持ってきて、ともかく自分はなるべくものを言わずにいようと思っているわけですね。自分から言いだすと変なことを質問するから、それはやめようとかたく決意して出てきますから、クライエントが、「このごろ会社へ行ってません」と言うと、「会社へ行っておられませんか」と、そのままノートに書くわけです。

クライエントが、「もうしんどうてたまりません」、「はあ、しんどいですか」、それを書くんです。そしてしばらくやったら、クライエントが、「もうこんなんやめや」言うて怒りだしたんです。「こんなん、あほくそうてする気が起こらへん」と言うのです。

これはなぜですか。要するにカウンセラーは関心を払ってませんね。ただ、おれは質問せんとこうと思っているだけです。うっかり質問したら笑われる。だから質問せんとこう、クライエントの言うたことだけノートに書いとけば間違いない。それだったら共感も何にもない。そういうことをやられますと、クライエントは腹が立ってきて続けられません。「いいかげんに人をばかにするな」と言いたくなります。それほどロールプレイでも共感するということはむずかしいことなんです。

ところで、なぜカウンセラーは質問したくなるかわかりますか。「ぼくは会社へ行きません」とクライエントが言ったら「そうですか」と言うておけばいいのに、「会社はどちらのほうで」と、言わんでもいいことが出てくる。中にはいろいろなことを言われますよ。「私、学校に行ってないんです」とクライエントが言うと、「ご両親のご職業は」などと質問する。そしてたとえば「父親はこういう職業です」と言うたら「そうですか、おとうさんは厳しいですか」などと言ってしまうんですね。

なぜかと言いますと、われわれ人間というものは、クライエントが目の前にあらわれますと、私のいままでの考え、私のいままで持っている人生観、その中に早いこと位置づけたらいちばんいいんですね。早いことこの人を私の心の中に位置づけたいという気持ちが、人間誰にもはたらくわけです。私の心の中にこの人がおさまると楽なんです。

例をあげるとわかりやすいんですが、私がここに来ましても、マイクがあるということは、私を脅《おびや》かしません。なぜかと言うたら、こういう話をするのに、マイクがあってあたりまえなんです。ところが私がここに来て、マイクじゃなくて全然違うもの、思いがけないものが置いてあると、たとえば、つぼがあって花がものすごく入れてあったら、花の後ろでしゃべるのか、どこでしゃべるのかと不安になります。これは一体何を意味するのかと考えますね。マイクなら、私が話をすることに役立つということでまったく安心できるわけです。あるいはみなさんも、私が話をしながら、ポケットから赤いハンカチを出して、ヒラヒラさせながら話をしたら、なかなか話は聞けないと思いますよ。

「あいつ、次に手品する気かな、あのハンカチとカウンセリングとどう関連しているのか」などと思っているうちに話が終わったら、話は覚えてないけどハンカチをふっとったことだけ覚えている、なんてことになります。

標本ではなく飛んでいるチョウチョウをそのまま見る

目の前に起こったことが、自分の心にすっぽりおさまったら安心です。だから、クライエントが来たら早く心におさめたいんです。この人が、「学校に行ってません」と言うときに、「おとうさんの職業は」と聞いて、「父親は学校の教師です」と答えたら、「ちょっとかたいな」と、こういうふうに思うんです。

そう思ってしまうとわかりやすいんです。父親がかたくて子どもが学校に行ってないというふうなことを、クライエントは何にもそんなこと言ってないのに、カウンセラーが勝手に思いこんでしまう。

というのは、へたな人ほど自分の考えで、生きたクライエントを殺してしまって、昆虫の標本みたいに頭の中に入れてしまう。ぼくらは標本をつくるんじゃなくて、飛んでいるチョウチョウをそのまま見ていこうというのがカウンセリングです。だから、クライエントが来られまして、「私、このごろ学校に行ってません」と言うたら、「そうですか」というふうにして、学校に行ってないということを、そのまま私の心の中にポンとおさめておくことなんです。これはなかなかむずかしいことなんです。

私は訓練、訓練と言ってますけれども、そういうふうにできるには長い訓練がいります。そしてこの人は学校に行ってないという話をして、ほかの話をしているけれども、もちろん私の心の中にはいろいろ疑問が起こってきます。

おとうさんはどんな人だろうとか、おかあさんはどんな人だろうとか、どんなふうに生まれてきたのだろうかとか思いはしているけれども、そういう疑問もいっぱい私の心の中で生かしているんですね。私の心も生きているし、相手の話も聞いているという中で、一体どういうことができてくるだろうなと、こう思って聞いているわけです。

そういうことをやるんですから、ロールプレイはみなさんきょうやられたらわかりますが、短い時間やってもなかなかむずかしいんです。ちょっとの時間でもなかなか耐えられません。そういうふうなむずかしいことをしますので、みなさんに申しあげておきたいんですが、クライエントになった人は、へんてこなことはやめてください。クライエントがへんてこな意地悪をやりだすと切りがないんです。このへんで黙ったら相手はどうするか、などとやられると、ほんとうに困るんです。

ある学生なんか、「先生やりましょうか」、「やりましょう」とやってて、あとで話をして、「きみは途中で黙ってたけど、あそこはどうもわからなかった、何であんなとこで黙るんかなと思った」と言うと、その学生は、「ちょっと黙ったら先生どないするかためしたのや」と言うんです。そういう意地悪が入ってくると、なかなかわかりにくいんです。

ところがその学生がおもしろいことを言いましたね。「それなら、意地悪で黙っとるんやったら、なぜもっと黙っとらなかったんや」と聞くと、「黙っとろか思ったけど、先生の顔を見ているうちに言わなおられんようになって話をした」と言うんです。もちろん、意地悪をしていても、その人の役割というのが出てきて、もつれるところがおもしろいと言えばおもしろいですけど、初心者のときに徹底的に意地悪をされたらたまりません。

なぜかと言うと、カウンセリングというのは、役割じゃなくて、生きた人間と生きた人間がぶつかりあうわけですから。もちろん、クライエントの中には、「来てもひとことも言うものか」と思って来る人はたくさんおられますけど、役割じゃなくて、本気でそう思って来るわけです。ところが、そういう「ひとことも言うもんか」と思っている人が、カウンセラーに会ったとたんに、いろいろとおもしろいことが起こるわけです。それでつい言ってしまうとか、それでもまだ黙っているとか。

ところがロールプレイのときに意地悪して黙っているのは、人間関係とは関係なしに黙っているわけですから、うまいことといくはずがない。あるいはロールプレイで、「ここで急に机を引っくり返してやったらどうなるやろ」というようなことで、ポンとやられたらなかなかむずかしい。

ほんとうにクライエントが机を引っくり返したら非常に意味がありますが。ほんとうのときなら、こちらも一生懸命対応しましょうが、面白半分にやってこられたら、ロールプレイというのは残念ながらぶち壊しになります。だから、あんまり意地悪はしないように。といって、何もむちゃくちゃに協力する必要はありません。

カウンセラーが気の毒やからがんばろうというような、そんな気は起こさんでよろしい。つまり、普通のクライエントはそんなこと思いませんので、普通にやってくださってけっこうです。

どういうことばで伝えるか

こうやってカウンセラーとクライエントがやっていくわけですが、さっき私は共感ということを言いましたが、そのときにむずかしいのは、自分は共感しているということを相手に伝えなければならないことです。たとえば、相手が学校に行っていませんと言うと、それに共感して、あなたのその気持ちはわかったぞということを相手に伝えねばならない。ここがカウンセラーの非常にむずかしいところです。

クライエントが何か言われましたときに、カウンセラーは、この人が言った気持ちを私はわかっていますということをお伝えする。どう伝えるかということが非常にむずかしい。というのはいろんな伝え方があるでしょう。

たとえば、私は死ぬよりほかありません、というふうに言われる人があったら、カウンセラーはむしろ黙っているほうがいいということがあるかもしれませんね。もう死ぬよりほかないだろうと思ったらものなんて言えない。そのときには、死ぬのはよくないんです、なんて言うより、ウーンとなっているだけのほうが伝わるかもしれません。そのときに、「あんたとしては死ぬよりほかないんですね」と言ったたって伝わるかどうかわからないですね。

ことばで表現するときにどういうことばで伝えるか。たとえば高校生が来ますね。「学校へ行ってないんや」、「ウーン」と返事していたら、「学校に行かんと映画ばっかり見てるのや」と言うたとしますね。そうすると、映画ばっかり見たい気持ちに共感するわけですが、そのときに、「あなたとしては映画ばっかり見ておられるんですね」と言うほうが共感なのか、「ヘエー、どんな映画見てるの」と言うのが共感なのか、いろいろありますね。

そのとき、「映画見るのや」、「どんな映画見てますか、ちょっと言ってください」と言いますと、これはまた共感と違うかもわかりませんね、調べられているという感じで。それだったら、この先生は自分の気持ちをわかってくれるというよりも、何か調べようとしていると思うわけです。ところが映画ばっかり見てると言うのに対して、興味深く「どんなん見てる」と言うと、これは共感している者こそが言えることかもわかりませんね。

そういうふうに考えますと、相手に応じてわれわれのものの言い方は非常にたくさんあるわけです。そのときにへたをすると、われわれはものすごくたくさん言い方があるということを忘れてしまって、心が非常に狭くなってしまって、型にはまってしまう。

さっきから言いますように、「あなたとしては——なんですね」と言うのも一つの言い方ですけれども、それに縛《しば》られてしまうと、それは私の心がかたくなってしまっていますから、共感じゃないんですね。そのときにそこで見ている人たち、見学している人たちは、「あの言い方以外にこんなのがあったのと違うか」、「あんなのがあったのと違うか」というふうに、みんなで考えあって、あとで話しあう。「あそこはああ言われましたけど、こんなのもあったのと違いますか」、「もっと心がわかったらこういう方法もあるのじゃないですか」ということもあります。

だから、ロールプレイのあとでみなさんが自由に話しあうことによって、非常に勉強になります。「なるほど、そういう手もあったか」とか、「そういう気持ちが話されておったのか」ということが非常によくわかります。

自分の気持ちを正直に言えるか

だから、ロールプレイをしたあとで、必ず話しあいをする必要があります。やったカウンセラーもクライエントも見ていた人もいろいろ話しあうときに、「カウンセラーはこんなふうにやったらよかったのと違うか、こうも言えるのと違うか」と言うだけでなくて、クライエントの気持ち、クライエントの理解というのも話題に出てくるでしょう。

終わったあとで、「クライエントの人はどうでしたか、カウンセラーの人はどうでしたか」と話しあいますね。そしたら、自分がやったらへたな人でも横から見ているとよくわかるものでして、「さっきのカウンセラーの方は、ちょっとおかしかったのと違いますか、あれはこういうふうに言うたらよかったんじゃないですか」などと言う。そのときに私は思うんですが、カウンセラーが、どこまで自分の気持ちを正直に言えるかということは、非常に大きな勝負なのです。

そういうとき、あとからだから何とでも言えるでしょう。たとえば、ある人が「こういう言い方もあったのと違いますか」と言われると、ほんとうはそんなこと思いもよらなかったけれど、「それは私も思っていたんですがね、そのときはこういうわけでこれを言いました」と、そういうふうに言うカウンセラーがいますと、白けますね。聞いてると、その人は自分のやったことを正直に語っているのか、どっかで自分を守ろう守ろうとしているのかがよくわかります。

私はロールプレイをしてもらったあとでいろいろ話しあいをしていつも思うんですが、自分の心に思ったことを正直そのままにスパッと話せる人というのは、なかなかすごい人だと思います。それもまた練習です。

たとえば、ある人が、「こういうことも言えたのと違いますか」と言ったときに、「私はそれを思いついてなかったんですよ」と正直にそのまま言うと、みんな非常に気持ちいいですね。別に、おまえはへただとは思いません。なぜかと言うと、横から見ているほうがよくわかるからです。

ところが、そうは言いますけれども人間というのは悲しいもので、なかなか正直になれません。自己一致しないものです。負け惜しみも出てくるし腹も立つし、へたにやりますとロールプレイは全然おもしろくなくなってきます。お互いに腹の探りあいみたいなもんで、言われたら、「そんなもんわかってまっせ」とか何とか言う。

カウンセリングの勉強は、テープを聞くときでもそうですけれども、みんなが自分を正直に出すということをしない限りは、かえってマイナスになる。

きょうみなさんは知らない者同士でグループを組んだりすると思いますが、そういうことがあったあとで、自分の心の中にあったこと、思ったことをどれだけ正直にスッと言えるか、これもじつはカウンセラーになるための練習なんです。しかし、これはほんとうにむずかしいことです。

ロールプレイのやり方

このようにやっていくんですが、みんなの前に出てやる方法もありますし、私がよくやりますのは、小グループに分かれてもらって、各自グループでやってもらったりするときもあります。たとえば六人ずつ組んでくださいと言ってグループをつくりまして、各グループでカウンセラーとクライエントがおりまして、用意、はじめと言ってやるのもあります。

そうすると各グループごとにやっているわけですね。そのときの指導者は一つ一つ指導はできませんから、全体の雰囲気を見ているより仕方がない。ただし、おのおののグループには見物の人がいます。こういう方法でやりますと、はい終わりました、みんなで話しあいをして、次に交代とやっていきますと、みんなカウンセラーとクライエントになれますからいいですね。

ところが、さっきの代表二人というやり方は見物ばっかりで、自分はせっかくやりたかったのにやれなかったという人も出てきます。だから小グループに分かれるほうは、みんなが練習できていいんですが、これの欠点は、どこでやめたらいいかわからないわけです。

代表二人が出ておられたら、私も聞いてまして、「このへんが潮どきだ。これ以上やったらあんまり自分のことが出すぎるからやめとこう」とか、「このカウンセラーはしんどくなっているからこのへんにしとこう」とかわかりますからやめられますね。グループに分かれてやったらどこでやめていいかわからないというところが欠点なんです。私はこういう方法でやるときには、できるだけみんなの雰囲気をさとるようにしてやっております。

もう一つは、いいかげんなところで、「はい、やめ」と言いましたら、ちょうどいい話が出かかっているのにポンとやめさせられるグループが出てくるわけですね。こういう点が欠点になりますが、そういう話が出かかっているグループなんかは、終わってから、みなさん話しあいをしてください。そこで、「じつはこう言おうと思っていたのに」という話しあいをして、解消してもらうという方法をとっております。どちらも一長一短です。

私はそういう代表者にやってもらったり、小グループに分かれるのをやったりしています。それはそのときの都合で、やられる先生がどちらにきめられるかわかりません。しかし、きょうもしできなかったとしても、カウンセリングをやる人はロールプレイをやっておかれるといいと思います。

このロールプレイは、もっともっと段階が進んだところでやるのもいいかもしれませんが、ロールプレイばっかりしておっても、そう上手になるものじゃない。ある程度ロールプレイができて、いろいろ勉強ができたら実際に人に会っていくわけですが、実際に人に会ったことを、またロールプレイでやるということも非常に勉強になります。

自分が自分のクライエントの役になってみる。そしてロールプレイをやると、クライエントの気持ちが非常にわかったりしますし、カウンセラーを上手な人にやってもらって、こういうふうな応答があったのかというようなことがわかるときがあります。

その場の一発勝負

だから、そのときそのときに応じてやっていただいたらいいと思いますが、初心者のときには、なかなか長い間続かないものです。長い間続けますとなかなかうまくいかなくなって、だれてきたり、しんどくなってきたりします。そのへんは指導者の先生が適当に判断されてやられるでしょうが、やっている本人もあんまりつらかったら、「もう先生、このへんでやめさせてください」と言うてやめたらいいんです。あんまり無理すると、あとで心に傷が残りますから。

こんなふうにして練習をしますので、みなさんやっていただいたらいいと思いますが、はじめに竹刀でやる剣道と真剣とは違うと言いましたが、カウンセリングのすごいところは、なんと言いましてもそのとき、その場の一発勝負であるところです。そのとき、本にどう書いてあっただろうと思ったり、誰かに相談したりすることはできません。その場でクライエントの言うことに対してわれわれはひとりでやらねばならない。

ところがそれは、さっきも言いましたようにスポーツなどと同じでして、それまでに訓練を重ねてきたことが、思わず知らずにそこへ出てくるんです。そして、そこで必死になって思わず知らずにやったことがうまくいっている、ということになると思います。

第四章　「治る」とき

どれだけの器になれるか

カウンセリングということがわが国に入ってきまして、およそ二十年といってもいいんじゃないかと思いますけれども、その間に、一時、非常に熱狂的なブームといっていいような時代があったように思います。

われわれもその時代を経てきたんですけれども、何か熱っぽい雰囲気がありまして、こういうところに集まりましても、何か雰囲気が違う、ムンムンするような感じがありました。

そういうふうなブームというのが一ぺん去りまして、そして、このブームというのがスーッとおりていった時期があります。そのときには、正直に言いまして、たとえば、「四天王寺でもカウンセリングの講座をやっておられるけれども、あれはどこまで続くんだろう」というようなことを言っている人さえあったように思います。ところが、あにはからんや、どんどん続きまして、しかも、来られる方の数が年々非常にふえてきています。

そういう点から見ましても、また、ほかの点から見ましても、一ぺん低下したブームというのが、また、上がってきつつある。しかし、その上がってきつつあるというのが、いわゆる昔のカウンセリングブームとはずいぶん違ったものだと、私は思います。

というのは、ひところ、みんな好きになったころは、もうカウンセリング様々でして、カウンセリングといえば泣く子も黙る、と思ったか何か知りませんが、何でも治《なお》るというのがカウンセリングで、あしたにも世界に平和が来るぐらいの気持ちにみんななったのですが、なかなかそうはならなくて、世界の平和どころか、いくらカウンセリングしても、なかなか治らない子どもがおったりしますから、たいへんだっていうことがわかってきたのです。

そんなばかげた期待じゃなくて、熱狂的にどうのこうのということはないけれども、やはりカウンセリングというのは大切なものだ、やはりカウンセリングに頼るより仕方がない子どもたちがたくさんいるんじゃないか、というふうな現実に根ざした反省の中から、いまのカウンセリングに対する関心というのが出てきていると思います。

私は、そういう意味で非常にうれしく思っております。というのは、熱狂的なブームなどというのはさめるのがあたりまえでして、現実と関係なく起こってくるもんですから……。ところが、いまのは、現実によく根ざしていると思います。だから、社会のほうからも、カウンセリングということに対する期待が相当はっきりとありますし、それに対して、カウンセラーのほうも、それに応えてがんばりたいと思っておる。だからこそ、みなさんもここに来ておられるわけです。

ところで、ここでいちばん大事に考えねばならないのは、社会からの要望があって、われわれも努力したいと思っているけれども、思っているわれわれの実力というのはどういうものか、という反省ですね、これがいちばん大切なことだろうと思います。カウンセリングをやるといっている自分は、どの程度、ほんとにカウンセリングのできる人間なんだろうか、あるいは、カウンセラーであるための努力、あるいは、あろうとするための努力ということを、どの程度しているんだろうという反省ですね、これが非常に大切だと思います。

ここで、われわれカウンセラーががんばって、自分自身を鍛《きた》えなかったら、かつてのブームがスーッとさめたように、また、いま盛りあがりつつあるものがさめていくんではないかとさえ、私は思います。

そういう意味で、きょうの話は、大きい意味で言いますと、カウンセラーの訓練ということに、結局はなっていくと思います。いろいろな観点から言いますけれども、その第一番めとして、私は、カウンセラーの視野の広さといいますか、あるいは、カウンセラーの経験の豊かさといいますか、そういうことをとくに第一番めに強調したいと思うんです。

と言いますのは、われわれ、カウンセリングを習いはじめたとき、あるいはみなさん、習われるときに、まず大事なことは、カウンセラーというのは、普通の人と違って、他人の話を共感して聞くんだ、あるいは、他人の話を受容して聞くんだというふうなことが非常に強調されます。このことは前章で少し話をしました。

クライエントの言うことを批判的に見たり、あるいは突き放した見方をするんじゃなくて、クライエントの気持ちをわれわれは共感しようとする。あるいは、クライエントの言ったことを受容しようとする。そういうふうにしていくとクライエントがよくなっていくんだ、というのは確かにその通りなんです。

そういうふうなことを習ってきますと、なるほどそういうふうにやっていけばいいんだな、と思うんですけれども、じつは、ここにはものすごい落とし穴があります。どんな落とし穴かと言いますと、そうは言うものの、実際にわれわれがクライエントに会ったときに、共感したり、受容したりするということが非常にむずかしいということです。できたらいいにきまっているんですけれども、これがなかなかできないということですね。

そこで、私が言いたいのは、共感し、受容するということは、絶対に大事なんですけれども、その大事なことをする「私」、つまりカウンセラーは、そういうことができるために、どれだけの器《うつわ》といいますか、自分をどれだけの豊かな器として持てるかという反省ですね、これが非常に大切になってくると思うんです。

相手がへんてこに思えるとき

例をあげるとわかりやすいと思いますけれども、たとえば、ある大学生が相談に来る。そして、はじめは「退学したい。退学して働きたい」と言いますね。そういうときに、みなさんご存じのように、そこですぐに、「これは、退学するんだから、勉強してないんじゃないか」とか、「働きたいなんて言うていて、ほんとは怠《なま》けるつもりじゃないか」とか、そういうふうに横から批判的に聞くんじゃなくて、「退学したい」と言えば、「退学したい」ということを受け入れる、あるいは、「働きたい」と言えば、「働きたい」ということを受け入れる、というふうな聞き方をしますね。それはよろしい。

そうすると、ずっと受け入れて聞いていますと、その人が、「自分は何で退学したいかというと、じつは、自分は、好きなというか何というか、うまく言えないけれども、自分の同級生の男の人と（男同士ですけれども）同じ部屋で暮らしたい、と思っているんだ。ところが、その人はいやだいやだと言う。そう言うけれども自分はどうしても一緒に暮らしたい。ともかく、自分は何でもいいから、その人が生きているのをはたで見ているだけで生きがいがあるので、ほかのことは全部生きがいがない。その自分の同級生というのはお金ももう一つないようだし、困っているようだから、自分が退学して働いて、お金をもうけてくるし、料理もつくってやるし、一生懸命がんばって、自分の相手の男の人が勉強できるようにがんばりたい。それが生きがいだ。それをやるために退学するんだ」などと言う。

そうすると、それを聞いてますと、われわれ、どこまで共感できるか。聞いていて、「ああ、これは同性愛や」と思ったり――なるほどそうですね。そこらの本によく書いてありますし、確かにそうです。男の人が男の人に対して、ひたすらその人のために献身的に尽くしたいし、その人が生きているのをはたで見ているだけでうれしいなんていうと、確かに同性愛と言っていいでしょう。

さっきから言ってますように、「同性愛」なんていう名前をつけるのは、これは何も共感的理解でも受容でもなくて、名前をつけるんだったら、誰でもつけられるわけですね。ところが、実際聞いていて、その人の気持ちが、ほんとにみんな共感できますか。聞いてるうちに、「これ、けったいな男やなあ」と感じてしまう（笑）。

そのままスーッと共感できて、「ふうん」と言うて聞いてますね。まだ聞いているとします。そうすると、そのうちに、その人は「しかし、ぼくはそう思っているけれども、退学して、就職して、その人のところへ、一緒に住みたい言うて行ったときに、そいつが『うん』と言うやろかどうか。もし『うん』と言わなかったら、どうもアパートの隣の部屋が空いてるようだから、隣の部屋へせめて住もう。それもだめなら、先生、私は自殺するつもりです」ということを言いだしますね。

そしたら、そこまでわれわれは共感できるだろうかというと、これは非常にむずかしいことですね。

どうも聞いてる途中あたりから、だんだん「へんてこな男が来よったなあ」とか、「こんなの、ともかく何でもええから、うちの大学、やめてもらわんと、あとくされがあるとかなわん」（笑）、「新聞に載《の》ったら、これ、どうなるやろう」とか、そういう気持ちのほうが先立ってきますと、これはもう全然共感じゃないですね。

小説を読んで推測する

これは実際、ずいぶん昔にあった話をしているわけですけれども、くわしいことは言いませんが、実際にそういう人を前にして、その人が、そこまで、男でありながら男を好きになり、自分の学業を捨ててまでやりぬこうとすることを、共感するということが、われわれにできるだろうかということを考えますと、これは非常にむずかしいことなんです。

もちろん、そこで、もうわれわれにできることは、その人を早いこと退学させて、親を呼びだして、国もとへ連れて帰って、あとはどうなろうと、もうこっちは関係ないことやから、新聞に載っても、まあ、むこうで載るやろうし（笑）、という考え方もあります。いいか悪いか知りませんが、そういう考え方もありますね。

そういうことはそれで別にして、私が共感ということを大事にするんだったら、そこで、その人の話に対してどうなるか、となりますと、いま言いましたように、われわれは単に共感すればいいんだ、受容すればいいんだというだけじゃなくて、そういう話をさえ受け入れる器として、自分をいかに鍛えるか、という問題になってくると思うんです。

そこで、一つのよい方法として、私はみなさんに、できるだけ小説を読んでほしいと思います。奇妙なことを言うようですが、文学の世界を見ますと、いま言いましたように、男性の同性愛にしろ、女性の場合にしろいろんなのがありまして、しかも、そういうことが非常にうまく書いてある。いきいきと書いてあります。

ただ、どこが違うかというと、われわれは、たったひとりの人だけじゃなくて、人間一般について、Aという人が来ても、Bという人が来ても、そのいちばん底に流れるようなものを共感していきたいと思ってますけれども、文学者は、ある個人を浮きぼりにして、ある個人とある個人との関係を非常にうまく書いてますので、それをわれわれが必死に読むと、何かわかるところがあると思います。

そういうことを書くことにかけては、やはり専門家ですから、われわれよりも文学者のほうがはるかにうまいわけですね。ですから、私は、やってきたクライエントの人をわかりにくいときには、それと似たような小説がないかと思って、探して読む場合が多いです。

たとえば、私は、実際、この同性愛の人が来たときに、三島由紀夫《みしまゆきお》の小説をだいぶ読みました。どっからでもいいから手がかりを見つけて、その人の話を共感したい、迫っていきたい、そのときに、非常に大きい手がかりになるものとして、私は、やはり文学をあげたいんです。

ここでもう一つ、以前にも少し言いましたが、もう一度言っておきますと、いま、専門家ですから文学者はたいしたもんです、という言い方をしましたが、私は、いつも、自分がカウンセラーをしておって反省するのは、野球選手であれ、音楽家であれ、何であれ、それでメシを食っているという人の話を聞きますと、ほんとにすさまじいんですね。

へたはへたなりに……の恐ろしさ

たとえば、話を聞いてますと、すごい投手でその人が左ききの投手でしたら、自分は、ドアを開けるときに、左手を使ったことがないとか言われる。つまり、ドアを開けたりするときに、もしも詰めたら絶対にだめだから、左手を非常に大事にしているわけです。

それから、音楽家なんて見てたらわかりますけれども、きょうは演奏会、というときだったら、腕が冷えないように、手袋をはめて待ってるとか、それはもうほんとに細心《さいしん》の注意をしています。聞いてると、まあ、それだけできるなあ、というほどの細心の注意をして、ただそれをやるために、全人格を挙げてやっている。そういうエピソードはたくさんありますね。

そういうのを聞いていて、あのプロ野球の選手があれだけがんばってるのに、私はあれと同じだけのがんばりを持ってカウンセリングをやっているか、ということを考えながらプロ野球を一時間見ているわけですけれども（笑）。そういうふうな反省を、みなさん、持っておられるだろうか。これはおもしろいですね。

プロ野球の人たちががんばっている相手は一つの丸い球ですね。ぼくらの相手は人間なんです。そうしたら、球を相手にするより人間を相手にするほうが、よっぽどほんとは大事であり、よっぽどたいへんですね。考えてみると、何のかんの言っても、球を打ちそこなったって、人が死ぬわけじゃなし、自分の給料が減るだけですから。

ところが、われわれ、人を預《あず》かって失敗したら、たくさんの人に迷惑をかけるわけです。クライエントだけじゃなくて、クライエントの家族、クライエントの先生、クライエントの友人、みんなに迷惑をかけるわけです。そういうふうに考えたら、人を扱うわれわれが、球を扱う人よりも、もっともっとがんばらねばならないのに、われわれ案外のんきにカウンセリングをやっているというのは、どこに秘密があるかと言いますと、クライエントというのがえらいからだ、と私はいつも思います。クライエントがすばらしいので、こっちがちょっとぐらいへたしても、クライエントが治ってくれるからです。

野球の球というのは、へたに打ったらへたにしか飛ばないですね。ほんとに「ましん」に当てたらその通りに飛ぶ。だから、野球の球というのは正直なんです。ところが、クライエントというのはおもしろくて、こっちがへたしたらへたなりに、むこうが治ってくれることがある（笑）。

それはそれで、確かにすばらしいことでして、私はいつもありがたいことだと思いますけれども、ありがたいことだといって、われわれ、サボってすましてばかりはおれない。本来的には、もっともっとがんばっていいんじゃないかと思います。

話をもとに戻しますが、私は、じつは、そういう点で、「カウンセラーのための文学作品」という本でも書いてはどうかと思うんです。たとえば、いちばんはじめ、これ、読んでください、次にこれ、読んでくださいとか、絶対にこれは読んでほしいというのがあるわけです。

たとえば、青年期の自我の同一性の確立というふうな問題で来た人だったら、これ読んだらものすごくよくわかるとか、同性愛だったら、この本読んだらすごくよくわかるとか、更年期《こうねんき》の女の人が来られたら、これ読んだら非常によくわかるとか、みなさん、お笑いになりますけれども、更年期の女の人の気持ちにほんとに共感するということは、なかなかたいへんなことですよ。なかなかできません。

ところが、小説には、そういうのはちゃんとあるわけです。「これ、うまく書いてあるなあ」というのが、ちゃんとあるわけです。そういうリストをつくっておいて、カウンセラーの訓練のための文学集か何か、そういうのをつくりたいと、私はじつは思っているぐらいなんです。

あるいは、カウンセラーの訓練だけじゃなくて、クライエントに対しても、「あなた、これ読みなさい」とその人に非常にぴったりの本があったら、すすめてみるということをやっているわけです。そういう非常に典型的な本をリストにつくってやろうかなあ、と思ったりして、いまだにやってませんけれども、そんなことを思うほど、これは大事なことだと思います。

私はいま文学だけをあげましたが、ほんとうは、絵の好きな人であれば絵を見ることによって、あるいは、音楽の好きな人であれば音楽を聴くことによって、他人を理解する力を一歩大きくすることができるはずです。そういうことにみなさんは努力を払ってほしい。

意外な真実が見えてくる

また、話をもとへ戻しますと、さっきの、死ぬほど男の人を好きになっていった男の人というのは、それでも、私が三島の本を読んだりなんかして、苦労しながら、だんだんやっておりましたら、その人は、おとうさんを知らない人でして、つまり、私生児ということがわかりました。

だから、おとうさんのわからない人だから、父親を求めるという気持ちが非常に強かった。それが自分ではっきりわからなかったけれども、失われた父親像というのを探しているうちに、なぜか知らないけれども、非常にかっこのいい、元気な、強い同級生にひかれていくわけですね。

そのとき、自分はわからなかったけれども、結局、自分はおとうさんを求めていたんではないか、というところへ気がついていくわけです。このことは、きょうはあまり言う気がありませんから、簡単にしておきますけれども、そういうところへ気がついていって、そこから立ち直っていくわけです。

そこで、カウンセラーが同性愛なら同性愛ということの、その気持ちを共感していくという気持ちは持ちながら、父親のない人が父親を求めていく気持ちのすさまじさ、あるいは、よくありますけれども、母親を知らない人が母親を求めていくすさまじさというものを、どこまで知っているだろうか。

さっきも言いましたように、同性愛の人と話をしておりましても、父について、母について、あるいは、その失われた父というふうなことについて、私の心が開かれていれば開かれているほど、その人はそちらの方向へ話が行きやすいわけです。

ところが、私が「あっ同性愛だ。けったいな人が来た」とか、「できるだけ早いとこ国へ帰して、あとくされがないようにしよう」とか、そういうふうな気持ちで話をはじめると、話は発展しないと思います。

つまり、私の入れものが小さすぎると、その小さい入れものには、父をたずねて、というふうなテーマが入りこんでこない。ところが、こっちの心が開いていると、むこうはいろんなものの中へ入りこんでいって、結局、そういうものをつないで、自分の人生を見直すという機会ができてくる。

そういうふうに考えますと、クライエントというのは、われわれのところへ来て、われわれを土台にして、その中で、いろんな心の中の探索をして、その中から新しいものを何か見つけだしていかれるという感じがするんです。

私はいま文学ということを言いましたが、カウンセリングというのは、一回一回、また、全体を通じて、それは一つの創造活動である、と思うと、非常におもしろいと思います。だから、毎回同じカウンセリングというのはあり得ない。

私がいま同性愛の話をしましたので、それを覚えていて、同性愛の人が来たら同じことをと思われてもだめかもしれませんね。あるいは、その人の同性愛を知るために、三島由紀夫の作品を読んでも、何も参考にならないかもしれません。みんな違うんですから。

みんな違う人が来て、みんな違う立場で、一回一回新しいものをつくりあげていく、創造していく、と考えますと、さっき言いました、文学を書く人が、絵を描く人が、音楽をつくる人が、必死の思いで、死にもの狂いになってつくりあげていくのと、われわれ、同じだけの覚悟と決意というものを持っているかどうかということを、考え直してみなければなりません。

結びつきそうでないものを結びつける発想

ここで、もう一つおもしろいことを言いますと、じつは、創造ということで思いついたのですけれども、みなさんご存じの、ノーベル賞をもらわれた湯川秀樹《ゆかわひでき》先生がおられますね。その湯川先生のお話を聞く機会がありまして、湯川先生が、いま創造性ということに非常に関心を持っておられますので、その話をお聞きしますと、おもしろいことを言われて、私は印象に残ったのです。

湯川先生が、自分の創造活動をふり返って話をしておられた中で、私は門外漢《もんがいかん》ですので、全然、専門的なことはわかりませんけれども、湯川先生の素粒子論《そりゅうしろん》で、非常に新しい理論を出されたのです。その新しい理論を出したもとに何がなったか、と言われると、それは李白《りはく》の詩だと言われるんですね。

中国の李白の詩を、自分は好きでいっぱい覚えているのだけれども、何かのときに、フーッとこの李白の詩を思いだした。そのことばの中で、「天地は万物の逆旅《げきりょ》として」というのがあった。湯川先生の解説によれば、結局、天地というものはすべて、万物のホテルみたいなものだ、宿屋みたいなものだ、というふうな文章があるんだそうです。

そこからスーッと素粒子のほうへ行きまして、それが根本になって自分の素粒子論というのができあがってきた、という話をされたわけです。

私、それを聞いて、非常におもしろいと思ったのは、われわれ凡人《ぼんじん》にとってはつながりそうにないものを、平気でつなぐということですね。われわれ、李白というと、これは漢文に属してましてね。私の心の中では李白というのは、漢文で、昔、習ったけれども、いまは忘れた世界……。素粒子論、これはもう、昔も習ってないし、いまも知らない（笑）。言ってみれば、全然世界が違うはずのものが、湯川先生という心の中で、スーッとつながって、しかも新しいものがクリエートされている。

しかし、これは、われわれで言いますと、カウンセリングの過程で、ポッポッとよく起こるんです。カウンセリングの中で、たとえばおかあさんの悪口なんか言うてた人が、「いや、結局は、それは自分の問題だ」と、ポッと気がつかれるときがあるでしょう。自分と関係ない同級生のあいつが悪いんだ、という話をしていた人が、スーッと自分の問題のほうへ返ってきたり、あるいは、同性愛の話をしている人が、ふっと父親の問題と結びついたり、そういうふうな結びつきそうでないものがスーッと結びついてこそ、創造ということがあると思うんです。新しい、クリエートするということがあると思うんです。

カウンセリングの過程の中には、いまも言いましたように、本来的にはいつも創造過程が入ってくると思います。そういう考え方をすると、結びつきそうでないものを結びつけていくためには、いわば、カウンセラーの中に、いろんなものが入っているほうがおもしろいんじゃないか。いろんなおもしろい可能性があって、そこでふっとカウンセラーもクライエントに協力して結びつけるといいますか、そういうふうに考えますと、われわれのカウンセラーになるための教養というんですか、訓練というのは、ものすごく広いことを知っておる必要があるんじゃないかという気がするのです。

私はいまは文学だけあげましたが、ほんとうは、何を勉強してもいいというぐらいです。たとえば、四天王寺の場合は、仏教の話がよく出てきますけれども、仏教的な世界観というものが、やはり、カウンセリングというものに非常にうまくつながってくるところがあるでしょう。

そういうふうに考えますと、つながりもしないものがつながってくるという点で、みなさんは、カウンセラーになろうと思う限りは、非常に貪欲《どんよく》に勉強してほしい。そのときに、「私はカウンセラーになるんだ。だから共感の練習をしなければ」というんで、人の顔を見ては、共感しようと思うても（笑）、これは入れものが小さいのですから、その前に、自分の中を豊かにする訓練——それは、いまも言いました、本を読んで考える、音楽を聴きに行く、スポーツを見るということにも意味がありましょう。それから、宗教の本を読むということも意味がありましょう。そういう、われわれを広げていく訓練ということ——がほしいと思います。

広げていきながら、しかも、それを組織的に自分のものにするには、どうしたらいいか。私もじつはわからないんですけれども、一つ、私がいつかやりたいと思ってるのは、さっきも言いましたように、適当な小説のリストをつくって、順番に読んでいって、みんなで話しあいをして、そのときに文学的価値についてじゃなくて、やはりカウンセリングという意味でみんなで話しあいをしていって、それを積み重ねていく、というふうなことをしてもおもしろいんじゃないか、と思っています。

いま言いましたことを簡単に言いますと、共感するということはいいことだけれども、共感する主体としての自分をうんと広くするように、うんと豊かにするように、あらゆる機会をつかまえて、われわれはがんばっていかねばならない、そういうふうに言えると思います。

心の専門家とは何か

その次に、きょう申しあげたいと思いますのは、カウンセラーの専門性ということと、一般性とでも言いますか、そういうものの間のむずかしさ、あるいは問題ということです。

これは先ほど言いましたことにも結びついてくるんですけれども、たとえば、こういうことを言いますね。カウンセリングというのは人間の心を扱うんだから、専門家じゃないとできない、と言ってしまいますと、「ああ、それなら、それは専門家に任せておくといい。だから私の知ったことじゃない」と言われると、これまた困った気がしますし、また一方、一億総カウンセラーということを言いまして、もう誰もかれも、カウンセリング、カウンセリングとやられますと困るんで、やはり、それは誰でもやるんじゃなくて、むずかしい人は専門の人に任せたほうがいいんじゃないですか、なんて言いたくなってくる。

そういうふうに考えますと、カウンセリングにおける専門性と一般性ということは、非常に大きい問題だと思います。

私はそれをどういうふうに考えるかと言いますと、カウンセリングの中に流れている考え方、あるいはカウンセリング的な、人に対する対し方というようなことは、非常に一般性を持っていまして、たとえば、学校の先生がみんなそういうふうな態度というのを理解してくださると、学校の中も非常にやりやすくなるでしょうし、会社の中でみんながそういうことを理解すると、ずいぶんやりやすくもなるだろうと思います。このことに関しましては、あとでもう一度、違う角度から取りあげたいと思いますけれども。

ところが、みんながある程度カウンセリング的な考え方を持っていく、あるいはカウンセリング的な態度でもって人生にのぞむ、あるいは先生が生徒にのぞむということは、たいへんいいという意味で、カウンセリングの考え方を、だんだん一般の人に知っていただくというのは大事なことですけれども、そうかといって、ちょっとそれを習ったからといって、誰でもカウンセリングができるというわけではない、ということですね。そこのところを忘れてもらっては困ります。

職場や年齢によって違ってくること

とくに、カウンセリングというのは、根本に返っていくと、理屈はもう簡単でして、何もやかましく言う必要はなくて、われわれが共感して受容しておると、クライエントは自分の力で治る、とただひとことです。本を書いたって、それの繰り返しみたいなものですから、基本的なところを押さえれば、どの本も同じといっていいぐらいなんです。

ただ、どこが大切かと言いますと、それがなかなかできなくて、一体どこでどうするのかということが非常にむずかしいということです。さっき私が例をあげましたが、同性愛の人の話だって、たとえば、私が、どっか町で開業しておって、そういう人が相談に来たら、「ああ、おもしろい人が来たなあ」ですむかもわかりませんけれども、私が大学に勤めておって、同じ大学の生徒が来たら、ずいぶん違いますよ。と言いますのは、うっかり変なこと言って、新聞に載ったらどうなるだろう、とかやはり考えますね。つまり、うちの大学の名誉にかかわるとかね。そういうことをどうしても考えねばならなくなるでしょう。

あるいは、みなさんの中にもおられると思いますけれども、産業カウンセラーの場合でしたら、会社の中で、ある人が来て、「会社やめたいと思います」と言いますね。そのときに、上から「このごろやめる人が多いんで、ちょっとやめてもらったら困る」ということを聞いていたら、共感するとはいうものの、やはり心の片隅《かたすみ》で、「うちの会社としては、やめてもらったら困る」ということが、カウンセラーの頭の中にありますね。

そうすると、もうずいぶん違ってきます。それを会社の外で聞いていたら、やめようがやめまいが、それはかまわんわけですね。どっちにしろ、クライエントが自分で考えてくれたらいい、なんて思いますけれども、会社の中におると、やはりちょっと考えねばならない。

あるいは、もっと言いますと、やってきた人が、年がどのぐらいの人かだけでもずいぶん違いますね。たとえば、みなさんの中に若い方がずいぶんたくさんおられますけれども、みなさん、大学を卒業してどこかにお勤めになる。心理学科を出て、しばらくカウンセリングの勉強をしたんで、たとえば、家庭児童相談所というようなところに勤められるとします。そして、そこで家庭児童相談なんて、やったのはいいけれども、四十ぐらいの方が、子どもを連れてこられまして、話をしているうちに、「あの、失礼ですが、先生は独身ですか」と言われ、「はあ」というような返事をすると「それで子どものことわかるんですか」なんて言われると、だんだんこっちがたじたじとなってきまして、逆にむこうから「たいへんでしょうね」なんて「共感」されたりして……（笑）。

そんなときにも、こっちがしゃんとできるのかどうか。まだそれくらいだったらいいですけれども、それこそ四十ぐらいの人が、離婚とかいう問題で来られた場合に、若いカウンセラーの方がはたしてできるだろうか、ということも問題になります。

自分が安定していないとぎくしゃくする

あるいは、みなさんの中にはおられなかったように思いますけども、家庭裁判所なんかに勤められまして、たとえば、家庭裁判所の調査官として、悪いことをしてきた少年に会う場合に、自分は共感するつもりで、「何を話してもいいよ」などと言っても、少年が「裁判所で変なこと言うたら、また引っぱられるのとちがうか」と思っているとしたら、そんなときに、一体その人はどんなふうに聞いたらよいのか、というのは、ずいぶんむずかしいことです。

学校内でする場合、学校の外でする場合、裁判所でする場合、また、家庭児童相談所でするのか、あるいは、病院でするのかによって、みんな違うわけです。

しかし、ずうっと底のほうへ行ったら、それは共感すればいいと、たったひとことですけれども、それをするのがいかにたいへんか、ということなのです。さっきから、共感とか受容とか言いますけれども、共感とか受容ということは、極端な言い方をしますと、われわれの命のかかった仕事なんです。

ほんとうに、これは、へたをすると命が危ないほどの仕事です。だから、私は思いますが、すべてのことについて、私は安定した立場でないと、できない。よほど私が安定してないと、受容するとか共感するということはなかなかできないと思います。

たとえば、クライエントと話をするときに、みなさんはこんな経験がありませんか。いつも話をするときに、何となく自分の座る椅子がきまっているのに、あるクライエントが来て、こっちが何とも言わないうちに、クライエントが私の座るべき椅子に先に座ってしまった場合に、「ちょっと待って。それはぼくの席や」と言うのを、ついつい言いそびれて、「しょうがない」と、自分はこっちに座って話をすると、クライエントが話しだしても、心の中では、「ああ、何か気持ち悪い。『席かわって』と言おうか言うまいか」とか思ったり、何か見る景色が違いまして、たったそんなことがあるだけで、もう完全に受容できない。ほんとうにそのぐらい微妙なことでして、それほど、われわれというのは、細かい点まで安定していないとできないわけです。

そういうふうに考えますと、みなさんは、自分の置かれた職場の中で、その職場の中の特殊性、自分の置かれている立場、そういうものをよくよく知ってやっているかどうか、ということを反省しなければなりません。

根本へ返っていくと、共感というところへ行くんだけれども、それまでに、自分は高校の教師兼カウンセラーでやっているのか、それとも、私立の学校に勤めているのか、公立の高校に勤めているのかなどで、これまた違います。たとえば、私立の高校へ勤めておって、そこの学校全体が生徒の風紀《ふうき》ということにものすごく神経質な学校ですと、よほどそういうことも頭の中に入れていなければならない。たとえば、よくあることですが、クライエントが「誰にも言うてないけど、先生、ぼく、たばこ吸うてるんや」と言いますね、そうしたら、「たばこ吸うた」ということを聞いたカウンセラーは、それをただ共感しているだけでよいのか。「そらあ吸いたいやろうなあ」などと、共感しているだけでいいのか。というのは、実際にそういうことがあり得るわけですが、警察のほうでわかってきて、警察から学校へ文句を言いにきたときに、警察官が来られまして、「その子が吸ってるということは、何かカウンセラーという人に話しているらしいですよ」なんて言われると、校長先生が「何や、おまえ、知っていて隠していたのか」と言われますね。そうしたら、「いや、私は共感しておりました」（笑）などと言うと、これは、職員会議でものすごくもめますよ。

カウンセラーの苦しみも知ってもらう

「おまえはなぜそれを言わなかったか」、「学校職員を何と心得ているか」ということが出てきます。そのときに、たとえ職員会議でそういうことを言われても、自分はどこまでやれるだけの力を持っているか。そのときに、勇ましくそこで辞表をたたきつけ「やめる」という覚悟があったらいいように思いますけれども、辞表をたたきつけてやめて、勇ましいのはその人だけで、困るのはクライエントなんです。

われわれの仕事は、クライエントが中心なんですから、そのクライエントを自分はどこまでかばい、成長するまで見ていける力がどこまであるのかどうか、そういうことを考えて行動しなければならない。

というのは、私、自分でも思いますけれども、われわれカウンセラーというのは、人との約束を破らなければならないときがわりとあるんです。どういうことかというと、たとえば、私が、Aという人と映画を見に行こう、と約束しますね。ところが、私のクライエントが自殺未遂をしたら、やはり飛んで行かなければならない。しかも、そのときに、Aという人に、「じつは、私のクライエントが自殺未遂しました」と絶対に言えないでしょう。秘密ですから。だから、「ちょっと都合が悪いから映画に行けない」としか言えないですね。Aさんからしたら、「せっかく約束したのに」ということになるでしょう。

そのときに、そのAという人間が怒るんだったら何と言おう。ほんとうのことは言えない。言えないけれども、ともかく、映画に行けないということを、その人に謝《あやま》るけれども、その場合に、「何か事情があって、あいつは言わんけれども、よほどの事情があるのだろう」とAという人に思わせる態度を、われわれは持ってないとだめなんです。

「これはもう電話ではだめだから、顔見て言おう」とか、「絶対、すまんけど」言うて謝る。そのときに、たとえば、私という人間が、そこまで「すまん」と言いに来るんだったら、何かあるだろう、ということで許してくれるような人間関係を、われわれは職場の中で持ってなかったらだめなんです。

たとえば、さっき言いました例なら「たばこ吸うてるということを知ってて、あのカウンセラー、黙ってたらしいけども、まあ、あの人がそこまでやっているのだったら……」と言うてみんなが許してくれる。「何や、おまえ、ばかなことしやがって」というんじゃなくて、校長さんも、「そらあ、きみも、知っててつらかっただろうな。よし、それなら、警察官には校長のぼくが言っとくから」というふうな人間関係を先につくってなかったら、ぼくらはカウンセリングができないんです。

だから、新しい高校へわれわれが勤めて、そこでカウンセリングする場合のやり方と、その高校に五年間おって、五年間の間にがっちりした人間関係をつくっている場合と、やり方が変わってくるわけです。そういうふうなことを、みんな、よくよく知っていてやっているんだろうか。自分のそういう意味における実力というものを知ってやってるんだろうか、という反省ですね。

そして、いまも言いましたように、われわれがカウンセラーであるということは、常にそういう人間関係なり生き方なりというものを、みんなの間に、少しずつ知らせていかねばならない。カウンセラーの苦しみということを、ちょっとずつ、みんなに知ってもらわねばならない。

そういう努力を忘れて、「自分は、クライエントのためにひたすらがんばっているのに、社会のやつらは理解してくれない」なんていうのは、これは、ほんとうに素人の言うことでして、そこを乗り越えるということが、すごく大事だと思うんです。

きめの細かさが求められる

だから、私は思うんですが、これから、みなさんがカウンセリングのことを発表したり、論文を書いたりしていかれるにしても、そういう点で、もっときめの細かい発表がふえてくるんじゃないかと思います。

いままでは、「ずうっと聞いて受容していたら、パッと治りました。なんとありがたい」という話が多かったのですけれども、そうじゃなくて、「産業カウンセリングではこういうことがむずかしいんです」とか、あるいは「高校でやる場合はここがむずかしいんです」とか、「小学校ではこういうところが問題なんです」とか、「裁判所でやる場合というのはこういうところに問題点があるんです」というふうに、きめの細かいことがもっと出てきていいんじゃないかと思います。

あるいはまた、個人の場合とグループの場合は、これまた、ずいぶん違うと思うんです。「個人をやってもグループをやっても、われわれが共感していたらいい」などと言いますけれども、なかなかそう簡単にいかない。

一対一だったら話を聞けても、たとえば、十人の人を相手にして、私がグループをやるとします。十人の中のあるひとりの人が、だんだん話をしているうちに、自分のことをいろいろ言いだしますね。そうして「じつは誰にも言ってないけれども、自分は過去にこういうふうな悲しいことがあったんだ」などと言いだしたときに、それを言ってもらったほうがいいのか、ほかの人に聞かすと問題だから、「ちょっとそれ、やめてください」と言ったほうがいいのか、というと、ずいぶんむずかしいことです。一対一だったら聞いてもいいかもしれませんが、グループでしたら、どの程度まで聞いていいのだろう、どこで止めたらいいのだろう、ということが入ってきます。

そうしますと、「私は個人もできるから、同じような調子でグループもやってます」とか、「グループでどんどん鍛えてきたから個人もやります」というふうには、簡単にいかないだろうと思います。

ただし、そうは言いましても、ある程度のところまでは、産業カウンセリングであっても、グループであっても、これは、似たようなものだと思います。だから、ある程度上手なカウンセラーなら、たとえば、学校へ勤めてもうまくやられるでしょうし、会社へ勤めてもうまくやられるでしょう。ところが、その水準よりも、もっと抜きんでようとしますと、これは、自分のできる範囲が自《おのずか》ら限定されてくると思います。

自分の限界を思い知らされながら進める

これは、野球でも同じことでして、たとえば、王選手が、打撃がうまいと言いましても、草野球に出てくると、投手になっても、第一流の投手で通用すると思うんです。ところが、プロ野球になったら、やはり、一塁手がいちばんいいし、一塁しかない。つまり、ちょっとレベルが落ちたら、外野であれ、投手であれ何でもできるでしょう。ところが、やはり、一流のものがそろったら、やはり一塁にいるのがいちばんいいし、もうそれしかないということになるわけですね。

そういうふうに考えますと、やはり、みなさんの場合も同じでして、「何のかのと言っても、うちの会社でカウンセリングをするならばおれがいちばんだ」——誰か、他の人がポーッと来たって、それには負けない。たとえば、私なら私が、一生懸命勉強してきたからといったって、ある会社へパッとカウンセラーで雇《やと》われていったら、それは、なかなかうまくできません。

つまり、課長さんはどんな人かとか、それから、係長のあの人はどうもかたいからむちゃくちゃ言うこともあるとか、あの人は包容力《ほうようりょく》があるとか、知ってないとできませんからね。だから、そういうふうなこともみんな考えてやっていくような、そして、自分はこの場所では絶対的に、ほかの誰よりも全体的なことを知り、やっているという自信を持てるようにならねばならないんではないかと思います。

その中で、われわれがどうしても突きあたってきますのは、専門性と一般性ということに関係しますけれども、自分自身の限界ということです。「自分は、まあ、こんなもんだなあ」ということを、何べん思わされるかわかりません。

しかし、私は、逆に言いますと、専門家であるということは、自分の限界を知っているということだと思います。つまり、専門家であるということは、自分は何ができるけれども何ができないということを、非常にはっきり言える人のことです。「何でもやります。内科、外科、レントゲン、その他全部やります」と言う医者は、どうもヤブと違うか、とか思いますけれども、自分は外科なら外科をやっているということはそれ以外のことはやらないということです。だから、われわれが、ほんとにやっていくというためには、自分の限界ということを知らねばならない。

ところが、お医者さんのたとえで言いましたが、ちょっと違いますところは、私に限界があったとしましても、非常に大事なことは、いつも思いますけれども、カウンセリングと言いますと、カウンセラーがクライエントに会って治していくように思いますけれども、結局のところは、カウンセリングがうまくいくということは、カウンセラーひとりで治したのではないということですね。

もちろん、クライエントの力もいりますけれども、もっとほかのいろんな人の力が加わってきます。だから、自分の限界を知れば知るほど、カウンセリングの全体の流れの中に、なるべく、ほかの人がうまいこと助けてくれるように、あるいは、ほかの人に助けてもらえるようにやっていくことが大事ではないかと、このごろ私はつくづく思います。

たとえば、さっきの例をあげますと、これは、すみませんが、あまりほんとうの話をするといけませんので、ちょっとここらへんからたとえ話に変えてしまいますけれども、さっきの同性愛の人をたとえにとりますと、同性愛で男の人が好きになったという人が、そのうち、はっと気がついて、自分はほんとうはおとうさんを探しているのだ、という気持ちが出てきますね。

そうすると、気持ちが出てきたということは、やはり、おとうさんがほしくて仕方がないわけでしょう。そのおとうさんがほしくてほしくて仕方がない気持ちを、パッと私のほうにむけられて、その人が「先生ほどすばらしい人はない」と言ってくれたら、しばらくは私もうれしいですけれどもね。人にほめられるのは誰でもうれしいですから。

ところが、「先生、おとうさんのように思うから、先生のとこへ毎日行くわ」とか、毎日来るだけではなくて、来てはゴロゴロしていて、メシ食うか言ったら、メシ食うては寝る、そういうふうにすることだって、あり得ます。おとうさんと子どもだったら、一緒の家に住んであたりまえですから。一緒の家に住まなかったら、親じゃないわけです。

そうしたら、その人の、オヤジを恋い焦《こ》がれる気持ちというのは、ものすごく強くなってきて、もう私の家へ寝泊まりせんとだめなぐらい強くなってきたときに、私は限界を感じますね。いくら共感するといったって、その人を連れてきて、毎日毎日、家で寝かすほど、私は共感できない。それならどうしますか。「ああ、これはもう限界に達したから、カウンセリングやめます」と言うべきでしょうか。そんなことは、なかなか簡単に言えそうもありません。

そういう場合に、われわれはどうするのでしょうか。心の底の底のほうにはたらきかけるカウンセリングをしますと、底の底のほうからそういう力が出てきますね。いま言ったように、おとうさんを焦がれる気持ちなんか出てくるわけです。

こういう気持ちを、その人が心の中で整理して、自分はそこまで父親を求めているんだけれども、ほんとうの父親がいるわけじゃないし、あるいは、カウンセラーも親切にしてくれるけれども、カウンセラーは父親ではないし、そこで、自分はいかに生きるか、という大きい問題を考えて、この人が立ちあがってくれるといいんですけれども、なかなかそうは簡単にいきませんね。人間というのは、一ぺん揺《ゆ》れないと立ちあがれない。

人生はうまいことできている！

そのときに、この気持ちを誰かにむけて、揺れ動く相手というのは、必ずしもカウンセラーでなくてもいいのです。世の中うまいことできてまして、ときどきそういう人が出てくるときがあるのですね。たとえば、担任の先生であったり、あるいは、おもしろいことが起こる場合だったら、偶然に音楽会で知りあった相手の人とか。

というのは、人生うまいことできてまして、見も知らん男の人をときどき家へ連れてきて、メシでも食わして、感激して人生の意味を発見しなきゃならない人というのは、やはりあるんですね（笑）。

そういう人は、やはり息子をほしがっている人なのです。これ、非常におもしろいですね。私は、別にこれ以上息子はいりません。しかし、ある人にとっては、そういうことがいる場合もあるわけです。

そしたら、こういう場合に、「これはもうたいへんなことになった。ぼくはもう限界ぎりぎりまできたし、と言うて断ることもできないし、もうどうしようかなあ」と思いながらやってますと、その人が、「先生、この間、中学校の先生のとこに行きましてね。泊まれ泊まれと言わはるので、泊まったら、もうおもしろうて。それで、その中学校の先生は、年寄りの先生やけども、奥さんも亡くなられたし、子どもさんも全部家にいなくなって、ひとりで暇やから、来い来いと言わはった」ということだったら、ピターッといくわけですね。

そうすると、私から見ると、「ああ、うまい人があらわれてくれた」と思うわけです。そうしますと、私は限界を持っていますけれども、世界というのは私の限界をはるかに越えた広がりを持っています。おもしろいですね、この人間世界というものは。ただ、それが、うまいことそういう人に当たらん場合もあります。

これは、当たる人は幸福ですけれども、当たらん人の場合、長い間がんばらなければなりません（笑）。そのへんは、もう何とも言いようがないです。ただ、私のできることは、限界を感じても、何でがんばりぬくかというと、私以外の助けてくれる人がどっかにいるだろうという気持ちが強いわけです。

そうしますと、いまの場合なんかだったら、もうその先生のところに、ほとんど入り浸《びた》りです。そして、ときどき、ちょろちょろと私のとこへ来て、「あの先生はえらい。あれはすごい」言うて、よく聞いてたら、いかにも、「おまえはだめだ」と言ってるのと違うかなあ、という気がしてね（笑）。

「カウンセラーの先生は、わかったわかったと、わかったような顔をして、泊めてもくれなかったし、メシを食わしてもくれなかった。一週間に一ぺんしか会わずに、『ふん、ふん』などと言うとる」

「ところが、中学の先生は、『いつでも泊まりに来いよ』とか『メシぐらい食え食え』と言ってくれはる」と。そうしたらカウンセラーとしては、「ちょっと待てよ。ぼくのやり方がへただったんで、このクライエントにメシ食わしたほうがよかったんじゃないか」ということになりますが、そうではない。というのは、いま言ったように、「いつでも来いよ。メシ食え」というやり方は、あまりたくさんの人にできません。ひとりしかできない。それから、ぴたりと合ったときしかできません。

その先生は、その子にはメシを食わしたかもわかりませんけれども、それだけメシを食わすのが好きだったら、いつもいつも、生徒を呼んで食わしていたか。そうじゃないでしょう。やはり、人間同士気の合うところがあるんです。

われわれだってそうで、ある人に誘われたらお茶も飲むし、映画も行くけれども、ある人に誘われたら行く気が起こりません。それと同じことで、クライエントの運命とある人の運命とが、きれいにピタッといく場合というのは、非常にうまくいくわけです。

そして、その人はそこを頼りに、私から見れば、「父親ということを知りながら成長しつつある」。そして、私はどういうことを思っていますか。「よかった、よかった。

ここに父親の代わりの人があらわれてよかった」。しかし、同時に私はこういうことも思ってますね。「こうして、この人は、父親の味を知りながら、いつ、この父親から独立していくだろうか。そのときには、ぼくが役に立てる。そういう意味では、ぼくはつきあっていける」と。

「世界が仕事をする」のが私の方法

それで、実際、こういった場合によくあるのは、この人がその先生を、ものすごくほめたりしていたのに、何かのときに、「いやあ、あの先生もいやなとこあるわ」と言うてみたり、「この間行ったら、留守やって、何やさびしかったわ」などと、言いだしたりしますね。

そしていろいろ聞いているうちに、「この人は、また、一つの人生の段階を、この一つの大きい経験を踏まえて、もう一歩乗りこえようとしている。もう今度は、そんなむちゃくちゃ、他人の家へ入りこんで、メシを食ったりする仕方でなくて、もう少し自立できる男性として変わりつつあるんじゃないか」ということを私は理解するのです。

そうして、その人が、だんだん立ちあがっていくということは、よくあるんです。うまいことといったケースをふり返りますと、必ずそういううまい具合な人が出てきます。そんなとき、私はほんとうにうれしく思います。

そういうときに私がときどきやりますのは、こういう父親代わりをしてくださる人に、お礼を言ったりする場合もあります。言わない場合もあります。ときどきは、都合によっては、「すみません」とか、「先生のおかげで、ほんとうにうまくいってます。先生があの子を子どものようにしてくださったんで、あの子は喜んでおります」。

つまり、この子は、直接、先生によう言わないと判断した場合に、ちょっとこっちから言うてあげる。そうすると、この先生も、子どもが喜んでいるなあ、ということがわかるから、うまくいくわけです。

また、こういうこともあります。この子が離れていくときに、この先生が、子どもが離れていくさびしさを感じられるあまりに、この子を抱きしめて、離さないようなことが起こりそうだったら、この先生と会って、子どもが離れていくさびしさについて話しあわねばならないと思います。

人間って、いろいろしなきゃならないことがある。そのいろいろしなきゃならないときには、私はのこのこ出ていくけれども、そうでない限りは、ただ座っていたらいいのですね。そうすると、みんながからみあって、助けあって治っていくわけです。

そして、中には、その人がよくなって、「ほんとうによかった。私がいまこのようになったのは、あの中学校の先生のおかげである」という話ばかり出てきて、カウンセラーが、「おれのこと、どう思うてくれるのや」と、ちょっと聞きたくなるようなときがありますけれども、実際、私はカウンセラーというのは、それでいいんだと思います。

つまり、私は、みんなが助かって、みんながよくなっていく、そのどこか片隅のほうで、座っておればいいんであって、私はそんなに動かなくていい。

考えますと、私が何かできるということは、もうめったにありません。カウンセラーをしていて、自分ができるというんじゃなくて、できる人が、どれだけうまく動いていくかということの中でやっていく。そういう方法をとりますと、たくさんのクライエントを引き受けられるようになります。

実際たくさんの人に私は会っています。みんなが「先生、そんなにたくさんの人に、どうして会えるんですか」と言いますけれども、なぜ会えるかというと、私が、なるべく仕事をしないようにしているから。つまり、世界が仕事をするように。その中で、ちょっともつれたり、ちょっと何か起こるときには、仕事をさせてもらうけれども、というやり方をしている。

転落していく少年とどこまでもつながっていく

みなさんもそういう考え方をされますと、自分に限界がありながら、限界を知りながら、うまくやっていくことができる。自分は、ここに限界があるけれども、あの担任の先生のいまがんばっているすさまじさ、あるいは、あのクラブの先生がむちゃくちゃがんばっているあれは、いまこの子に大事なことだ。あれは、ちょうどよいけれども自分はちょっと片隅におろう、というふうに考えますと、自分の限界を知りながら、限界以上の仕事が常にできあがってくる。

このように、みなさんがお互いに関係しあって、つまり、学校の先生と鑑別所《かんべつしょ》におられる人が、あるいは、裁判所におられる人とかが、あるいは少年院におられる人とかが、連携《れんけい》をとってやっていきますと、いま言ったように、非常にうまくいく。

ところが、私が非常に残念に思いますのは、学校の先生などで、自分がカウンセリングか何かしておって、その子がもう一ぺん悪いことをして少年院などに入ったら、「ああ、おれはもう失敗した。あいつは少年院へ送られてしもうた」というんで、もうげっそりしてしまって、自分が失敗したような気になって、パーッとクライエントと切れてしまう人がいますけれども、それではだめなんです。

われわれは、ほんとうに悲しい運命を背負った、ほんとうにつらい人生を歩んできた少年にむかって、自分の力だけで治せることなんてめったにありません。だから、その間には、その子は刑務所に入ることがあるかもしれません。少年院へ行くかもしれません。それでも、ぼくらは、ずっとその子とつながってないといけないんです。

つながってて、「ああ、そうか、残念やな。少年院に行くけれども、そこでがんばれよ。しかし、がんばっている間、ぼくは忘れているわけやなくて、あんたが出てくるのを待ってるよ」ということです。

それをやられないために、転落していく少年たちがいるように思います。「先生、ものすごく親切にしてくれた」と少年が思っていたのに、ちょっと悪いことをして、少年院行きとなると、パーッと切れてしまうために、「ああ、やっぱりカウンセラーの先生も、おとうさんが自分を見捨て、おかあさんが見捨てたように、見捨てるんとちがうか」と思って、「そんなんやったら、むちゃくちゃやったろ」と思うわけですね。

だから、自分がやりだしたら、むちゃくちゃ抱きかかえるというんじゃなくて、ときには、われわれ、手を放して、誰かに任していく。やはり、病院へ入院するよりは仕方のない人もあるわけですから。精神科病院へ入院している人もありますし、少年院へ行く人もありますけれども、行っても、われわれ、まだつながっているわけです。自分の限界を知りながらつながってて、そして、その中で、また帰ってきたときに、できることをするというふうなことを考えられますと、限界を知った範囲で、限界を越えた仕事をすることができると思います。

いままで言いましたようなことは、われわれカウンセラーとしては、気をつけねばならない、大事なことではあるけれども、実際にやっていくのは非常にむずかしいことです。

もっと成長するために

このようなことを、みなさんが、ほんとうにやっていこうと思われますと、やはり、いちばんいい方法は、個人的な指導（それを、横文字でスーパーバイズと言っていますけれども）を受けるべきです。自分がカウンセラーとして勉強していこう、自分はカウンセラーとして成長していこう、とほんとうに思われるなら、できる限り自分を個人的に指導してくれる人をみつけるべきだと思います。これがいちばんいい方法だと思います。

たとえば、みなさん、カウンセリングをしていくときに、自分のこれと思われる先生について、やったことを報告に行って、「いや、それだったらこうしたほうがよろしい」とか、「それはこういうふうに考えられます」とか、そういうことを個人的に指導を受けられますと、これはいちばん成長していきます。

「いや、そんなこと言ったって、なかなか個人指導をしてくれるようなすごい人がいない」と言われるかもしれません。つまり、個人指導を受けるということは、自分が受けるんだから、少なくとも自分よりも数段えらいカウンセラーじゃないと困る。

ところが、自分の実力から考えると、自分より数段えらいカウンセラーなんて、世の中にそんなにいない――自分もだいぶ高いから。そんな気がする人があるかもしれませんが、個人指導の場合、おもしろいのは、自分よりそんなに高くない人でも、真剣に話しあいますと、やはり意味がある。もっと言いますと、同じ実力の人でもよろしい。同じ実力の人でも、真剣に話しあいますと、ずいぶん違います。なぜかというと、指導を受けるとか受けないということを抜きにしても、それによって自分のやったことを客観的に話できますから。

たとえば、私が高校に勤めておりまして、ある少年をカウンセリングしているとします。一生懸命やっていて、だんだんよくなってきたなあと思っていたら、その少年が、何のことはない、陰で悪いことをしていて、警察につかまって、学校へ通告が来て、「あれは、どうしても審判します」ということになってきて、「どうも少年院へ送られるらしい」と気がつくと、もう私は、げっそりしてしまって、「おれは何をやっていたのかなあ」という気がしますね。

「何やかんや一生懸命やったような気がするけれども、あの少年もウソばっかりついてやがるし、自分は結構いい年して、少年にだまされて、いい子になったなんて思っているうちに、だんだん悪うなりやがって、だから、もうカウンセリングなんかするもんやない」とか、「あんなやつは、もう少年院行きがあたりまえや」とかいうふうに、心の中でモヤモヤ思っているのと、その思っている通りのことを誰かに話をするのとは、ずいぶん違いますよ。

そこで、思っているだけじゃなくて、スーパーバイザーなり、えらい指導者がおったらいいですけれども、いなかったとしたら、自分の高校の中で、同じようにカウンセリングしている人、あるいは隣の高校でも、カウンセリングやっている先生に、「ちょっとすまんけど、相談したいから聞いてくれ」と言って、「私は、こういう少年に、こうしてやって、ようなったと思って喜んでおったけれども、だまされたんや」と、その人に言うと、おもしろいことに、「だまされたんや」とか言ったとたんに、少年ばかりが悪いと思っていたのに、こっちがどれだけ悪かったかということが、スーッとわかってきます。

それから、「もうあんなやつ、少年院に行ってあたりまえ」と言いかけて、「いや、そんなことはない。行ったんだったら、やっぱりぼくも会いにいこうかな、と思う」ということになる。ことばにして客観化するということで、ずいぶん違うんです。

だから、私、はじめに文学の話をしたり、いろんなことを知っていなくては、ということを言いましたが、やはりほんとうは、カウンセラーとしてわれわれが成長していく非常によい方法は、こうして誰かに指導を受ける、指導とまでいかないにしても、同僚と、真剣に話しあうということです。これをみなさん、ぜひともやってほしいと思います。

あるいは、グループをつくって、やってもらっても結構ですね。一対一でできないとしたら、五人なり、六人なり、そういうグループをつくって、その中で話しあいをする。ただし、大事なことは、そのときに真剣にやらねばなりません。茶飲み話でやると、これは絶対だめです。

カウンセリング・マインドは甘くない

それから、最後に、いままでカウンセリングをやってきた反省として、専門性と一般性というような話をしましたが、それに関連しましてよく言われることですけれど、一般的という意味では、みんなにカウンセリングということを知ってもらわねばならないときに、カウンセリング・マインドを持ってやらないといけない、ということをよく言われますね。

あれはあれで、非常によくわかるんですけれども、カウンセリング・マインドという言い方、あるいは、そういうことを広めていくやり方の中にも、やはり、私は、反省しなきゃならないところがずいぶんあると思います。

つまり、そういうことを言われる人は、「会社の中で、みんながカウンセリング・マインドを持ってやれば、会社がうまくいくはずだ。だから、カウンセリングということを広めなければいけない」なんて言われますけれども、私は、そんな話は、非常に安易なところがあると思うんです。まず、会社の人全部がカウンセリング・マインドを持つなんてことは、まずできないだろうと私は思います。カウンセリングというのはものすごいものでして、さっき、命を賭《か》けると言いましたが、そんなに単純にいくものではないと考えております。

それから、もう一つは、たとえみんながカウンセリング・マインドというものを持ったにしても、なかなか会社がうまくいくようなものではないと、私は思います。というのは、カウンセリング・マインドということをみなさん、どんなふうに考えておられるかわかりませんけれども、非常に簡単に考えまして、他人の言ったことに対して、怒るんじゃなくて、もうちょっと聞いてあげよう、他人の言ったことに対して、もうちょっと共感しようというふうに単純に考えられるんでしたら、そんなのを、会社の中で、なかなか簡単にできるはずがありません。

たとえば、社長さんがそういう気持ちになって、従業員の人が、みんな「働かずに金をもらいたい」と言うのに、「その気持ち、わかる、わかる」などと言いだしたら、これはたいへんで、また社長のほうも、「いや、おれのほうは、きみらにうんと働いてもらって、月給は少なくしたいんだけれど」と言うと、従業員も「わかる、わかる」（笑）なんて言うと、これはなかなかたいへんでして、これは笑い話ですけれども、ほんとうのところ、ぼくらが人の気持ちがわかるということは、やはり、こっちというのは、そう単純なものではないと、私は思う。人間んです。

そうかといって、私は、また単純に従業員の気持ちというのは、みんな、働かずに金ばっかりもうけたい、と思っているようにも思いません。人間の心というのは非常に複雑でして、自分で考えてもわかりますけれども、仕事せずにもうけたい、という気持ちも、もちろんありますけれども、金なんかもらわんでもばりばりやりたいと思っているときも、ときどきはありますから。もちろん、思うだけでやらんときもありますけれども。

そういうふうに考えますと、人間の心とは、非常に複雑なものなのです。そして、日常生活というのは、考えてみますと、なかなかたいへんなものでして、われわれは、片一方の気持ちでは、自分の友だちがえらくなり、自分の同僚が健康であることをうれしく思ってますけれども、もう一方では、自分の友だちが病気になって、自分が先に出世するほうがうれしいと思うときだってあるんですね。

人間というのは非常に不思議なものでして、そういうものがみんな集まって、日常生活をやっているわけですから、その中で、そう単純に、われわれは共感ということが、実行できるだろうかと思います。

「そうしたら、おまえは、共感とかカウンセリング・マインドはだめだというのか」

というと、そんなことはない。こんなすばらしいものはないと思います。ないと思いますけれども、そういうふうなものというのは、単純にカウンセリング・マインドでやりましょう、というふうには使いがたいもんじゃないだろうか。だから、みなさんご経験があると思いますけれども、エンカウンター・グループとか、あるいは、グループ・セラピーとか、いろいろありますね。そういうときに、山の上に行ってやったり、それから、どっかへ泊まりこんでやったりするということは、どこか、日常生活から離れたところでこそ、われわれ、心の深いものを出したりできるわけです。

ところが、その後、日常生活に帰ってこなければなりません。日常生活ということも、これまた、ものすごく大事なことなんですね。月給が百円違うか二百円違うかということも大事なことですし、それから、「おはよう」と言ったか言わなかったかということも、ものすごい大事なことです。そういうことがいっぱいある中で、そう簡単に、会社中、カウンセリング・マインドでいきましょうということは、なかなか言いにくいんじゃないかと思います。

そんなむずかしいことを言ってるんじゃなくて、話を聞かんやつが多すぎるので、ちょっと話を聞こうやないか、という意味で、カウンセリング・マインドということを言われるんだったら、それはそれでわかります。それは大切なことです。しかし、そうじゃなくて使ってるんだったら、私は、それは、カウンセリングに対しても、あまりにも甘い考え方でありすぎると思いますし、人間ということに対しても、何か考え方が甘すぎると思います。人間性というものは、もっともっと複雑なもんであって、なかなかそう単純にいかない。

そういうふうなことを、われわれは反省して、カウンセリングと取り組んでいくべきだと思います。カウンセリングがだんだん普及していけばいくほど、やはり、それに対していろんな人が関心を持ってこられる。

先ほど湯川先生の話をしましたが、私は湯川先生とお会いしたり、ほかの専門分野の人と話をしたりしてますと、この人たちは、カウンセリングとか何とか言われないけれども、人生について、人間について、われわれよりはるかに深く知っているのではないか、という気持ちを持つわけですね。

湯川先生にしても、理論物理学者ですけれども、ひょっとして、人間のことについて話をされたら、われわれよりも、もっと深いものをお持ちではなかろうか。そんな人がおられるのに、われわれ、単純に、おれは共感できるからカウンセラーになっているとか、カウンセリング・マインドで世の中をよくしようとか言うのは、ちょっと考えが甘すぎるんではないか。

もっともっと、われわれ自身が、人間というものに対して謙虚《けんきょ》な気持ちで反省する必要があるんではないかと思います。

第五章　限界があることを前提に

三日坊主はすばらしい⁉

「カウンセリングの限界」という題をいただきましたが、限界があるということは当然といえば当然ですけれども、案外そういう話がされません。われわれが昔、カウンセリングというものにとりつかれてやりかけたころは、まるでカウンセリングによって世の中が全部変わるんではないかと思ったものでした。

それから長い年月が経ちましたが、あまり世の中は変わらないようで、それどころかひょっとすると悪くなったかもわかりません。そんなことを見てきますと、カウンセリングが万能でないことがますます明らかになってきたように思います。

みなさんの中にはカウンセリングが万能であるとまだ思っておられる方があるかもしれません。そう思っておられる方はそれはそれで結構ですから、大いにがんばってください。しばらくする間に、万能でないことがはっきりわかってくると思います。

そうすると、万能でもないものをおまえはなぜやっているのかということになりますが、これはあたりまえのことで、あまり役に立たないが少しでも役に立つことは、何も役に立たないものよりもはるかにすばらしい、というのが私の人生観です。それに従ってやっております。

たとえて言いますと、私は三日坊主で、何かやろうというとすぐやる気が起こりまして、「よしやろう」ということで、研究会をやるとか、本を読むとかしますが、だいたい三日でつぶれてしまいます。学生時代を反省しますと、あらゆることを三日坊主でやっておりまして、続かないということを非常に嘆《なげ》かわしく思いました。

そのころにカウンセリングというものがあったらさっそくカウンセリングを受けに行ったでしょうが、ありませんでしたのでひとりで考えておったんですが、そこですばらしい発見をしました。どんな発見かと言いますと、三日坊主は何もやらない人よりも三日もえらいじゃないかということで（笑）、これは大したものだ、これなら生きがいがあるということで、それ以来ずっとやっているわけです。

カウンセリングというのはそんなもので、何もしない人に比べるとはるかにすばらしい。といって、これはそんなに何もかもうまくいくものではないということです。

限界をきらう日本人、心得る西洋人

そう言ってしまうと残念な気もしますが、私が思いますのに、日本人は限界という話をするのをきらう傾向があると思います。限界があると言われると、すぐにそれならだめだと言いたくなるんですね。そしていい場合には限界なしにいいと言いたくなる。任せておけと言うときには、任せておけと言ったからには絶対にやってみせる。だから、限界ということを日常生活でも考えることが非常にむずかしい民族です。

これも例をあげてみたらわかりますが、人に贈り物をするとき、どれぐらいのものをあげたらいいかがわからないけれども、自分の財力とかいろいろと限界があるので、それ相応のものを持っていくわけです。そのときにわれわれはどう言いますか。「こんなものはお気に入らないかもしれませんが」とか、「つまらないものですが」と言うでしょう。それはどうしてかというと、自分としては全力を尽くしておってもまだ上があるかもしれないと思うわけです。それに比べると、「つまらないものですが」という気持ちになっていくわけです。

西洋人は違います。ものをくれるときには、「自分としてはベストを尽くした」とか、「これはおそらくおまえの気に入るだろう」とかいう言い方をします。彼らは自分の限界をよく心得ており、限界ぎりぎりまでやったので、これは最高のものだと思うわけです。

そこがまるで違うわけで、われわれが西洋人に贈り物をするときに、「つまらないものですが」とか、「たぶんあなたは気に入らないだろう」とか言うと、むこうはどうしてそんなものをくれるんだと言うわけです。それだったらくれなくてもいいではないかということになります。

そこの考え方が違うということは、いかにわれわれが限界というものに対して話をするのをきらう国民性を持っているかということで、これは大事なことです。それだからこそ、また改めてわれわれは限界について考えねばならないと思います。そして、カウンセリングというものは、限界を前提にして行うところに非常に大きい特徴を持っています。これはカウンセリングというものがヨーロッパあるいはアメリカから発達してきたところに、大きい基礎を持っているからだと思います。

ところで、カウンセリングの限界というと、ある点から言うとこれはあたりまえのことで、たとえば私はカウンセリングによってガンの人を治《なお》すことはできません。つまり体の悪い人に対しては何もできません。あるいは残念ですが、いまのところ、知的障害の子どもが来た場合に、その子どもの力が最大限に発揮できるようにはがんばりますけれども、どんな知的障害の子どもでも私が会うと必ず普通の知恵を持つ子になるということはできません。あるいは精神病の人が来られたときに、私がカウンセリングをしますと精神病の人が全部治るということはできません。

たとえばみなさん方でしたら、精神病の人が来られたら、みなさん方の力ではむしろ何ともできないと言ったほうが当然だと思います。もし、その人に何かできるとしても、私ひとりの力では絶対にできなくて、必ず精神科のお医者さんと一緒に仕事をしています。それだって、何らかの意味を持つかもしれませんけれども、ほとんど意味を持たないかもしれません。

こんなふうに言いだしますと、カウンセリングはこれはできない、あれはできないで、みなさんの勉強にあまり役に立たなくては困りますので、カウンセリングの限界という話をしながら、みなさんがカウンセリングをしていかれるときに、役に立つような話をしなければならないと思います。

場所や時間や料金をきめる理由

カウンセリングというものをその限界という点から考えるときに、むずかしいのはカウンセリングというものをどう考えるかということです。部屋が一つあって一対一で話をするのがカウンセリングで、それ以外は絶対にだめだというふうに考えるのか、それよりももう少し広げて考えるのか。あるいは運動場の片隅《かたすみ》で話をしているのもカウンセリングだろうか。その子どもの家へ行ってしゃべって帰るのもカウンセリングなのか。あるいはもっと極端に言うとその子と卓球したり、一緒に山に登ったりするのもカウンセリングなのか。

このように考えだしますと、どこまで広がっていくかわからないので困るんですが、私は話のはじめとして、一部屋できまったところで、やるところからはじめたいと思います。そのほうがはっきりしますので。

もともとカウンセリングのいちばん中心にあるのは、一つのきまった部屋で、きまった時間に、そして外国であればきまった料金を払って行う形です。だから、場所と時間と料金というのはきまっているわけです。たとえばクライエントが来られますと、お話を聞いて、週に何回か会いましょう、何曜日の何時から何時まで、その料金はいくらと、こういうふうにするわけです。

はじめにこういうのを聞くと、変な気がしませんか。人の役に立とうとするなら、場所や時間や料金をきめずにどんどん役に立つことをしたらいいじゃないか、たった一時間だけ会うのじゃなく、朝から晩まで会ったほうがいいんじゃないか、同じ釜《かま》の飯を食うという言い方がありますが、それぐらいやったほうがいいんじゃないか、というわけで、なぜこんなことをきめるのかということになりますが、これがカウンセリングの非常におもしろいところで、じつはカウンセリングとかそのもとになった精神分析とかをやった人たちは、はじめのころは時間とか場所とか料金とかをきめずにやっていたのです。

ところがやはりきめたほうがいいということがわかってきたわけです。それでこれをきめるようになりました。いわば自分の限界を設定しているみたいで、たとえば土曜日の三時から四時までと約束した人が、四時になってから、いまから行っていいかと電話してきても、原則としてはお断りします。

また実際にもありますが、対人恐怖症の人で、「先生のところまで行くのは怖いので、私の家まで来てください。」お医者さんにも往診ということがあるでしょう」と言うような人はできなくなりますね。そうすると、時間と場所と料金をきめる方法は、自分で自分の限界を狭くしているではないかというふうに考えることができますが、こういう自ら限界を設定するような方法が、なぜとられてきたのかということを考えてみる必要があります。

なぜかということは例をあげて考えてみるといいと思いますが、たとえばこれはみなさんがカウンセラーになるよりクライエントになるほうがよくわかります。私は長い間そういうクライエントの立場になっていました。つまり私のようにカウンセラーになるというためには、まずクライエントの立場にならねばならず、自分がカウンセリングを受けて、それによって鍛《きた》えられて、あとでカウンセラーになるんだという考え方です。

教育分析ということばがありますが、自分が分析を受ける立場になって、次に分析をする立場になるということです。

分析を受けにスイスへ

私は最近スイスへ行ってきましたが、いったい何のために行ってきたかというと、もう一度分析を受けるためです。それはもう一度自分自身を見直して、自分がいままで日本でやってきたことを考え直して、自分のいろいろな問題点を明らかにするために行ってきたわけで、だからみなさんのことばで言うと、スイスまでクライエントになりに行ってきたわけです。そういうふうに自分が受けますと、よくわかります。

簡単な例をあげますと、私がカウンセラーのところへ行って、「私は日本でやっておりますが、なかなかうまくいきません。なぜうまくいかんかというと、日本人は時間も場所も守ってくれません。すぐに喫茶店で会おうなどと言うし、時間を三時と言ったら、それは三時半のことだと思っている人が多い。そんな人を相手にどうしたらいいでしょう」と聞くとします。先生は、「それはなかなかむずかしいであろう。おまえは外国で訓練を受けて、日本でそういうことをするのは非常にむずかしいであろう」とよくわかってくれるけれども、そうこうするうちに時間が経って帰ります。

帰りかけるとき、先生はよくわかると言っていたけれども、どうしたらいいかは少しも言わなかったじゃないかと気がつくわけです。そしてなぜ言わなかったのだろうとか、わかると言ったがどういうふうにわかってくれたのかとか、そのとき困った顔をしていたか、うれしそうな顔をしていたかとか、答えがないだけに、先生の一言半《いちごんはん》句《く》を思いだしてひたすら考えつづけます。

次に会うまでの間、一生懸命考えているわけです。そうしますと、ここがカウンセリングのおもしろいところで、一週間に一度しか会っていないけれども、仕事はずっと続いているわけです。そうして続ける間、ある意味では私はその先生とずっと対話しているわけです。「こっちが聞いているのに答えを言わないのは卑怯《ひきょう》だ。今度は答えを聞いてやろう」とか、その先生を相手にいろいろと思っています。

そして先生のところへ行きます。ときには質問することを忘れないように書いていって、その先生の前に座ります。そうしたら、思いがけないことがいろいろ出てきて、話しこんでいるうちに時間が経って帰りかけたときに、しまった、これを質問しなかった、なぜ言わなかったんだろうと気がつきます。

なぜこういうことが起こると思いますか。それは、私が私の現在の立場で私の考えだけで考えても答えは出てこないんです。答えが出ないからカウンセラーのところへ行っているわけです。ところがそのときに、そういう場所もきまっているし、時間もきまっているし、きまった人が会ってくれると、自分でも思いがけなかったことが出てきます。

きょうは全然言う気のなかったこととか、そこまで話す気はなかったことが、その場でいっぱい出てきます。ここにカウンセリングの秘密があります。出てきたことに自分で驚きながら、それを自分で考えて、クライエントが自分で成長していくわけです。

いまの例で言いますと、私は私なりに自分の答えを見出《みいだ》して、やはり日本ではこうしたほうがいいんじゃないかとか、こういうふうに考えられないかと言うと、先生は感心して、それはいい考えだと言ってくれるわけです。それで私は非常に喜ぶんですが、よく考えてみたら、むこうはよくわかるとかいい考えだと言っているだけで、やったのは全部自分ではないかと思いますが、それがカウンセリングなんです。

だからクライエント自身が自分でもいままで思いもかけなかった新しい考えが出てきて、新しい力を獲得し、新しい生き方を発見して治っていく場を提供しているということです。

これはほんとうにおもしろいと言いますか、わけのわからない仕事です。普通だったら薬をもらうとか、何かを教えてもらうとかということがあるのですが、結局行った人が自分の力で勝負するということです。だから、クライエントは、相談に来ているけれども結局は自分でがんばらねばならない。それだったらせめて時間と場所とお金ぐらい守ってくれなければ困る。それぐらい守れないような人ならば、自分でがんばることもできないじゃないかということです。

これは絶対だという迫力を持っているかどうか

そうしたら、カウンセラーはその間何をしているのかということになりますが、これは実際にやられるとわかりますが、カウンセラーとしてもすごいエネルギーがいります。というのは、クライエントが言われたことをほんとうに自分のこととして考え、自分のこととして感じ、しかもそれは簡単に答えの出てこないものばかりで、その答えの出てこないものを持ちつづけたままでクライエントと一緒に進んでいくということですから、非常にエネルギーのいる仕事です。

それほどむずかしいたいへんなことをやっているのだけれども、カウンセラーも人間ですから無際限にはできない。だから人間としてできる限りのことはするので、クライエントも人間としてできる限りのことはしてください。つまりせめて時間と場所を守ってくださいという意味でこういう限界ができたのだと思ってください。

こうなるとすぐ疑問に思うのは、カウンセリングを受けに来ない人はどうするのかということだろうと思います。これは実際に非常に多いです。

よくあるのは家族の人が相談に来られる場合で、これは多いです。学校恐怖症の子どもが、「私は学校恐怖症ですが」と自分から相談に来ることなど考えられませんので、だいたいはおかあさんが来られます。それで一時間いろいろと話をされますが、そのあとわれわれの言うことはきまっています。「それではその子を連れてきてください」。そうするとおかあさんは、「絶対に来ません。うちの子は一歩も外へ出ないんです」。そして必ず言われるのは、「先生、うちへ来てください」、あるいは、「往診ということがあるでしょう」。中には、「タクシーは必ずこちらでまわしますから」とか、いろんなことを考えられる。

学校恐怖症の子どものおかあさんは、このように先生を動かすためであれば金も時間も惜しまない。ただ自分が子どもを動かすことだけは惜しんでいるという人が多いものです。しかしそのときに、そのことばに乗って出ていくと失敗することが多いんです。というのは、出ていったら、「先生、子どもをタクシーに乗せて学校へ連れていってください」とか、全部やらされます。

別におかあさんに使われても、それで子どもがよくなるのであればやってもいいと思います。それがいちばんいい方法であれば私はやります。そのときできる最善の方法をとればいいと思うので、実際にタクシーに乗せて子どもを連れていったこともあります。けれども、普通は、それはなかなか成功しません。

ところがここでおもしろいのは、カウンセラーが子どもを連れてくるのが絶対にいちばんいい方法だと確信して、「連れてきなさい」と言うのと、やっぱり自分のほうが会いに行くべきかなと思いながら「連れてきますか」と言うのと全然違うんです。借金を断るときでもそうでしょう。ほんとうに持ってなかったら、「ないわ」と言ったらそれで納得しますが、あるし、貸そうかなと思いながら、「まあ、ないし」なんて言うと、ちょっとはあるだろうとだんだん踏みこまれて、結局貸してしまってから、しまったと思うでしょう。

それと同じで、これは絶対だという迫力《はくりょく》を持っているかどうかなんです。そのときに、私なら、長い間鍛えられた経験から、いまはつらいだろうけれども、この部屋で時間を限って会うほうがはるかに親切だ、早く治るという意味において、より親切だということを知っています。そうすると言い方に迫力が出てきます。

人間と人間がつながっているということ

ただ、ここがカウンセラーとして非常に大事なところですが、そのおかあさんに応じて上手に、いろいろな言い方をしなければなりません。ときには、「子どもの首に縄《なわ》つけて引っぱってきてください」と言ったこともあります。むちゃくちゃな言い方ですが、このほうが通じる人にはそういう言い方をします。

「お宅に縄ありませんか。帰りに買われたらどうですか」なんて言いますと、ものすごい人や、こんなおかしな人やったら一ぺん子どもを連れてこようかしらと思う。そうするとおかあさんが子どもに、「行こう」と言うときの迫力がまた違うんです。また別なおかあさんは、「子どもは来ません。子どもが言うのには、おれは学校恐怖症になっているけれども、じつはこの家の諸悪の根源は母親にある。だから諸悪の根源である母親がカウンセリングを受けるべきであって、学校恐怖症の自分は受けるべきでないと言います。だから私は来ますが、息子は来ません」と言われます。

そのとき私はどう言ったかというと、「あなたの息子さんはいいことを言われる。おそらく当たっているでしょう。しかし残念ながら私は〝諸悪の根源〟に会うほど力がありませんので、せめて〝諸悪の根源〟の息子さんぐらいなら会えるかもわからない。帰ってそう言ってください」と言ったんです。そうしたら息子さんは来ました。世の中には変なやつがおる。顔でも見てやろうかと思って来たんでしょう。

ですから、そのときその場で、その人の心に残るようなことを言わないといけません。そんなときにはよく、来ない人にはどう言うかという手引きがないかと思いますが、それは間違っています。そう思うのは、カウンセラーがそのときに生きていないからです。なぜカウンセラーにエネルギーがいるかというのは、来ない人は来させたほうがいいということは本に書いてありますが、どんな人にどう言うかということは千差万別で、自分の個性で勝負しなければならないからです。

またあるときは、カウンセリングをずっと続けるとは言わないで、「だまされたと思ってとにかく一ぺん行ってこいと息子さんに言ってください。顔を見ていやなやつだと思ったら、その場で帰ってもいいから、とにかく一ぺんだけ来るように言ってください」と言ったこともあります。それで一度会うと、人間と人間の関係ができます。

あるいはこんなこともありました。学校恐怖症ではなくてノイローゼの人ですが、おかあさんが来られて、やはり本人は絶対に来ないというわけです。それで私は気になっていましたので、暑中見舞と年賀状をその子宛《あて》にずっと出していました。すると、その三年めにとうとう来られました。おかあさんが、私の出した年賀状を読んでいるその子の読み方がいつもと違うことを感じられて、行ってみようかと誘うと、「うん」と言って、来たというのです。

つまり、私がいつもいつも電話をかけることなどできないが、せめて私のできる範囲の暑中見舞と年賀状を出し、そこに「来ませんか」とひとこと書いてあるだけでずっと私とつながっていたわけです。

勇ましいことやカッコイイことは長続きしない

来ない人はすぐにだめだと思わないで、来ない人に対して自分の限界内のこと（いまの場合ならせめて年に二回葉書を出す）をやりぬくということです。そうすると、来られる人もあります。どうしても来られない人の場合は会いに行くときもあります。会いに行くときはなぜこの場合は会いに行くのかとか、いろいろと覚悟をきめて行かねばなりません。よくあるのは、すぐに会いに行って、子どもが寄せつけなくて二階から水を撒《ま》いてびしょ濡《ぬ》れにされたとか、戸を開けたり閉めたりのやりあいの末むりやりに入ったとか、勇ましい話が多いですが、一般に勇ましいことやカッコイイことは長続きしないものです。

学校に来ない子どもにコラッと勇ましく言うのは誰でもできますけれども、それを三年間続ける人はまずないと思います。へたすると、ものすごく勇ましいことをやっているけれども結局はどうなるかというと、「おれがあれだけやっているのにあいつはだめだ」ということになって、それで終わり。そのときに、おれは家まで行ったとか、水をかけられてもなお突進した、それでもだめだったからおれには責任はない、むこうが悪いと申し開きはできますが、これはカウンセリングとしては失敗です。

われわれは、どんなに勇ましかったかという比べあいをしているんじゃなくて、その子にとってどれだけ役に立ったかということが大事なんです。

もちろん、私も家まで行ったことがありますし、私の周囲の人で家まで行って成功している人もたくさんあります。家まで行っても戸が閉まっている、声をかけても返事がないので、「また来るから」と言って帰る、次に行って帰る、次に行っても戸が閉まっていて返事がない、その次に行くと返事はないが戸がほんの少し開いている、今度行ったらもう少し開いている、そういうことからついに話をするようになる。

これも一つも悪くないと思います。ただそういうことをしているときに、自分はいったいどういうことを狙《ねら》って、自分のどういう力の範囲内でこのことをしているかということをよくよく考えながらやってください。

時間を守れない人には

むずかしい人の場合には、時間を守れないことがよくあります。三時といっても三時に来られない人などは、私のようにタイムテーブルが詰っているものにとっては非常に困るわけです。教科書通りですと、三時から四時までの約束で仮りに三時五十分に来られたとしても、十分間だけでも四時にはやめてしまうということになりますが、ほんとうに苦しい人はそんなことをするともう来なくなります。

そんな人にはやはり私は少し時間を延長してやります。そのときに私はどう思っているかというと、その人の苦しみが私に共感され、その共感された苦しみの程度とその人の遅れて来る程度のつじつまが合うと、それを許しています。

最近おもしろいことを発見したんですが、あのクライエントはとてもつらいのだから時間に遅れて来るだろうと覚悟していますと、待っている間に仕事ができるということです。ところが、三時に来るはずだと思って待っていて、三時半までに来なかったら、この半時間は何もできません。そうしますと、その人が来たときに、私は腹が立っています。半時間無駄にしやがったというわけです。しかし、遅れて来るはずだと思って本を読んでいるときは、遅れて来ても腹が立ってはいないわけです。これは会うときにものすごく違います。そういうほんの少しのことでずいぶん違うんです。だから私はその人が非常につらい、むずかしい人の場合であれば、三時から四時と言っていてもあとを空《あ》けております。まさかの場合にその人が延ばして来ても遅れて来ても、対応できるように空けてあります。しかし、私がその人の苦しみを感じられないし、わからないし、遅れて来るはずのない人が遅れて来た場合は、はっきりと遅れて来たら困るとか、いかに遅れて来ても時間通りにやめると言います。

　ところが中には、私はその人がそんなに苦しんでいないと思っているし、時間ぐらい守れるはずだと言うと、その人が怒りだして、「先生、私が時間を守れると思いますか。私のこの苦しみがわかりませんか」と言う人がいます。すると、そういうふうに言ってくれたために私はよりよく理解できるわけです。

　こうしてお互いに話しあって関係をつくりあげていくわけです。私がつくるのでもなければ、クライエントが勝手につくるのでもなく、二人の相互作用によってうまくつくっていくということが大事です。そんなふうにしますと、時間を守らない人に対してもいい方法が二人の間で見つかっていくものです。

人間が変わっていくのは厳しいこと

時間と場所と料金の話をしてきましたが、実際に中学校の先生などをしておられて、中学生がシンナーを吸ってみたり、盗みをしたり、異性との肉体関係ができてしまったりしたとき、その子どもたちと一部屋で時間を区切って会うというのは非常にむずかしいことです。中学生ぐらいの子はなかなかそういうことができません。できるようには努力しますけれども、なかなかできない場合があります。

そのときは、ルールに縛《しば》られて、カウンセリングは時間と場所をきめてやるものだから、できないからあいつはだめだと簡単に放っておくわけにはいきませんので、そういう子どもの場合はわれわれが譲歩《じょうほ》します。設定された限界を破って、部屋で会うのではなく、散歩をしたり、ときにはうどんを一緒に食べるとか、その子の家を訪ねるとかします。

ところが、このときに、ある意味では非常にむずかしいことがあります。その子は、いままでは誰からも非行少年だと言われているのにその先生だけ自分のことを信頼してくれて、大事に思ってくれていると思って、うれしいわけです。困っていると飛んで来てくれるし、一緒に歩いてもくれるし、うどんもおごってくれるしで、非常にうれしい。

ところが、クライエントがあまりうれしくなるとどうなるか。あまり悩みませんし、考えません。この先生こそわかってくれているけれどもほかの先生はみなだめだとか、世の中のほうが狂っていると考えだしますと、そのクライエントは治ろうと思わなくなります。つまり、カウンセラーに頼りきってしまって、クライエントが自分の力でがんばろうとしなくなります。そして自分の力でがんばろうとしなくなればなるほど先生に頼ってきます。

頼られた先生はもうしょうがないというわけで、ますます抱きかかえます。そうすると、学校などで経験がおありになると思いますが、あの先生はすごく熱心にやってくれるのはいいけれども、一生懸命になって非行少年の温床《おんしょう》をつくっているのと違うかと言いたくなるほど、抱きかかえてばかりいる。しかし、なかなかよくならんという場合があります。これはその中に甘さばかりで厳しさが欠けてきているのです。

考えてみると、人間が変わっていくというのは非常に厳しいことです。私たちは勝手に非行少年と言っていますが、あの子どもたちにすれば、自分ではこんなことをしてもしょうがないと思っていても、人生の中でそうせざるを得ないことが重なってそうしているわけです。

それをやめて変わるということは、悪い子がよい子になるなんてこちらが勝手に言うことで、そんな単純なものではありません。彼らにとっては非常に努力のいることです。これは自分のことを考えるとよくわかると思います。自分が前よりちょっとでもよくなるというのは、たいへんなことです。

たとえばいつも十時に就寝《しゅうしん》する人が、十時に寝ずに十一時まで起きてその一時間読書をすることにしたらえらくなるにきまっていますが、なかなかできないでしょう。一日やったらあくる朝は機嫌が悪くなって怒ってみたり、昼寝の時間が一時間ふえたり、三日間がんばったけれども四日めから寝たとか、結局全体としては変わっていない。

人間がほんの少しでも変わるということはじつにたいへんなことなんです。非常に厳しいものがその中にあります。私たちは簡単に悪い子をよくしようと思っていますけれども、よくされるほうはたいへんな迷惑です。それを忘れて、ただその子と仲よくやっておったらいいというものではないわけです。

といって、われわれがルールに固執して、ルールを守ることばかり考えていたら、その子たちの役には立ちません。だから実際は、私もあるときもあるときには喫茶店でやるときもありますし、あるときにはその子の家に出かけて行くときもあるわけです。そうしながら、その中でどういう厳しさをとり入れるか、そしてどうやって、二人で考えながら立ち直るという本来的な関係に持っていくかということを常に考えています。

ただ、そういう厳しさを入れるまでに、甘いことを経験しなければだめな人もありますので、そのときはわれわれも甘くならなければならないということもあります。

限界以上の仕事ができるとき

あるいはこんなことも経験します。この人はこれだけ苦しんでいるのだから、私もルールや経験を破って何かしなければならないけれども、もう一度だけ待ってみようと思っていると、おもしろいことが起こることがあります。

たとえばクライエントはたいてい昔のつらかったこと、悲しかったことを話しますが、はじめから深い問題を言う人はまずいない。だんだん私との人間関係ができてきて、この人なら話してもよかろうという気が起こると、誰にも言っていない秘密を言われることがあります。

カウンセリングをしていると、クライエントのことは何でも知っているような錯覚が起こってくるんですが、一年ぐらい経ったときにそういうことを聞かされますと、こちらもびっくりします。わかっているつもりで会っていたけれども、じつはそのクライエントは私が思っていたよりはるかに苦しい人生を生きていたんだということがわかります。

そういうときには私も非常に心を打たれます。しかし時間が来ると別れねばなりませんから、その人が帰っていきながら思われることは、カウンセラーがそこまでわかり、あそこまで同情してくれたなら、手紙の一本も来るだろう、来るはずだと思います。

私も、こんなことを聞いて一週間もだまって待っていることなんて人間としてできるものじゃない。何かひとこと書いて送るべきではないかと思いますが、そこまで私がしてあげて、それではもっと会ってくれ、もっと手紙をくれ、もっと電話をかけてほしいということになって、それでその人の苦しみを何とかしてあげられるかというと、そうではなくて、ほんとうにそれをやっていくのはクライエントなんです。

ここがカウンセラーの非常につらいところで、「わかりました。この薬をあげましょう」とか、「わかりました。私に任せてください」とは言えないわけです。「わかりました。そして、あなたはどう生きますか」なんです。

ですから、私も考えに考えて、手紙を出すのをやめるわけです。あとでクライエントに聞きますと、手紙が来ているような気がしてどうしても郵便箱を見てしまうそうです。それが来ないので、やはりカウンセラーはわかったような顔をしているけれども、あれは職業なんだ、ほんとうにわかっているなら手紙が来るはずだ。もう行くのはやめようとさえ思う。

ところが、ひょっこり昔の同級生に会って、話しこんでいるうちに意気投合する。それで自分の心の秘密を打ちあけると、同級生は非常に同情してくれて、心が洗われる。同級生のほうにも悲しい運命があって、これから一週間に一度会おうとか私の家に来なさいとかいう約束ができるわけです。そこでその人も、カウンセラーは冷たいけれども世の中は捨てたものではない。こんなすばらしい人もいる。この話だけはしなければと思って来られるわけです。

私はその話を聞いてものすごく感激します。というのは、もう最後というところで、非常によい救い主があらわれてくれたからです。その友だちはその人といろいろとつきあえますが、私はほかにもいろいろとしなければならないのでそんなことばかりはしておれません。そう考えると、私が私の限界を守っているために、非常に必要な救いが横から入ってくるわけで、こういうことが案外多いのです。われわれが限界を心得て守っているために限界以上の仕事ができるわけです。

つまり私はその人に手紙を出したり、電話をかけたり、一緒に食事をしたりはしないが、そういう人がまわりにあらわれてきて、結局クライエントは立ち直っていくことができるのです。それで、もうカウンセラーのところへ行かなくても生きていくことができるということになって、カウンセリングが成功したわけです。

裏方を引き受ける

また、クライエントが何か悪いことをしている、たとえばシンナーを吸っているときでも、私たちとすれば止めたい気持ちがあるけれども、吸う気持ちもわかるので、ものすごく迷うわけです。「そんなものやめてしまえ」と一ぺんどなってやろうかと思うけれども、どなってしまってその子が来なくなっても困るし、といってその子がどれだけつらいかという話も聞いていますので、つらい気持ちはわかる。どうしようか。今度ぐらい言おうかと思っているときに、ちょうどその子どもをどなりつけるおじさんが出てきたりするということが非常に多いのです。あるいは、いままで怒らなかったおとうさんがどなりつけたとか、いままで何とも言わなかった学校の先生が怒ったとか。

何かそういうタイミングが来つつあるわけでしょうね。そしてその子にしても、カウンセラーと話をしながら少しずつ反省も出てきているわけです。そのときに、カウンセラー以外の人がタイミングよく怒って、そこで立ち直っていくという場合があります。その場合に、その子のおかあさんにすれば、カウンセラーというのは、ニコニコしながら話を聞いているばかりで、怒りもしないので、役に立ったかどうかわからないけれども、担任の先生の一喝《いっかつ》でパッと直った。担任の先生のほうがはるかにすばらしいというふうになる場合もあります。

そういうことはあっていいことですし、私はむしろあるべきだと思います。ある意味では、カウンセリングというのは、そういう裏方になる場合が非常に多いのです。われわれは滅多に俳優になって表の舞台で芝居をして喝采《かっさい》を受けることはありません。

そしてそのときには、喜んで裏方を引き受けます。「よい先生が出てきてよかったね。そうしたら、もうその先生についてやったらどうか」ということで、私たちから別れていけるわけです。

もちろん非常に長い間やったような人は、そういうことが全部わかりますから、怒ったり甘やかしてくれた人と私とは役割が違っていて、私が役立ったということをわかってくれます。

しかし、中には、ずっとカウンセリングを続けてきて、ちょうどいいときにちょうどいい本を読んできて、いままで先生と話してきたのは全部だめなんだ、この本を読んではじめてわかったと言って、ひたすら本の著者に感激してやめる人さえあります。しかしそういう劇的なことが起こるまでのお膳立《ぜんだ》てをした裏方がわれわれなんです。そのときに、あなたのわかったことは確かにそうであるし、わかったことを大事にして生きていくんですよ、ということを話しあって別れる役割を私たちがしているわけです。だから、限界を超えながら限界をまさぐっていくんだけれども、そう簡単に破らないほうがいいということです。

限界を守っているために、かえっておもしろいことがよく起こってきます。これはほんとうによく経験します。そうは言っていても、今度こそ限界を破ろう、今度こそどなってやろうと覚悟をきめておりますと、何かおもしろいことが起こります。私はそこに〝時〟を感じます。〝時〟が来たということを感じます。

ひたすら〝時〟を待つ商売

医者であれば薬があるし、農家の方には土があるわけですが、カウンセラーの仕事は、〝時〟を頼りにしているわけで、〝時〟が来るまで待っているわけです。何もせずひたすら〝時〟を待つ商売だと私は思っています。

言い方をかえますと、何もしないことに全力をあげる人だとも言えます。普通ならば手紙を書いたり会いに行ったりするのに、何もしない。何もしないのになぜ全力をあげるのかと聞かれますが、何もしないことのほうがよほどエネルギーがいります。かわいそうにと言って手紙を書くほうがずっと楽です。

たとえばクライエントが面接が終わって帰り際に、「ひょっとしたら家に帰るまでに電車に飛びこんで死んでしまうかもしれないので、家まで送ってください」と言います。そのときにそれはたいへんだからと家まで送るよりも、それでも「自分で帰りなさい」と言って帰らせるほうがどれだけエネルギーがいるかわかるでしょう。ひとりで帰らせて、もしその人が飛びこんで死んだら、これはもう絶対にカウンセリングの失敗ですから。

しかしそこまで言われても、なおはねつけるぐらいの厳しさを持っていてこそ、そのクライエントは自分で立ちあがれるわけです。だから家まで送っていくエネルギーと送らずに座っているエネルギーとでは、送らずに座っているほうがはるかに心のエネルギーがいると思います。そういう意味で、われわれは何もしないでいる商売ですが、ただ何もしないということに全力をあげなければいけないのです。

それがわからなくてカウンセリングは甘っちょろいことをやっていると思われたり、自分たちは出ていってとっ組みあいをしたり、縄つけて引っぱってきたりしてますと勇ましいことを言われる方がありますが、それはそれで非常にすばらしいことです。そういうほうがいい場合もありますから。しかしそちらにエネルギーがいって、カウンセリングにいらないとは言えません。

私はそんなときによく思うのですが、たとえば私の子どもが無理を言ってそこらを引っくり返したりしたとき、父親としてはつかまえたり、押入れへ入れたり、活躍しなければなりません。考えたらたいへんなことです。しかしたいへんですけれども、心の中ではある意味で平静です。なぜかと言うと、私が正しくて子どもが間違っているから、私は絶対優位に立っているからです。あんなばかなことをしているやつを正しくしてやるのだという意味で、心の中では優位に立っています。

ところがそんな大格闘をするのではなく、子どもが私の前に来て、いろいろ考えたけれどもおとうさんの教育方針はこういう点で間違っている、だから私はこの家にいる必要はないのでいまから家を出ます、なんて言われると、これはたいへんなことになります。

これは一対一の話しあいで、なぐりあいも何もしていませんけれども、もし子どもの言っているとおりだとすれば、苦しみという点ではものすごいものです。なぜ苦しいかというと、もう私は優位に立ってはいないからです。あちらが間違っていてこちらが正しいのではなく、むこうもこちらも言い分があります。

同じ言い分を持ったものが対等のところに立ってやっていく、これがカウンセリングです。だから、たとえ小学校の一年や二年でもわれわれと対等の場でものを言っているときはほんとうに厳しいものです。そういう苦しみの中に自分を投げこんでいって仕事をするのがカウンセリングですから、そのためにわれわれはある程度の限定を持っていなければいけないということになるのです。

体のほうからアプローチすることも

いままで述べてきましたことがカウンセリングの限界と、カウンセリングを実際にやっていく上で役に立つという意味で考えてきたことですが、ここから少し話を変えまして、もう少し実際的に、一対一で話しあうだけじゃなく、その方法をもう少し拡大していこうということもいろいろ考えられていますので、そのことを少しお話しします。

子どもの場合ですと遊ぶよりしかたがありませんので、遊戯療法《ゆうぎりょうほう》をやりますが、これは対話でやるカウンセリングよりも拡大された方法です。あるいは箱庭をつくってもらうのもその一つの方法です。つまりことばとことばで話しあうのは非常にむずかしいので、箱庭をつくったり、絵を描いたりして、その人の表現活動を生かしていこうという方法です。夢を聞くということをやるのも、普通に考えている以上に表現の範囲を広げていこうというために考えられているのです。

このごろ盛んになってきたものに行動療法というものがあります。たとえば学校へ行かない子どもがおりますと、その子から話を聞いて何もしないのではなく、ちょっと外へ行く練習をさせてみたり、もうちょっと街の角まで行かせてみたり、学校の校門まで行かせてみたり、次は教室まで行かせてみるとか、だんだん練習して学校に行かせる方法もあります。これらは一対一で話すカウンセリングとずいぶん違う方法ですが、こんな方法もこのごろではかなり研究されてきました。

昔からある座禅《ざぜん》という方法にしても、座って体を整えるのですが、体と心とは非常に密接な関係があって、体を整えることは心を整えることですから、おそらく座禅などにヒントを得たのだろうと思いますが、一つの方法として、その人をリラックスさせることが非常に盛んになってきました。

クライエントに椅子に座ってもらうだけでなく、腕の力を抜いたり足の力を抜いたりしてリラックスしてもらって、その上で思いついたことを話してもらうわけです。

そうなりますと、単に話をするだけではなく、体をリラックスする方法と両方が入っているわけです。

そういう方法も現在ではいろいろ考えられつつあります。心身症で心と体の両方に問題がある場合や、体と心の接点のあたりに問題があるのではないかというような人に対して、話しあいだけではなく、体をリラックスさせたり、運動をさせる方法を考えたりして、体のほうからもことばのほうからもやってみる方法はずいぶん最近研究されつつあり、またずいぶん成功しております。

一対一で話をする方法から、体のこともとりあげようとしてみたり、ことばでなく描画などで表現させようとしたりして、限界を破ることが試みられつつあることは事実です。ですからみなさんの中でも、そういうことに関心のある方はいろいろとやってみられたらいいと思います。

たとえば中学生の子どもですと、一対一で部屋で話をするというのはたいへんです。むこうもたいへんですけれども、こちらもたいへんです。そんな場合は、一対一で話をしたりせずグループでキャンプに行ったり、水泳に行ったりしながら、その中で話しあいます。その話のときにはカウンセリングを勉強したことは非常に役に立つけれども、その中にはほかのこともちゃんと入っているという方法も、われわれとしてはもっと考えていいのではないかと思います。

このごろはぜんそくの子どもばかり集めて合宿したりする方法がだいぶ行われつつありますが、そのときに、ともすると体を鍛えることばかり考えて心のことを忘れてしまう人がありますが、心も体も両方いるわけです。中学生ぐらいですと、一部屋で場所も時間もきまっているところでは自分の心の奥の話はできず、むしろきまっていないところのほうが話ができるのかもわかりません。一部屋に入れられるとかたくなってしまうが、運動場の片隅でしゃべると打ちとけてくる子どもがおりますが、みなさんもそういう方法を自分なりにあみだしていかれるといいと思います。

こういうことはみなさんが積極的に考えていかれることを希望します。私の周囲にもそういうことをやりかけておられる人がいますので、非常に期待しているわけです。

むずかしい人に対するとき

結局限界という点でもとへ返ってきますと、カウンセラー自身の限界ということがいちばん大事なことと思います。へたをすると、ちょっとカウンセリングのまねごとをやってみてうまくいかないと、これはカウンセリングがむいていないのでスポーツでもやるかと一緒にスポーツをやってみて、またうまくいかないので催眠《さいみん》でも習ってきてやろうかということになって、まるで何かの方法でうまくいくように思うわけですが、いちばん大事なことを忘れているわけです。

方法よりも、根本のカウンセラーの人間としての限界を忘れてしまう人があります。だから実際にやってみられるとわかると思いますが、自分としても他人の役に立てる場合と、役に立てなくて自分をはるかに越えるすごい人が来られる場合と両方ありますので、そのときに大事なことは、できないことはあまり無理をせずに、できる人に回すほうが賢明だろうということです。

そうしますと、こちらは進歩がないじゃないかということになりますが、それはスポーツと同じことで、棒高跳《と》びの練習をするにしてもはじめから五メートルをねらっても跳べるはずがありません。自分の跳べるところから跳び、それよりもう少し高いところに挑戦してみる、それができたらもう少し高いところを跳ぶというふうにしていくものです。それと同じことですが、これがまたうまくできていて、クライエントもみなさんの力よりもう少しむずかしい人が来られるものです。

そういう場合に、クライエントのことだけではなく自分自身のこともよく注意して、自分自身のあり方にも注意しながらやっていくことです。もし手にあまる場合には、私も経験がありますけれども、私の力ではとうていあなたの役に立てないんじゃないかと思いますということを、クライエントに言う場合があります。そうすると、そこまでおまえが正直ならばこちらも正直にいきましょうというわけで、大切な話をしてくれて、こうして、一緒にやりましょうということも案外起こるものです。

むずかしいことになればなるほど、クライエントとカウンセラーの二人が協調して新しいことを創造していくという感じになりますので、いままで本に載《の》っていることなどあまり役に立ちません。こちらも正直に、クライエントもそれに対して正直にやってくれて、ほんとうに二人でつくりあげていくという感じになります。そうすることによってはじめて自分の限界に挑戦することができるのです。

そして、そういうむずかしいことを二人で苦しみ苦しみやりぬいた後では、なるほどクライエントもよくなられたけれども、私自身もこの人のお蔭《かげ》で、カウンセラーとして成長したということがはっきりとわかります。そういうときには、あなたもうれしいでしょうが、私もお蔭で私の限界を一つ超えられたと思うということを、最後に申しあげることがあります。そういうことはそんなに多くはありませんが、やっておられる間に必ずあると思います。

この中に学校の先生がおられましたら、自分のクラスの中に必ずあなた方が限界に挑戦して、前よりも少しよい先生になるために送りこまれてきた生徒がいることに気づかれるはずです。ところがだいたいはそうは思わなくて、なんであういう問題児が私のクラスにいるのかと思って、いやになってそれを排除してしまうことが多いわけですが、じつはそうではなくて、その問題児と言われている子どもと格闘することによって、われわれが成長していくわけです。

そんなふうに考えるといいわけですが、はじめに言いましたように、悲しいことですけれども、やはり自分にできないことはできないということを忘れないようにしなければなりません。そうでないと、とうてい登れない山に装備も何もなしに登って遭難して死ぬのと同じことが起こります。そういうことはカウンセラーとして、してはならないことで、もっと適当な方法をその人のために考えてやるべきだと思います。

第六章　役に立つ反面の危険性

カウンセリングじゃ話にならない？

いまカウンセリングとかカウンセラーと言いましても、それは何だと言う人はまずないですね。みんなだいたいその名前ぐらいは聞いたことがあると思います。昔でしたら、カウンセリングとかクライエントとか言いましても、一体それは何ですかとか、どんなもんですかとか言われたもんですが、いまはもうカウンセラーということばを聞いたことがないという人は、ないぐらいじゃないでしょうか。あらゆるところにありますね。

たとえば、みなさんの中にもおられますが、学校カウンセラーというのもありますし、結婚カウンセラーというのもあるし、あるいはこのごろはローンのカウンセラーなんていうのもありますし、最近聞くところによると、サラ金でもカウンセラーの人がいるというところもあるそうですから、ずいぶん普及したものです。

そうするとサラ金のカウンセラーの人は貸すようにするのか、貸さないようにするのか（笑）、それは私聞かなかったんですが、そんなふうにあんまりふえてきますすと、一体カウンセリングというのは何をしているのか、あるいはカウンセラーというのは何をする人なのかということが、そもそもあいまいになってきて、一体カウンセラーというものの役割とは何か、それがわからなくなっている。あるいはみなさんがどこかでカウンセラーというものになられても、一体自分は何をするんだろうかということが、あいまいになるんじゃないかと思います。

非常に普及してきたけれど、普及したためにかえってこの点で意味があいまいになってきたということが、一つの問題点として考えられます。

たとえば、このごろ新聞なんかにもよく載《の》っておりますが、校内暴力の問題がよくとりあげられますね。この中にもおそらく中学校の先生がおられると思いますが、中学校で相当な暴力をふるう子がおります。実際に女の先生の頭の毛に火をつけた子もおりますし、先生をなぐりとばすとか、蹴《け》とばすとか、そんな子がずいぶんおります。

そうしますと、そういう子に、問題だからカウンセリングしてくれとなりますね。そうすると学校のカウンセラーの方が、よし、じゃあカウンセリングやりましょうということでやろうとしても、そもそも相談室へ来ない。あるいは来ても、「カウンセラーか、なぐったろか」というようなもんで、ボカンとやられたときに、一体どうするのか。「あなたはなぐりたいんですね」と言っているうちに、ガーンとやられる

（笑）。

それを受け入れたほうがいいのか、なぐり返したほうがいいのか。あるいはなぐりはせんにしても、入ってくるなり、「おれ帰るぞ」と言うような子もいますね。「せっかく来たけど、何やつまらん、もう帰ってもええか」と言った場合に、「あなたは帰りたいんですね」、「はい、帰ります」と言われたら、しょうがない（笑）。

そんなばかげたことはないにしても、現場ですぐ言われることは、カウンセリングって、あんなもの役に立たんじゃないか。相手が暴《あば》れまわったり、なぐったりしているのに、フンフンなんて言っておっても、話にならんじゃないかというんで、このごろ中学校の先生方でよく言われる人がいますが、カウンセリングなんて役に立たない、校内暴力なんかの生徒に対しては、もっと違う方法でやらねばだめだと言う方もおります。

ことばの底にある心に気づくことから

こういう場合に私はよく思うんですが、その話の中で一体カウンセリングということを、どういうふうに考えられているのか、ということが非常にあいまいになってしまっている。

まず根本から言いますと、われわれは誰か人にお会いしたりするときに、大事なことは、やっぱりその人のために何らかの意味において役に立つことをすると言いますか、何か援助をすることが大事なのであって、カウンセリングをするかしないかは、二の次ですね。

たいへん極端なことを言いますと、道を歩いておって、私の目の前でバタンと倒れる人がおったら、私はカウンセラーですからカウンセリングやらんといかんということはないわけでしょう。「あなたは倒れたいんですね」なんて言っててもしょうがない(笑)。これはやっぱり抱き起こすとか、そういうことのほうが大事で、何がその人の役に立つのか、あるいはもっと言いますと、私はその人の役に立てるのかどうか。役に立てない場合だってあるでしょうね。

たとえば、ぶっ倒れた人を私はすぐ抱き起こすことができますが、その人の病状によっては、私はただ抱いているだけではだめで、やっぱり一一九番して救急車に来てもらうとか、そういうふうなことを考えたほうが、はっきり意味がありますね。その場合は私が何をするなどというよりも、もっとほんとうにできる人に任せるということのほうが大事ですね。そういうように考えますと、われわれがまずいちばんはじめに考えねばならないことは、この人のために自分はどんなふうに役に立てるのか。もっと極端に言いますと、役に立てないのか。そういうことを考えていかなければならない。

だから私は、とくに中学生に会いますときには、その中学生の方に私はどのように役に立てるだろうかということを考えているんであって、いわゆるカウンセリングをするかしないかということは、あんまり問題でないと思うんです。

そしたら一体、カウンセリングはそんな校内暴力をするような子には、役に立たないのかというと、全然役に立たないというのじゃありません。というのはその証拠に、私はそういう人たちを実際にカウンセリングしているときもあるわけです。

あるいはこういう言い方をしたほうがいいかもわかりませんね。カウンセリングということの本質は何だろうかというところを、われわれがよくよく考えていくと、これは相当なところまで広がっていくんではないかと思います。

たとえばみなさんは、カウンセリングのことをある程度ご存じですから、カウンセリングで非常に大事なのは、相手の気持ちをわかってあげる、理解するとか、あるいは相手の気持ちを受け入れるというようなことをよく言いますね。そしたら、先ほど言いましたように、中学生で暴力をふるっているような子を無理にカウンセリングということで連れてきますと、その子は「おい、もう帰ってもええか」と言いますね。

そうすると、この子は帰りたがっているんだから、その気持ちを受け入れねばならない。「帰りたいんでしょう」、「はい、さようなら」と帰ってしまうと、一体どうなっているんかということになりますね。あるいはその子がやってくるなり、「なぐるぞ」と言ったら、はいはいと言ってボカーンとなぐられて、それでうまいことといくか……なかなかうまいこといかんでしょう。

そうすると、受け入れたり、理解したりしても、しょうがないじゃないかというのは、じつは浅はかでして、私が思うのは、われわれは一体何を理解し、何を受け入れようとしているのか。もうちょっと深く考えますと、やってくるなり帰りたいと叫んだり、あるいは来るなり何にも理由もないのに、おまえなぐったろかと言うような子には、なぐるとか帰るとか言っている、もう一つ底にある心というのがあると思うんです。そう言わざるを得ない心、それをわれわれが理解し、それを受け入れることができた場合は、私はうまくいくと思っています。

問題児に問題を出してもらっている

だから、理解するとか、受け入れるということは、じつはたいへんなことなんですね。そもそも何を受け入れるのかということがそこに入っています。

たとえば学校に行っていない子どもに会ったときに、その子は、「おれは学校に行きたくないんや」と言いますね。「放っておいてくれ」ということをよく言います。別に学校みたいなもの行かんでもいい。おれは家で勝手に好きなことしてるんやから、放っておいてくれと言いますね。そうすると、「あなたは放っとかれたいんですね」

何なのか。

と言うんじゃなくて、そういうふうに言わざるを得ない、その子の気持ちというのは何なのか。

私はいつもそういうふうに思います。その子がそういう形でしか、私にものが言えない。会ったとたんに、「なぐるぞ」と叫ぶ、それよりほかにその子は表現の方法を持っていないんですね。それは、いまなぐりたいということもあるかもしれませんが、もっと底にある、人を見たらなぐるぞと言いたくなるような心というものを、もしわれわれがほんとうに受け入れることができた場合（これはなかなかできませんが）は、うまくいくことが多いと思います。

だからそのときに、たとえばなぐるぞと言った子に、よしなぐれと言っていいかもわかりませんし、あるいはなぐり返すぞと言っていいかもわからないし、たのむからなぐるのだけはやめてくれと言っていいかもわかりませんし、なぐるぐらいだったら、すまんけどそのへんの柱でもなぐってくれへんかというように言っていいかもしれません。

そのときに大事なことは、正しい答えというものは、教科書に書くようにはありません。けれども、その人と私という人間がおって、そしてその人がその場でなぐるぞと言ったときに、私がそのなぐるぞという、その人の本心というものにふれて、そして言った答えというのは、通じるわけです。

ちょっと話が横へ行きますが、私はいつもよく言うんですが、こういうのを体験していますと、禅の公案《こうあん》というのによく似ているなと思います。私は禅をしたことはないけれども、また、したことがないからえらそうに、そんなもんだろうと推察しながら言うんですが、たとえば禅の本などで見ると、禅の老師が「これは何か」と言うから、たとえば「棒です」なんて言うと、「喝《かつ》」とやられますね。「棒ではありません」と言えば、また「喝」とやられるし、何を言っても喝とやられる。

アホかなと思うんだけれど、それはもうえらい老師だということになっているから、引きさがるんですが、考えたら、少年のやることはそれとよく似てますね。何を言っても、「なぐるぞ」となぐってくるんですから、禅の老師よりも年齢が低いだけで、やることはよく似ているんじゃないでしょうか。

あるいは中学生なんかに、そういう子がおると思いませんか。たとえば、「放っといてくれ」と言うから放っておいたら、「ばかやろう」と怒るし、構《かま》いにいくと、「構うな」と怒るし、これは一体どうなっとるんやと思いますが、むこうが悪いと思ったら大間違いで、むこうはそういう公案をわれわれにくれているわけですね。

公案というのが悪かったら、問題を提出しているわけです。だから私は、そういう子を問題児と言うんだと思います（笑）。つまり、問題を先生にくれるのが問題児なんです。

私はよく言うんですが、先生というのは自分が問題を出して生徒がわからなかったら、怠《なま》けているとか言って怒るんです。そのくせに、生徒が出した問題を解かない人が非常に多いんですね。そしてあれは問題児だと言う……そういうのは問題を解かない先生のほうが、ほんとうは問題なんですね。だからそういうふうに考えますと、彼らはすごい問題を提出しているわけです。

全存在を賭けた答え

そしてその答えは、実際不思議なんです。放っといても怒るでしょう、構っても怒るでしょう、そう思いませんか。「なぐるぞ」と言ったときに、「なぐるな」と言ってもなぐりに来るし、「ほれ、なぐれ」と言ったら、ほんまにボカンとなぐるしね。どうしたらいいんだということになりますが、それは禅の老師の言っていることと同じなんです。禅の老師が「これは何だ」と言っているときに、これは棒か、棒でないかなんて考えるのが浅はかなんですね。

そんなことを尋《たず》ねられているんじゃないんです。棒であるか棒でないかという、そういう線と全然違うところに答えがある。だから禅の公案の模範《もはん》解答集なんてものないでしょう。どこにも売ってないでしょう。「傾向と対策」なんて見たことないですね（笑）。模範解答があるのは、きまった問いときまった答えがあるのは、これはいいんですね。数学の問題なんか、そうでしょう。ある程度覚えていけばいい。ところが禅の公案に対して、先輩から答えを聞いて、「おまえそれでやったんか、おれもそれでやろ」なんてやると、一発で「喝」とやられます。

つまりそれはなぜかと言ったら、自分の全存在を賭《か》けた答えというのを、老師は見ているわけでして、それが出てきたときには、その答えとして、頼むからいまなぐらんといてくれと言っていいし、柱なぐれと言ってもいいし、こっちがボカーンとなぐったってかまわないし、そのときにその人の全存在がそこに賭かった場合というのは、絶対これは通用します。これはすごいもんです。

そしてそのときに、われわれの存在が丸ごと賭かったときに、絶対に通用するという点では、この子どもたちの判断力と言いますか、それはすごいもんだと思いますね。やはりこちらがほんとうの回答を出すと、必ずよろしいと言ってくれます。にせの回答を出す限りは、むこうは絶対にむちゃをやめません。

そんなふうに、本質的なところに迫っていきますと、カウンセリングの非常に本質的なものは、またいろんなところにつながってくるわけです。たとえば何かカウンセリングというと、部屋があって椅子があって、そしてむこうがしゃべってこっちがフンフン言うんだというように考える必要はなくて、本質的なところでいけば、その子と一緒にキャッチボールしてもいいかもしれませんね。あるいはなぐりあいしてもいいかもしれません。あるいは黙って座っていてもいいかもしれません。そのいちばん底に流れているものを、われわれがつかんでいる場合は、やっぱりカウンセリングというものは、そういうところにも生きていると言うことができます。

だから、カウンセリングということについて、みなさんいろいろ勉強されて、本にも書いてあるんですが、そういうところをだんだん知っていかれると、問題を乗り越えられるとはいうんですが、またカウンセリングの話というのは、ほんとうに私、むずかしいと思いますが、ほんとうに話一つすると、必ず反対のことを言いたくなってくるんです。

というのは、たとえば私がさっき、本質を知ればよいと言いましたね。そうするとみなさんうれしくなって、わかった、カウンセリングの本質さえ知っておったら、何でもいけるんやということをきょう聞いて、たとえば中学校に帰って報告しますね。結局、本質的なことがわかっておれば、どうやってもいいんじゃないかと言いますと、なるほどとみんな感心するんですが、「ところでおまえ、その本質て何や」と聞かれたら「それがわからんのや」と、こう言わないかん（笑）。だから本質というのは、そこが恐ろしいんです。

というのは、それなら、たとえばカウンセリングでどこにどう座るとか、どんな部屋がよろしいのかとか、そんなものどうでもいいやないか。あるいは「ふん」とか

「はあ」とかどう答えるか、そんなものどうでもいいやないか。結局われわれがほんとうに愛情を持っておれば、全部いけるではないかと言う人がいます。

これは、間違いではないんです。その通りなんです。だからその愛ということがわかっている人にとっては、カウンセリングの力もいらんし、本もなんにもいらないんです。ところが、愛というのはどういうことなんですか。さっき言いましたように、なぐるぞと少年がぶつかってきたときに、その子を愛するということは、どういうことなんですかと聞かれると、ぼくらはわからんわけでしょう、ほんとうは。

間違いない話は役に立たない

だから私はよく言うんですが、カウンセリングの話で、非常に正しい話というのは役に立たんことが多いんです。そう思われませんか。非常に正しい話というのは、たとえば、本質的な愛さえ知っておればよろしいと言ったら、なるほどとみんな思うんだけど、じゃあ次にどうしたらいいか、全然わからないでしょう。

私はよくたとえるんですが、カウンセリングというのはスポーツによく似ている。スポーツも何のかんのと言わんでもよろしい、勝ったらいいのやと言ったら、なるほどと思うんだけど、どうして勝ったらいいかわからないので、困るわけですね。あるいは野球でもそうでしょう。カーブが来るとかシュートが来るとか、そんなこと言わんでもよろしい。そんなこと全然放っといて、とにかく打ったらいいのやと言われるけど、あたらんから困るんですね。

たとえば野球で言いますと、あの投手はカーブが多い。そうするとコーチがコチョコチョと何か言ってるでしょう。おそらく、あいつはカーブが多いからカーブ狙《ねら》えとか何か言っているのに違いないです。ところが裏をかかれて、カーブでないのが来たら失敗するときがありますね。そしたら、もっと上手に言おうと思ったら、何が来てもうまいこと打てよと言うと、これがいちばんいいわけです。これは間違いないんです。

ところが間違いない話というのは役に立たないということが、非常に大事なことなんです。これがカウンセリングのほんとうにむずかしいところです。だから私はいちばんはじめに、なんと言ったって大事ですから、本質というようなことを言いましたが、それを生かしていくためには、ぼくらは非常にばかげたようなこと、たとえばきょうはくわしく言いませんが、こんな椅子のほうがいいんじゃないかとか、むかって座るよりも、ちょっと外《はず》したほうがいいんじゃないかとか、いろいろ細かいことを言いますね。その細かいことが、案外大事になってくるわけです。

だから本質ということは、やはり最初に言うべきで、これは忘れてはなりませんが（というのはいつも、だんだんものごとが普及してくると、細かいことを一生懸命に言う人がいますから、細かいことにとらわれてしまうと、本質が忘れられてしまうわけで、そこに問題点があるけれど）、今度はまた本質、本質と言うと、細かいことが忘れられてしまうと、こういうむずかしいことがずっとあるわけです。両方をやっていかないとだめだということです。

だから、ここの講座はいつもそういうふうに考えられていますが、私のようにワァーッとしゃべって講義のようなことをするのと、みなさん方が割合小さい人数に分かれて、実際的に実習的にやられるのと、必ず両方あるようになっているのは、そのためなんですね。

やはり実際的にもやってみなければならないし、理論も一緒に知らなくてはならないというわけです。カウンセリングをされるんでしたら、やっぱり人間が相手ですから、人間というものはどういうものなのか、そういうことを知る努力をしなければなりません。

カウンセリングというのは、人間についていろんなことを知るという理論的な面と、それから実際にその人に会っていくという実際的な面と、両方ありますので、この両方のからみあいが非常にむずかしい。

ところがだんだん広がっていきますと、そのからみあいがしだいに忘れられて、カウンセリングというのはともかく人に会って、そしてクライエントが言うことを受け入れたらよろしいとか、理解したらよろしいというふうに、みんなやろうとするんですが、理解したり受け入れたりしようと思うと、私がさっき言いましたように、人間というものはどんなふうなことを考えたり、どんなふうに感じたり、どんな心の動きをするんだということを、やっぱり知っていないといけない。あるいは、人間の心の病《やまい》には、一体どういうものがあるんだろうかということも知っていないと、うまくいかないと思うんです。

妄想という火に油を注ぐ前に

例をあげて話をしたほうがわかりやすいと思いますので、たとえば私が大学でカウンセリングをしていますね。そうすると大学生が相談に来る。どんなことですかと言ったら、非常に思い悩んでいることがある。何ですかと言うと、じつは誰にも言っていないんだけれど、自分は小学校三年のときに、スーパーで盗みをしたことがある。そのことが、自分は非常に気になっていたんだけれど、ほんのちょっとした盗みだから忘れてしまっていた。

しかし最近そこを通ると、自分が通るたびにレジの人がガチャガチャと大きな音をたてる。どうも自分がやったことを知っているらしい。自分は知らん知らんと思っていたけれど、ほんとうはばれているんだ。そして、あそこの従業員の人たちは、あいつは何年か前に盗みをしたやつだと、もうわかっているから、信号を出している。そしてそこへ行って、申しわけありません、じつは何年も前のことですが、二百円ものを盗みましたので、弁償《べんしょう》しますと言ったほうがいいのか。しかしいまさらそんなことするには迷いがあって、どうもそうは言うけれど、むこうは知らんような気もする。そういう相談をしに来る人がおります。

そうすると、みなさんならどうしますか。こんな昔の二百円の盗みを、いまだに悩んでいる非常に良心的な人が来られたとか思ったり、あるいはそんなのちょっとぐらいよろしいやないか、小さいときというのは、みんな盗みぐらいするんやし、私も昔やったことがあるぐらいだから心配せんでもよろしいというふうに言ったほうがいいのかとか考えるよりも、われわれだったら、これは非常にひどい精神の病のはじまりではないかと、すぐ思うと思います。

だからそのときに、その人に一生懸命になって、そんなの気にしなさんなとか、何やかんや言うよりも、まずぼくらが注意しなくてはならないのは、この人は精神科のお医者さんに診《み》てもらったほうがいい人じゃないかということを、まず考えねばなりません。

ところがそういうことを知らない人は、実際よくありますが、その人がだんだんだんだんそのあたりから、いわゆる妄想《もうそう》というものが発展してきて、そしてもう自分の罪はみんなが知っているとか、どうもテレビでも言っているらしいとか、そこまでなってきたら、ああおかしいと思うんだけれど、その人がそういうふうになるまで、一緒につきあって、言うならばその病気がだんだんひどくなるようにつきあうみたいなもんですね、へたなつきあい方をしますと。そして悪くなってしまってから、えらいこっちゃというんで、あわてふためいてやりますと、必ず精神科のお医者さんに文句を言われると思います。

どうもあんたが一生懸命になって変な話をするから、ますます妄想がはなやかになってきたではないかと、必ず言われると思います。つまりカウンセラーが一生懸命に聞きますと、妄想という火に油を注《そそ》いでいるみたいなもんですから。だからそんなときに、われわれはその人が良心的な人だとかなんとか考える前に、一体この人はこう言いかけているけれど、ここらあたりで止める人なのかどうか、判断できなければならない。

だけどそういう人にすぐに、「あんた、精神科の医者に行きますか」なんて言いますと、その人は絶対怒ると思いますね。そうするとそのときに、もしも精神科のお医者さんを紹介するにしても、その人にどんなふうに言ってあげたらいいのか。言い方が非常にむずかしいですね。

ついでに言っておきますが、われわれのところに相談に来られた人を、精神科のお医者さんになるべく早く診てもらったほうがいい場合が多いんですね。そのときに、その人の心をあんまり傷つけたりせずに、そして上手に精神科のお医者さんに送り届けるという、そういう役割も、われわれは持っています。そのときにやっぱり、そういうことがわかるだけの知識を持ってないとだめです。

実際われわれはよく相談を受けるんですが、ただただ普通の常識だけで聞いて、何かおもしろい人が来ましたとか、すごい良心的な人が来ましたとか言われるんだけれど、そうじゃなくて、それは病気の場合があるのです。だからそういうふうな人の場合に、みなさんはある程度の判断をするだけではなく、今度その人に上手に精神科のお医者さんのところに行ってもらうような、そういうことも身につけねばなりません。

真実は心の痛むことが多い

あるいはこんな相談もありますね。たとえば小学校の六年生の子どもを持ったおかあさんが来られて、今度うちの子は中学校を受験します。そして、じつは私立学校を受けるために戸籍抄本《こせきしょうほん》がいる。ところが自分の子どもはじつは養子だけれど、みんな一生懸命に実子として育ててきている。養子だということを言わずに育ててきている。本人もおとうさん、おかあさんと言っているし、自分らもそういうふうにしているし、周囲も気をつかっているので、養子だということは絶対に知らないと思う。

ところがひょっとして戸籍抄本を見たりされると、ばれるかもしれない。それから、知らないと思っていたんだけれども、どうもあの子の様子を見ていると、ときどき知っているんじゃないかなあと、ひょっと思うときがある。それであれっと思ったりするけれど、何かみんなと話していて、「私はおかあさん似やから、こんなに性格が悪いんや」とかしゃべったりもしているから、やっぱりほんとうの子やと思っているらしい。

ところがその場合に、やっぱり先生、ほんとうのことを言ったほうがよろしいでしょうか。あるいはこのままで隠し通していったほうがよろしいんでしょうか。そういう相談を受けられたことがありませんか。私はこれと似たような話は、ずいぶん相談を受けました。

そんなときにいちばんいけないのは、簡単な理屈に頼ってきめてしまっている人です。どんな人かと言いますと、何でもほんとうのことを言うのが正しいときめている人ですね。そんなの隠す必要はありません。養子だということはほんとうなんだから、真実を告げるのがよろしい、告《つ》げなさい。そういう理論を持っている人。

あるいは片方の理論の人は、それはもう隠し通しなさい。養子やと言われたら、そんなショックなことはない。だからいつか大きくなったら自然にわかるときが来るけど、そんなことをいま、親が言ったらショックだから、絶対に言ってはいけません。

そういうふうにきめている人があります。こういうのは私はだめだと思います。世の中のことで、そんな簡単にうまくいくルールはありません。

ものすごく大事なことは、さっきから私が言っていますように、どんな親がどんな子どもに、いつ、どんなふうに言ったかということで、全部違うということです。言い方によって全部違うんです。

とくに恐ろしいのは、真実を言うのが常に正しいですから、真実を言いなさいということを、私が言うでしょう。そうするとその親は、「ああそうですか、先生がそうおっしゃってくださるんでしたら、子どもに言います」と言われた場合、確かに真実を言うのはいい場合もあるんですよ。うまいことといっている例もあるんだけれど、そんなふうに私が言いますと、親は安心してしまうんです。

親は河合先生が言われたとか、校長先生がこう言われたとか、あるいはカウンセラーの先生がこう言われたと思って、自分は安心してしまって、その子を「ちょっと」と呼んで、「いままで言ってなかったけれども、じつはあんた養子なんですよ」と言うんです。そんなの絶対にうまくいくはずがありません。

なぜうまいこといかないかと言うと、ひとりの子どもがいままでほんとうの親だと思っている親から、おまえは養子だと言われるということが、どれだけショックであるか、それがどれだけつらいことかという気持ちの共感ということが、その親にはないわけでしょう。親はもう安心しているわけです。教えてもらって言うんだから、これは言って間違いないと思っているんですからね。言うことによる心の痛みというのが、親のほうになかったら、これは絶対だめです。

だいたい真実というのは心の痛むことが多いのです。みなさんそう思われませんか。ウソというのは痛まんほうが多いので、ついついぼくらもウソつくんです。どうも真実というのは痛いことが多いでしょう。真実にともなう痛みということ、心の痛みということを、告げる人が感じてない限りは、だいたいだめです。

そしたらどうですか、その人が相談に来られたら、いい答えができてきました。「あなたはその痛みを感じつつ、しゃべりなさい」。そんなことでうまいこといきますか、絶対にいかないです。なぜいかないかと言ったら、そんな他人の痛みを感じるということは、たいへんなことなんですね。それを聞いた親が、そしたら私もやりましょうと、子どもに「私も心が痛むのだが……」なんて言ったって、絶対だめです。もう、子どもはわかるんですから、いくらことばで言ったってね。

人生のどんな節目に来ているのか

だからわれわれはそういう人が来られたら、われわれにとって非常に大事なことは、このおとうさん、おかあさんがこういうことを相談に来られるということは、一体どういう意味を持っているんだろうと、もっと広く考えねばなりません。

どういうふうに考えますか。このおとうさん、おかあさんの人生の中で、つまり人が生きてきたというのはたいへんなことですね。その生きてきた人生の中で、なぜ養子をもらうことになったんだろう。いつごろもらわれたんだろう。いままでほんとうに隠し通せてきたんだろうか。そしていまというときに、なぜ真実を語ろうか、語るまいかという悩みがこの両親に生じてきたんだろう。それを受けとめる側の子どもは、一体どういう状態にあるんだろう……そういうことを全部考えないといけないでしょう。

そういうことを全部考えて、私だったらどうするか。これは、この問題をおとうさん、おかあさんが自分の力で考え、考えぬいてやっていくことに非常に意味がある。そしてこのおとうさんとおかあさんが、これを考えていかれる力も持っておられるし、またもう一つ大事なことですが、そういうことをやっていかれるのに相手をするだけの力量を私が持っている。そういう判断が生じたときに、せっかくですからもうちょっと話に来られませんか。これは非常に大事な問題ですから、私は残念ながら結論は出せません。私の力では、真実を語ったほうがよろしいとか、語らないほうがよろしいとか、答えは簡単に出ませんが、もうちょっと一緒に話しあっていったら、何か答えが出るでしょう。じゃあ、来週もう一ぺん来られませんかということで、カウンセリングがはじまるわけです。

あるいはこんなときもありますね。そうして来られる方が、私の場合でしたら非常に遠いところから来られる場合もあります。そんな人に、また来週もなんて言うたって、来週とても来られない。そうすると、私はもうその一回だけで、何かその人に言うより仕方がない。その場合、私はどんなふうに言ったらいいのか、非常にむずかしいことです。

そのときに、単純にこっちのほうがいいんだ。あっちのほうがいいんだというふうな考え方じゃなくて、やっぱり人間というものをどう考えるのか、あるいは人間の一生というのは、一体どういうふうにして変わっていくのかと考えねばなりません。私は人間の一生というのは、節目節目《ふしめ》というのが実際にあると思います。

われわれのところへ来られる人は、いま言いましたように、子どもが養子だということを言おうか、言うまいかというふうに相談に来られたり、あるいは離婚しようかというふうに相談に来られたりするんですが、われわれはそれが離婚の問題であるとか、養子の問題であるというよりは、その人の人生のどんな節目にその人が来ているんだろう。そして、どのへんの節目に来ているのかということと、この問題とはどう重なっているんだろうということまで、考えねばなりません。

ところが、そういうふうな勉強をあんまりせずに、カウンセリングというのはどうも相手の言うことを受け入れてやっていたらいいらしいというふうに、単純に考えていたんでは困るんではないか。もちろん受け入れたらよろしいというのは、絶対間違いじゃありません。その通りなんですが、一体何を受け入れたらいいのか、わからないわけですから、そこのところで、カウンセラーを志望する人は、もっともっと勉強が大事であると、私は思います。

理論倒れにならないために

と言っておいて、次にまた反対のことを言いますが、反対のほうは、カウンセリングが普及してきたために、今度は勉強倒れのカウンセラーというのがあるんですね。あるいは理論倒れと言っていいかもしれません。カウンセリングの本だけじゃなくて、人間を理解するための本とか、人間を考える本とか、いろいろ出ていますね。

私自身も書いているからどうもいけないんですが、そういう本をみなさんが読まれますと、やってきたクライエントの問題が、非常によくわかるんです。

たとえば、おかあさんがやってこられて、「うちの子は学校に行かないんですが、どうしたらよろしいでしょう」と言われる。そうして、あれは無理に連れていったほうがいいんですか、あるいはそっとしといたほうがいいんですかなんて、おかあさんは子どもをどうして学校に行かそうかと相談に来られるんだけれど、ちょっと聞くだけで、「おかあさんのそんな過保護ではあきませんわ」ということを、すぐにこっち側は思ってしまう。すぐそこでそんなことを言うカウンセラーがいるんですね、理論的にはわかるから。

あるいはその逆の場合もあります。おかあさんは子どものことをそんなに放っておって、子どもがうまくいくはずがありません。もっと子どもをかわいがってあげなさいというように言いたくなります。

ところが実際のところ、そんなこと言ってうまいことといくことは絶対にありません。絶対にというのはいけませんね、たまにはあります。ときどきうれしいときがありまして、一回ものを言っただけで、うまいことといく場合もありますが、それは非常にまれな場合で、だいたいはうまくいきません。

それからもっと困るのは、先ほど過保護ということを言いましたが、過保護というようなことばを覚えると、もう使いたくてしょうがない。それで何でも過保護と言う人がいるんです。ところが実際は、過保護といっても種類はいろいろあるわけです。過保護が悪いのかいいのかということだって、ほんとうはもっと突っこんで反省する必要があるでしょうね。

みなさん、こんな例を見られたことありますか。たとえば子どもが問題を起こしている。おかあさんと話をしていてわかるのは、子どもが何かほしいと言ったら、すぐに買ってやる。このごろみんな経済的に豊かですからすぐに何か買ってもらえる。ラジカセがほしいと言ったら、ラジカセを買ってもらう。どっか行きたいと言ったら、また連れていってもらう。そんなふうなのを見ておったら、「おかあさん何ですか、こんな過保護はだめだからもっと放っておいたらどうですか」ということを言いたくなります。

ところが、それは間違っている場合が非常に多いんです。というのは、私はよく言うんですが、見かけは過保護で愛情不足というのが、非常に多いんですね。それは本質的な過保護じゃないんです。どんな人かというと、子どものことを放ってる人ほど、ものを買いたくなります。

これは子どもに対して自信がないから。子どもが買ってくれと言ったときに、あんなもの買わんでもよろしいと言うと、何か申しわけないような、つまり自分は子どもを放っていますから、ものでカバーしようという気がどうしても起こってくる。だから、ああよしよしとものを買ってやって、これだけこづかいもやっているということをいいことにして、子どもを放って遊びに行ったり、勝手なことをしているおかあさんが多い。

だからわれわれよく思うんですが、ものを買ってあげたり、こづかいをたくさんあげたりしているんだけれど、子どもが帰ってきたときに、「ああお帰り」と心から言ってあげることのないおかあさんのほうがよっぽどたいへんな問題なんです。子どもにとっては帰ってきて、「ただいま」と言ったときに、「お帰り」と言う人がいるかいないか、それがおかあさんであるというのが絶対大切でしょうね。そこで手抜きをして、ものを買ったら、これはよけい悪いわけでしょう。

しかもそういうふうにしてものを買って与えているおかあさんに、ちょっと放っといたらよろしいなんて言うと、おかあさんはもう大喜びですね。やっぱりよかったんやな、もっと放っとこうというぐらいのもんでね。今度は放っとくわ、ものは買わないわで、子どもはよけい悪くなります。

そしたらそういうおかあさんは子どもがまた悪くなるから、今度はまたほかのところに相談に行かれるんですね。そうすると、そのカウンセラーが、放っといたらだめですよ。もっと子どもを大事にしなくちゃならないと言ったので、そのおかあさんがものすごく怒りまして、前は過保護やと怒られた、今度は放っといて怒られた。一体どないしたらよろしいんですか。そう言って私のところへねじこんできた人がいます。

悪者探しをしてはいけない

それは、ある意味ではじめのカウンセラーも、次のカウンセラーも言ったことは間違っていないんだけれど、やっぱりそのおかあさんの生き方をもっと変えてもらうという点で言うと、まったくマイナスにしかなってないわけです。そういうおかあさんにわれわれは一体どうしたらいいのか。

こんな例は非常によくありまして、学校の先生でも本なんか読んで、カウンセリングをしかけた人で、すぐに親が悪いと言ってしまう人がいます。親が悪いと言っても変わりませんから、今度はどう言うかというと、あんな悪い親ではもうしょうがない。子どもが悪くなるのはしょうがない。はっきりわかっているのは、カウンセラーは悪くないということだけ。責任はむこうにあるんだから。

責任あるのは親だとか、あるいは父親が悪いんだとか、そんなこと言っても何にもならないんです。われわれは誰が悪いかを探す番人ではなくて、問題を解決していくことを一緒にするのが仕事ですから。

私はよく言います。われわれは悪者探しをしているんじゃない。誰か悪いやつが、探したらおるにきまっています。考えたら、おかあさんが悪いと言ったって、そういうおかあさんというのはおかあさんの小さいときの育てられ方が悪かったんだから、結局悪いのはおばあさんじゃないか。そのおばあさんはどうして育ったんですかと言ったら、いちばん悪いのは天照大神《あまてらすおおみかみ》と違うかということになってきて、とんと話にならんわけです。

だからわれわれは誰が悪者かということじゃなくて、いま私の前に来られた方がどう生きていくか、どうなるかということをやりたいんですから、そうなりますと、生《なま》半可《はんか》に理屈を知っていると、かえって失敗する。

もちろんそうは言いますが、一回話をしただけで、スパッとうまいこといくときもあります。非常にうれしいことです。ないとは言いません。「一回だけ会った人たち」というのをまとめて本にしたいぐらいで、非常に印象に残る人もいます。

そういうことはうまくできていて、一回だけ言って変わるような人も来るんです。これはやはり、たくさんやっていると、そういういいことがあります。それは運がありますから、株でも同じで、パッと上がるときとパッと下がるときがありまして、だんだん慣れてくるとわかります。会ったときに、これはこの人と五年ほどつきあわないかんと思う人と、一回でうまいこといく人というのは、こっちの判断がはたらくから、後者には一回目でズバッと言うわけでしょう。

ズバッと言うということが、その人に意味を持つということがわかるから、ぼくらは言うわけで……もちろん苦しまぎれで言って、うまいこといくときもあります。どんなときかと言うと、非常に遠いところから来る人。それこそ飛行機に乗ったりして来ている人に、次には来てもらえない。一回限り、ええい、もうむちゃくちゃ言ってやれと思って言ったら、うまいこといくときもあります。

そういういろいろなおもしろいところがあって、こういう点もスポーツによく似ていると思いますね。相撲《すもう》なんかと非常によく似ているんじゃないかと思います。立ち会いにパッと逃げたら、むこうがポッと飛びだして勝つことがあります。よかった、今度も逃げたろうと思っても、なかなかうまいこといかんでしょう。だから相撲の解説が「あれはよかったけれど、逃げてばっかりおったらいけません」と言っているように、やっぱり苦労してぶつかって勝つのがほんとうの相撲だけれど、ときどき逃げて勝てるときもあるわけです。

そういう楽しいこともないと商売は続かんので、こっちを喜ばすためにときどきいい人が来てくれるのだと思います。しかし、そういうのは非常にまれな場合でして、それだってわれわれが長い経験を積んでいるからこそ、一回でうまいこといく人というのは、ある程度見分けがつくわけです。

テクニック通りに動く人は危険

ところで、理論を勉強してきますと、今度はどうしても理論にあてはめて、そのクライエントを見てしまう。たとえば私はユングという人の心理学が非常に好きですが、ユングの心理学に合わせてその人を見てしまう。ほんとうは、人間のほうが大事なんですが、理論のほうが先になって、理論に合わせて人を見てしまう。

案外そういうふうに見だすと、そういうふうに見えるんです。不思議でしてね、さっきたとえば私が過保護というようなことを言いましたが、何か一つのことばを好きになると、みんなそういうふうに見えてきます。過保護ということばが好きになると、誰が来ても、「おまえのとこは過保護やないか」と言いたくなる気がしてきます。

私は先ほどから、もっと勉強しなければならないと言っていますが、勉強して理論が好きになると、理論に合わせてどうしても人が見たくなる。そしてもっと悪いのは、理論に合うように言ってほしいという気が、だんだん起こってくるんです。それで言わんでもいいことを言ったり、聞かんでもいいことを聞いたりするんです。

そうすると、むこうがせっかく話をしているのに、「それであんたのおとうさんはどんな人でしたか」とか聞いて、「気の弱い人です」と言われると、「そうか、そう思っていた、おれの思っていた通りや」となります。そうなってないと話が合わんと思いだして、その人の心の流れと違うことをこちらが聞きだしますと、微妙にそれがむこうにわかるんです。何かおれは監視されているというか、調べられ、観察されているというか、そういう気持ちがクライエントに生じてきます。

クライエントとカウンセラーとの関係というのは、非常に微妙な関係であって、確かにわれわれはある意味では客観的に見ているところもありますが、またある意味ではその人と一体になっているようなところ、その両方があります。この両方ができないといけないんですが、理屈が好きになりますと、どうしても理屈のほうが先行して、言わんでもいいことを言ってみたり、聞かんでもいいことを聞いてみたり、それから言うなれば、カウンセラーの目がだんだん冷たくなると言っていいでしょうね。ああ、うまいことといきよるなとか、こうやったらどうなるやろとか、あ、理論通りいきよるなとか……まるでこちらが操縦士でむこうが機械みたいになってくる。こうなってくると、うまくいきません。

このことは、後で言おうと思っていまして、カウンセリングの危険性ということになるんですが、ついでに言ってしまいますと、いま理論のことだけ言いましたが、理論と同時にいろんなテクニックもあるわけです。カウンセリングというのを、非常に狭く考えますと、ただ話しあいをするだけのことですが、これをもうちょっと広くとりますと、たとえば行動療法とか、あるいは催眠《さいみん》なんていうのも入ってくる。いろんな方法が入ってきます。

みなさんはその中でどういうふうにやっているかわかりませんが、ある程度の技術を覚えられるとします。そうしますと、へたすると理論とか技術のほうにぼくらが縛《しば》られていきますと、人間味が薄れてしまう。それだけじゃなくて、みなさんはおそらくそういうことはされないと思いますが、たとえば催眠なら催眠の方法、あるいは行動療法なら行動療法の方法、あるいは夢の分析とか自由連想とかいろいろありますが、何かそういう名前のついたテクニック、こういう普通の話しあいを超えたテクニックをみんなが好きになられて、ある人にそれを使ってやりますね。やったときにそのテクニック通りにものすごくうまいことといくような場合は、これはもう、ものすごく危険な場合であると思ったほうがよろしい。もう、しないほうがいいぐらいです。だいたいひとりの生きた人間が、こっちの考えたテクニック通りに動くというのはおかしいわけです。

欠点があるから楽しく生きられる

例をあげましょうか。たとえば催眠なら催眠でも、ほんとうにカウンセリングや心理療法の勉強をした上で催眠を使っておられる方は非常に上手に使っておられますが、ただ催眠ということだけ、ポッと覚えた人がいるでしょう。それだけ覚えて催眠療法なんてやっている人の場合は、非常に危険なことが起こるんですね。

実際にあった例ですが、自分の欠点がいやでいやでしょうがない。自分が短気なところがいやでしょうがないというので、その人は催眠の先生のところへ行って、「私はものすごい短気者ですが、この短気なところを直してください」と、こう言うわけです。そもそもそういうのを引き受けるのはどうかと私は思うんですが、ところがその先生が引き受けられて、「よろしいやりましょう」となる。そして催眠をかけて、「あなたはだんだん気が長くなります」と、こういうふうにやられたわけです。

そうするとその人はコロッと変わってしまったんです。気長になってしまった。短気だけじゃなくて、いくらかもっと欠点があるのです。その欠点を全部なくしてくださいと言ったら、催眠で全部なくなってしまう。それで欠点がない男になったと、その人は非常に喜ぶわけです。催眠の先生も非常に喜ばれますし、その人も喜んで暮らしていたところが、だんだんものすごく不安になってくる。何か自分が自分でなくなってきたように思うわけです。

せっかく短気を売りものにがんばっておったのに、それがなくなったら、何だか自分じゃないようになってきたのです。このへんが人間のものすごくおもしろいところですね。それでたいへん不安になってきまして、催眠の先生のところへ駆けつけます。前の欠点のあるままの人間でよろしいと。おもしろいでしょう、これほんとうの話です。「だから先生、もとの自分に返してください」と。催眠の先生は、「ああよろしいです。お金をください」。そして催眠をかけまして、「あなたはもとの人間に返ります」と言われたんだけれど、一つももとに返らない。

それで、一体自分はどんな人間なのか。前の人間でもないし、私という人間がわからなくなったから、何とかしてくださいというんでぼくのところに会いに来た人がいます。つまりどこに問題があったかというと、そもそも欠点をなくしてくださいと言いに来るところから、もう問題が大きいわけです。

私だったら、自分の欠点を全部なくしたいという人が来られたら、非常に慎重に扱うでしょうね。もうそのことだけで、非常に慎重にこの人に対応していかなければならないと思います。そのときにホイホイと、催眠でなくしてあげましょうなんていうのは、大間違いです。だいたい、人間の欠点をなくしたほうがいいと思っておるというところからして、これはカウンセラー失格だと思います。われわれは欠点があるから楽しく生きているんです。人間の欠点というのはみんな長所と裏腹になっているんですね。

そしてもう一つ恐ろしいことは、催眠で、はい、欠点をなくしましょう、はい、なくなりましたということが、もしあったとしたら、そこでまた治療者はすごく反省しなくちゃいけません。そんなことで変わるような人は、ものすごく危ない人なんです。つまりこっちのテクニックにホイと乗って、ホイと治《なお》る人は、非常に病的な人と思って間違いありません。

一つの方法に乗らない

だからそういう点で、みなさん何か一つの特別な方法が好きになって、それでやるときはものすごく注意してください。ぼくらはその後始末をしていることが非常に多いんです。いま催眠の例をあげましたが、「そんなことはない、こういうのはバーンと怒ったらいいのや」という方法の好きな先生がおられるとしますと、そればっかりでやられますね。そうすると、バーンと怒ったって、ある程度人間強かったら、怒られたって言うことを聞かんというのが人間なんです。怒られてホイホイ動いてしまうというのは、その人が非常に弱いんです。

ところが先生から見ると、ものすごくうまいことといくわけでしょう。パッパッとうまいことといくから、「おれの方法は大したもんじゃないか」と自慢して喜びだしたころに、クライエントはもっと悪くなる。そうなってからわれわれのところに来られるわけです。今度は非常にむずかしいのです。というのは、もうその人たちはカウンセラーに対して、不信感が非常に強い。うっかり言ったら何されるかわからないという気持ちが起こっているわけですから。だからそういうふうな危険なことも、ずいぶん出てきているように、私は思います。

ただそういう場合に、みなさんがいま勉強しておられるように、だいたい一対一で話を聞く方法というのは、あんまりそういう危険性は少ないです。劇的なことは少ない代わりに、危険性が少ない。だからといって、これからみなさんがテクニックを覚えていかれる場合は、いろいろなことを知っているほうがいいし、催眠という方法が悪いと言っているわけじゃありません。

催眠の方法を非常に上手に使っておられる先生もいますし、私だって夢を聞いたり、箱庭をつくってもらったりしていますが、そういうのはみんな、この人にはやったほうがいい、この人だったらやらないほうがいいんじゃないかということを、考えながらやっているわけですね。だから、たった一つの方法だけ知っていて、しかもその方法にホイホイと乗ってしまうような人がおられた場合は、むしろ非常に危険であるというふうに思うべきだと思います。

そんなわけで、結局は理論倒れも困るし、理論を知らんとただやっているのも困るしで、困ることばっかりですが、実際この講座でもやっておられるように、人間を理解すること、人間を知ることの勉強と実際にやることとは両立しなくちゃならない。両方やっていかねばなりません。

この両方をやっていくためには、結局いちばんいい方法は、指導者、スーパーバイザーがいるということだと思います。自分ひとりでは非常にむずかしいのです。なかなかひとりではできません。だからみなさんには、できる限りよい指導者を見つけてもらうということが大事だと思います。そしてたとえば一対一でできなかったら、三人でも四人でも五人でも十人でも集まって、指導者に来てもらってみんなで勉強する、そういうふうなことをされるのがいいと思います。

そうは言うものの、次の問題はこれはみなさん方じゃなくて、私たち自身の問題なんですが、そうすると指導者は一体どうなのかと言いますと、日本のいまの現状における問題は、指導者の人が少ないことです。あるいは指導者の進歩が止まりがちであるということを、自分も含めていつも反省しています。

なぜかと言いますと、普及度が大きいということは、みなさんのようにカウンセリングの勉強をしたい人がふえるわけでしょう。そうすると、教えねばならない人がいるということがどうしても要求されますので、あんまり指導者の程度が高くないうちに、人に教えねばならなくなるということが起こってきます。

「ひょっとしたら」と五年、十年やりつづける

一例を言いますと、私は一九六五年（昭和四十年）に外国の資格をとって帰ってきたわけですが、外国でとってきた資格は、指導者の資格じゃないんですね。おまえはこれからカウンセラーとして一人前である、治療者として一人前であるという資格をとって帰ってきたわけです。そしてもちろん治療をはじめたわけですが、それだけじゃなくて、チョイチョイ指導もしなくちゃならない。私はそのころ、非常に恥《は》ずかしい思いをしたのを覚えています。

私が指導をしているなんていうことを、外国の人が聞いたらどう思うだろう。要するに、ようやく幕内《まくうち》に入ったというのに、土俵入《どひょうい》りまでやっているのかという感じですね。そういうことが行われているというのは、つまり日本ではまだカウンセリング

の歴史が新しいから、どうしてもわれわれのように、あんまりできないうちから指導者のようなことをしなくちゃならない。それであんまり発展しなかったらいいんだけれど、バーッと発展して普及しますと、ちょっとできるとすぐ指導者にならされるというところがあるんです。

そこまではいいんですが、次にむずかしいことは、指導者になって忙しくなると、その人が今度実際のカウンセリングをしなくなってしまうということがある。これは非常におもしろいことなんですが、カウンセリングというのは本気でやりだすと、ものすごくしんどいことです。

みなさんもやられたらわかりますが、ほんとうにしんどいことです。もちろん本を書いたり、講演したりするよりも、カウンセリングのほうがしんどいかもしれません。ただし、本も内容によりますし、講演も仕方によりますが、言うならば、カウンセリングはいいかげんにできませんが、本を書いたり講演したりというのは、いいかげんにでもできるんです。ぼくも半分いまそうかもわかりません（笑）。千人の人に講演するより、ひとりの子どもに会うほうがしんどいかもわかりません。一冊カウンセリングについて本を書くよりも、クライエントにひとり会うほうがしんどいかもわかりません。

そうしますと、指導者になった人たちが、実際にカウンセリングするよりも、本を書いたり講演したりするほうが多くなるということが、実際に起こってくるわけです。そしてもう一つそれにつけ加えて困ることは、カウンセリングをしていないほうが、どうしても天狗《てんぐ》になりやすいのです。カウンセリングを実際にやっていますと、天狗になることができません。私もときどきなりたいと思うんですが、なることができないというのは、クライエントというのはものすごいですからね。

カウンセリングというのは、ある意味ではこんなおもしろい仕事はないかもしれませんね。肩書きとか名前とかが、こんなに通用しない世界は他にないんじゃないでしょうか。私は京大の教授ですよとか、本をいっぱい書いてますよと言ったって、相手が治らなかったらしまいですからね。実際言いますと、なかなか治らんのです。いやになるほど治らない。だからやっていると、だんだんえらそうにものが言えなくなってくるんです。

ところがやらないとえらそうに言えます。そしてまた不思議なことに、運がよかったら、うまいこと治る人もおられるんです。一回会っただけでパッとよくなる人もいますしね。一年ほど会うだけで、すばらしくよくなられる人もおります。そうすると、そういうのをチョコチョコとやって、あと会わなかったら幸いですね。むずかしいケースに会わなかったら、カウンセリングというのはうまいこといきますよとか、カウンセリングはすばらしいですよとか言って歩いていたらいいんですから、非常に甘いカウンセリングの話になります。

甘い話というのは通りやすいですから、みんな喜びますし、どうしても受けてしまうんじゃないか。また指導者の人も、どうしてもそういう甘い話をしてしまうんじゃないかという反省が出ます。

ここがわれわれ話をするものとして、非常にむずかしいところです。私がたとえばこういうところに来まして、はじめからしまいまで、こんなむずかしいものはないとか、なかなか治りませんよとか、そんな話ばかりしたら、みんなやる気をなくしてしまうので、やっぱりいいところもありますよということを言わなければならない。ところがあんまり言いすぎると、また話が甘くなるという、そういうむずかしいところがあります。

それはもちろん、カウンセリングをやる人というのは、どこか甘いところのある人でないと、私はできないと思いますが。みんなが希望がないと思っていても、いや希望があるかもしらんと思いつづけるようなところがなかったら、実際この商売はできません。

ちょっといかれとるんじゃないかと、自分でも思うときがありますが、みんながもうあかんと思っても、いやひょっとしたら……ひょっとしたらということだけに賭けて、もう五年も十年もやりつづけるんですから、よっぽどでないとできませんが、やっぱりその甘さというものは、そういう辛抱《しんぼう》強さを持ってないとだめですね。ひょっとしたらというのを、五年間思いつづけるというのは、なかなかたいへんです。三日思ってやめるんだったら、これはカウンセリングではありません。やっぱり、ひょっとしたらといったん思ったら、五年でもいいから思いつづけてやろうという、ものすごいファイトがいるんです。

あるいは、ほんとうは慣れてくると、これは五年間つきあわんといかんとか、この人とはへたしたら十年仕事やという、ものすごい覚悟を持つようになります。そういう厳しさ、しんどさを抜きにして、ただいいもんですよと言うだけのカウンセリングの話、あるいは指導をしている人がいたら、これはやっぱり困ることです。

なぜかと言うと、私はやはりカウンセリングはあんまり急激に普及しすぎたために、指導者の訓練、あるいは指導者同士の研修、そういうものがおろそかになっているということが、非常に大きい問題だと思っています。そういう点で私も反省しまして、いろいろそういうこともやりつつありますし、そういう気運もこのごろはずいぶん高まってきていると思います。だから、実際指導者の人たちも、がんばってきていますが、このことは一つの問題提起として、みなさんじゃなくてわれわれが真剣に考えねばならないことだと思っています。

消すことのできない傷はこんなときできる

それから先ほどちょっと言いましたが、カウンセリングというものは、確かにいいところがあるし、希望があるんですが、危険なものであるという認識も、やっぱり持っていてほしいと思います。その一つは、先ほど言いました、ホイホイとテクニックに乗ってしまうようなことでして、これは危険です。やっぱりカウンセリングというものは、その人の秘密と言いますか、その人の心の深いところに接して話しあいをするもんですから、へたをすると非常に深く人を傷つけてしまうということがあります。カウンセラーがクライエントを傷つけてしまう。

カウンセリングはなまぬるいと言う人がいますが、私は逆に、カウンセリングというのは医学にたとえたら、手術みたいなものだと思います。非常に厳しいものだと思います。こういうことは個人のカウンセリングでも起こりますし、グループでも起こります。

私はグループはやりませんが、グループリーダーをやったり、グループカウンセリングをやったりしている人たちのお話なんか聞いていても、非常に経験を積んだ方は、すごく全体のことを配慮しながらやっておられるんですが、そういう配慮のない場合は、何かグループで話しあいをすると、自分の秘密と言いますか、自分の隠していることをそこで言うほうが正しいような、あるいは言う人のほうが勇気があるような、誠実であるような錯覚を起こすと思うんです。

私は自分の秘密なんていうものは、そうそう人に言うべきことではないと思います。言ったほうがいい場合と、言わないほうがいい場合との判断が非常にむずかしい。みなさんの中でグループの経験をされた人もあるでしょう。自分の秘密をその場で言って、ほんとうに言ってよかったという人と、あんなこと言わなきゃよかったと悔やんでいる人と、両方あると思うんです。先ほど、養子であることを言うか、言わないかという話をしましたが、一体誰が誰に、いつどんなふうに言うのかということがいろいろあって、全部違うんです。

だから、グループで集まって、みんな話しあいをしている中で、そんなことよく言うなあというような自分の秘密をみんなに語って、泣いたり怒ったりわめいたりしながら、それをきれいに乗り越えていく人もいますが、その場では言わないほうがいい人だっているわけです。

そのときに、この人は言わないほうがいいんじゃないだろうか。この人はこのぐらいのところでやめたほうがいいのではないかというふうな、そういう判断力を、そのグループのリーダーの人、あるいは治療者の人が持たずにホイホイとやっていますと、これまた非常に大きい問題が起こります。そこでグループに出たばっかりに、消すことのできない傷を受けた人、そんな人も出てくると思います。

自分の秘密をすぐしゃべる人は危ない

これは個人のカウンセリングでも、じつは同じでして、個人のカウンセリングでもやはり秘密を聞くわけで、われわれとしてはどうしても、その人が秘密を言ってくださるとありがたいという気がします。「先生、誰にもいままで言っていなかったんですが……」と言われると、私は信頼されているとうれしくなります。

ところがそれがもうちょっとひどくなると、秘密は全部言ってほしくなる、あるいは言ったほうがいいんですよというような格好になる。あるいは言わなくてはだめじゃないかというように、だんだん変わってきますね。

そうしますとこれは、さっきホイホイとわれわれのテクニックに乗ってしまう人は危険だというのと同じことで、これもみんな覚えておいてほしいと思うんですが、早くから秘密を守れずに、自分の秘密をどんどんしゃべるような人は、これは危ない人だというのを忘れないようにしてください。

われわれがクライエントの人にパッと会いまして、ほんとうにはじめて会った人が「誰にも言ってませんが、じつは親が違うんです……」というような話をしたり、「私はものすごい盗みをしたんだけど……」と言って、ワァーッと泣いたりする。そこで一回めからこんなすごいことを言ってくれるなんて、私をここまで信頼してくれるのかと、喜ぶんじゃなくて、これはものすごくむずかしい人が来ておられるんです。

あるいは極端な場合は、そのあたりで不安を感じたら、その話はちょっとあとに置いときましょう。もうちょっとあとでゆっくり聞かしてもらいましょうというふうに、やめたほうがいいときもあります。いつやめて、いつやめないのか、どうしてわかると言うと、そこでものすごく大事なのは、自分の気持ちでして、カウンセラーが自分自身の感情に対して、非常に忠実でないといけません。

聞いていても、これはかなわんなあと思ったり、不安に感じるときには、無理して聞かずに、「いまのお話は、私聞いていてあんまりつらいので、ちょっと先に延ばしてもらえませんか」とかいうふうに言ったほうがいい場合もあります。

そういう自分の気持ちを放っておいて、ワァーッものすごいこと言う人やなとか、えらい信頼してもらっているなとか、こんなおもしろい秘密があるんやな、もっと聞こかというような調子で、へたな人はそこでこっちが興味を示すんです。「はあ、そうですか、それでどうなりました」なんて言うと、むこうは言わなければと思って、サービスして言う。だいたい弱い人というのは過剰サービスをする傾向があります。みなさんそう思いませんか。

ふだんのつきあいでも強かったら、サービスみたいなものは不必要ですが、弱かったらついついサービスして、言わんでもいいことを言ったり、しなくてもいいことをしたりするのと同じことで、むこうも言わんでもいいことをしゃべられる。こっちがまた興味を持つ。そして一回めにパァーッとしゃべって、次にもう来られない人があるでしょう。

あれは一回めにこっちが聞きすぎたのです。来られなくなるぐらいだったらいいほうで、しゃべったためにおかしくなる人さえあります。あるいはそれが契機《けいき》で変なことをやってしまう人もあります。たとえば、おとうさんが大きらいやという話をしていると、「どんなふうにきらい？」なんて喜んで聞くから、「なぐったろかと思う」、「へェー、なぐりたいの」なんて言っていると、だんだんそれこそ火に油を注いだみたいになって、言うだけ言って家に帰って、おとうさんをほんとうになぐってしまうというようなことが起こります。

問題点は長所にもなる⁉

なぜかと言うと、話をしているうちにその人は、自分がおとうさんをなぐりたいということをカウンセラーの人が支持してくれているというふうに、錯覚を起こすわけですね。あの先生もよしよしと言ってたから、一発やったろかという気持ちが、だんだん起こってくるわけです。だからそんなふうな聞き方をしますと、やっぱり失敗してしまう。

われわれは、心の非常に深いところにふれていく。そしてそういうようなことができるのがカウンセラーですから、そういう方法をみなさんが身につけられるのはいいんだけれど、どのへんでやめるのかを判断したり、非常に危険なことをしているんだという気持ちを持たないといけません。

われわれは普通に人と話をしているときには、心の中で、だいたいうまいこと安全弁というのがはたらいているんです。たとえば友だちと話をしていて、「もうこんな仕事していてもだめだと思うし、もう死んでしまおかしらん」というようなことを言う人がときどきいますね。「何言うてんの」とぼくらはすぐに言いますわね。そして「もっとしっかりしたほうがええやないの」とか、冗談を言ったり励ましたりして終わってしまうけれど、そのときに、「死んでしまったほうがええと思う」と言ったら、「ああそう、死にたいの」と聞きだしたら、むこうは続きを言わないといけないでしょう。

だから、そんなふうには聞きません。ぼくらは普通の話ではそんなふうにして、だんだん落ちこまないようにしているんです。

カウンセリングのときには、われわれは普通の話とは違うように聞くでしょう。あれはなぜかと言うと、グッと沈みこんでたいへんなところを経過して、もう一ぺんがんばろうというところまでいくから、カウンセリングになるわけでしょう。カウンセリングというのは、フンフンと聞いているみたいだけれど、だんだん深みに入っていくようなところがあります。

ところがみなさん、カウンセリングなんていうのをご存じなくて、普通にやってこられたら、適当に励ましたりごまかしたり、冗談を言ったりして、あんまり深みに入らないようにしているのが、普通の人間関係です。カウンセリングというのはいったん深いところに入って、そしてもう一ぺん立ち直っていこうというんだけれど、いったん深いところに入って、沈んで終わってしまったんでは、何にもならないでしょう。カウンセリングというのは、そういう危険性を持っているわけです。

また実際世の中に、危険でなくて役に立つものなんてないのです。ものすごくおもしろいこととか、ものすごい役に立つこととか、ものすごく意味のあることというのは、だいたい危険です。だからそういうふうなことも、みなさん知っておられないと、カウンセリングが普及してきたばっかりに、危険なことが起こるというところもあると思います。

いろいろ問題点ばかり言ってきましたが、これは問題点のほうを課題に出されたので、言ったわけでして、はじめにも言いましたが、人間とかカウンセリングとかいうものには、いつも相反するものがあると言いますか、いつも対極になっているところがあると思っていいと思います。だから問題点があれば、いいところがある。危険性があれば、いいところがある。だからみなさんは、カウンセリングをやっていて、いつも二つあるんだと思っておられたら、いいんじゃないでしょうか。

自分がカウンセリングをやっていて、うまいことといってるように思うときには、いや裏があるんと違うかと思ってよろしい。あるいは、クライエントがだんだん悪くなるけれど、悪くなるということは、どっかにいいことがあるんじゃないか。こういう二つのものをずっと見ていく姿勢がカウンセリングには望まれるんじゃないでしょうか。

だから私は、いろんな問題点を言いましたが、見方を変えれば問題点はまたすなわちカウンセリングの長所にもなっている、というふうに思ってくださったらいいと思います。

第二部

まえがき

本書は『カウンセリングを語る』の下巻である。上巻と同様、四天王寺《してんのうじ》人生相談所主催《しゅさい》のカウンセリング研修講座において、毎年一回講演をしたものの記録であるが、上巻に比して、年数が経つにつれて、だんだんと話のほうも深く広くなってきている。上巻がそもそもカウンセリングとは何かというところからはじまって、相当に基本的な問題に関わるものであるのに比して、下巻ではそれを基《もと》にして、もう少し深く考えていこうとするときに直面する諸問題について論じている。

第一章は、カウンセリングを学びはじめた人が誰でも持つ疑問、カウンセリングにはなぜ異なる理論や立場があるのだろう、そのうちのどれが正しいのだろう？　に答えようとしたものである。カウンセリングや心理療法には、「××派」と名乗る学派があり、それぞれの立場に立って、ときには自分のところは正しく、他は間違っていると攻撃することもある。あるいは、そんな一派に偏するのがおかしいのであって、それぞれの派のよいところを折衷《せっちゅう》すればよいと考える人もある。

はじめからどれかの学派が好きになり、それにはまりこむ人はともかく、一般的には大いに迷う問題である。私としては、どれが「正しい」というのではなく、どれが自分にぴったりなのかと考えるほうがいいと思っている。それにしても、他の学派の特徴をよく弁《わきま》えていることが必要であるし、私なりの考えを整理して述べておいた。

第二章は、日本人が日本においてカウンセリングをすることの問題である。もともと、カウンセリングは西洋において生まれてきたものだから、西洋的な人生観、世界観に基づいている。それを文化の異なる日本において行うにあたっては、いろいろと配慮すべきことがあって当然である。カウンセリングを輸入した初期のころは、そんなことをあまり考えず、欧米のまねをすることに一生懸命だったが、だんだんと経験を重ねているうちに、日本文化のことを考えざるを得なくなってきた。私自身はとくにその点を意識してカウンセリングを行ってきた。そこで自分の経験を踏まえながら、この問題について論じている。

第三章は、カウンセリングの初歩的なところを越えて、もっと進んでいこうとする人のために、実際問題をいろいろとあげながら、それにどう対処するのか、どう考えるのか、を示しつつ、カウンセリングについて、よりいっそう掘りさげて考えようとしている。日本のカウンセラーは、まず母性の肯定的な面によって勝負する人が多いので、今後考えるべきこととして、カウンセラーに必要な父性ということも強調している。カウンセリングを受けに来る人の問題もだんだんと深刻なものがふえてきたので、カウンセラーのほうも安閑《あんかん》としてはおれないのである。

第四章は、宗教とカウンセリングの関係について論じている。クライエントの深い問題と対面していると、どうしてもそれは宗教的なことに関わってくる。それにカウンセラーはどう対処するのか、それは「宗教家」とどう異なるのか、などについて考えることはカウンセラーにとって避けられない課題である、と私は思っている。

最後の章では「たましい」について語っている。人間の心のことを扱うカウンセラーにとって、たましいなどというわけのわからないものは考えるべきでない、と主張する人もある。それも一理あることだし、だからこそ本文にも述べているように、フロイトの本が英訳されるときに、たましい（Seele）ということばをできる限り表面に出さないように翻訳されるようなことが生じたのだ。

人間の心というと、自分が考えたり感じたりすることのみを指すものと断定して、それがもっともっと深い、とらえがたい深淵《しんえん》にまでつながっていることを忘れてしまう人が多い。そこで、「たましい」という不可解な用語をあえて用いることにより、カウンセリングのむずかしさ、その奥行きの深さを実感することが必要だ、と私は考えている。これも安易に使っていると、何の意味もなくなっていくだろうが。

このようにカウンセリングや心理療法というものは、奥が深くどこまで行っても行きつくところがない感じがする。この上下二巻の書物はカウンセリングの入口の入口を示したものであり、もっと理論的に追究したいと思う人は、拙著『ユングと心理療法』『日本人と心理療法』（ともに講談社＋α文庫）を参照されたい。また、その実態がどのような場所でどのように行われているかを知りたい人は『閉ざされた心との対話――心理療法の現場から（上）』（講談社、下巻は『心にある癒す力治る力』）を見ていただきたい。現場の様子を具体的に知ることができるであろう。
この文庫版の出版は、上巻同様に、講談社生活文化第二出版部の古屋信吾、猪俣久子両氏に格別のお世話になった。ここに心からお礼申しあげる。

河合隼雄

第一章　カウンセリングの多様な視点

「とらわれずに」できるか？

カウンセリングとか心理療法とかには、いろんな考え方があるわけですが、それを一体どういうふうに考えたらいいかという問題があります。私の前任者として京都大学の臨床心理学の教授をしておられました倉石精一《くらいしせいいち》先生が早くから、この派がよいとか、この考え方が正しいという考え方じゃなくて、むしろいろんな考え方をどういうふうに使いこなすか、あるいはこういう人にはこれがいいんじゃないかというふうに考えるべきではないかということを、言っておられたわけです。

これはなかなかむずかしい課題ですが、それについて私がどう考えているかということをお話ししようと思います。

これに対するいちばん公式的な、誰でも納得する考えというのは、いろんな派があるけれど、結局やるのは自分がやるわけですから、何といっても自分が根本になりますので、その個人が大事であるということです。そしてほかの考え方にとらわれずに自分の生身《なまみ》を投げだしてやりなさいというのが、いちばん公式的な答えなんです。ところがこの答えは間違っていないんですが、実際にやろうと思ったら非常に困るんですね。生身で勝負となると、もう勉強も何もいらんわけでして、こんな講習会なんかに来なくてもいいわけです。へたに勉強するととらわれますからね。だから先生の話なんか聞くのをやめて、生身の自分で勝負しなさいなんて言っても、生身というのが何かわからない。これはまさに座禅《ざぜん》と同じことで、たとえば禅のお坊さんに一体おまえは何者かなんて尋《たず》ねられると困ってしまう。あるいはおまえの心の中の真人《しんじん》というのは一体どういうものか、真人で勝負せよといっても、どうしたら自分の生身が出るのか、来た人と握手をしたほうがいいのか、ほっぺたの一発でもはったほうがいいのか、あるいは目をつぶっていたほうがいいのか、なかなかわからない。

だから答えというものは、ほんとうにとらわれずに自分というものを出すということになってくるんですが、非常に悲しいかな、人間というものはとらわれずにと言われると、もうそれにとらわれてしまうところがありますので、その境地に達するまでに、われわれはいろいろとらわれねばならないということになるんじゃないでしょうか。そのときに、その人その人に入口があり、あるいは引っかかりがあるというふうに考えたほうがいいのではないかと思います。

フロイトの目、アドラーの目

実際にカウンセリングとか、心理療法全般に広げて考えたいと思っていますが、学派というものは、非常にたくさんあります。百ぐらい書いてある本もあります。極端なことを言う人は、カウンセリングの学派というのはカウンセラーの人間の数だけあると言った人がいますが、それはわかりますね。

みんなひとりひとりが自分流にやるわけですから、そんなふうに言ってもいいぐらいなんです。きょうはその中で非常に代表的なものをどんなふうに考えるかというところに話をもっていこうと思います。

ところで、みなさんご存じのように、われわれのカウンセリングとか心理療法というものの歴史的な最初には精神分析ということがあったわけですが、そういうことを提唱しだした人にフロイトという人がいますね。ところがそのフロイトに対して、一緒に仕事をしていながら分かれていった人に、アドラーという人がいます。これはやはり考え方が違うから分かれたわけです。

どんなふうに違うかと言いますと、非常に簡単に言ってしまいますと、たとえば、ヒステリーにはいろんな症状が出ますが、心に問題がある場合、それが体の動きに障害を及ぼしてくるわけですが、お医者さんが見られると手も足も何も悪くないのに、手が動かなくなったり、足が動かなくなったりするという症状があります。

そうしますと、ある女の人が何かの拍子《ひょうし》に、手と足が動かなくなった。もちろんはじめは体の病気と思いますから、お医者さんに診《み》てもらったところ、お医者さんは「別に体は悪くない」と言います。これはそうすると心の問題になる。

そういう手と足が動かなくなった女の人を、たとえばフロイトが診たとします。フロイトの場合であれば、それを分析してたいていわかってくることは、おそらくご主人がその奥さんのことをあんまり顧《かえり》みずに、外で遊んだり何かしている。そのときに自分が病気になりますと、ご主人はかわいそうだと思って帰ってきますね。だからご主人の愛情を得るために、そういうヒステリーになったんだろうというふうに、フロイトであったら言うかもしれない。

ところが同じケースでも、今度はアドラーという人が診ますと、問題はそうじゃなくて、ご主人があんまり勝手なことをする、ところが自分が病気になるとご主人は帰ってきて世話をしなければならないので、病気ということを手段に使って、自分の主人を支配しようとしている、そういうふうに言えないこともないですね。

アドラーという人は、人間の根本というのは他人を支配しようとする力であると考える。それに対してフロイトのほうはエロスと言いますか、主人の愛、そういうものを獲得しようとしている、だからそっちのほうが肝心なんだ――そういうふうに言えると思います。

そうしますと同じ患者さんが来ましても、フロイトが診ますと、これは愛情の問題だとかセックスの問題だと言うかもしれませんし、同じ人が来てもアドラーが診ますと、これは力の問題、権力の問題だと言うかもしれない。そして実際話を聞いておりますと、フロイト派の話を聞くとなるほどそうだと思うし、アドラー派の話を聞いていたら、なるほどそうだというふうに思えてくるわけですね。

精神分析の初期にはフロイトとアドラーとユングという人がいるんですが、ユングはこれで非常に困りまして、とうとうどう考えたかというと、これは人間の相違である。つまり一つの心理でもフロイトの目から見たらこう見えるし、アドラーの目から見たらこう見える。どっちが正しいというのでなくて、どっちも正しいんだろうが、人間というものはそういうふうに見方が違ってくる。タイプが違うんだということをユングは思うわけです。そしてみなさんがよくご存じの内向と外向ということを考えだすわけです。

結局フロイトは問題が起こった場合に、愛情関係でおとうさんとの関係はどうか、おかあさんとの関係はどうか、兄弟との関係はどうかというように、ひとりの人間の外とのつながりということを非常に大事にしますから、フロイトの理論というのは外向的な理論ではないだろうか。

それに対してアドラーは、その人間がいかに他人を支配していこうとするのかとか、人々の上に立とうとしたり、権力を得たいという自分の気持ちをどのように動かしているのかというように、個人の中のことを問題にしていますから、アドラーの理論は内向的な理論ではないかと考えたわけです。そしてどっちが正しいかというのではなくて、おそらくどっちも正しいんだろう、人間によっては両方見えるのではないかという、そういうおもしろい考え方をユングはしたわけです。

外的な現実か、内的な現実か

ところで一応例として、フロイトとアドラーというのをあげたわけですが、こういう考え方を押し進めていきまして、いま世界でも日本でも非常にもてはやされているいろんな学派の代表的なものを、こんな考え方で見ていってはどうかという研究をやった人がいます。

アメリカのクロッパーという人と、その弟子のシュピーゲルマンという人の考えた、学派の相違に対する図式があります。それを私なりに変えたのを書いてみます。ついでに言いますと、このシュピーゲルマンというのは私の先生で、私がアメリカで分析を受けておったときの分析家です。クロッパーという人は、私がロールシャッハというテストを習った先生です。

ここにとりあげる学派というのは、代表的なものとして、行動療法とフロイトの考

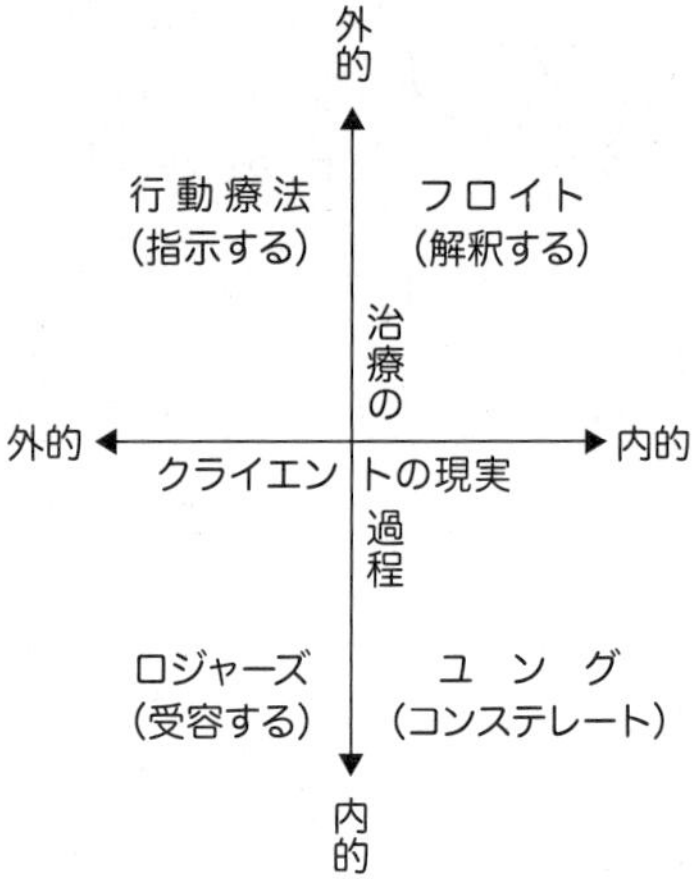

え方とロジャーズの考え方とユングの考え方、この四つです。座標軸を書いて、横軸はクライエントの現実で、つまりクライエントの外的な現実を重んじるのか、あるいは内的な現実を重んじるのか。縦軸は治療の過程です。これもやはり外的、内的に分けます。

たとえば書痙《しょけい》という症状がありますね。ものを書こうとすると手が震えてくる。普通は何でもないんですが、ペンを持って書こうとすると震えだす。これは事務をとっている方がよくなられる症状です。これはなかなかつらいわけです。事務をとっている方が書けなくなるというのは決定的ですからね。

たとえば書痙の方が来られます。そうするとクライエントの現実、外的と書きましたが、書痙というのは手が震えている、これが外的に大事なことですね。その手が震えているということを問題にしたい場合は、その人の外的な事実でしょう。ところがそういう人が来られても、手が震えているということはあまり問題にしなくって、一

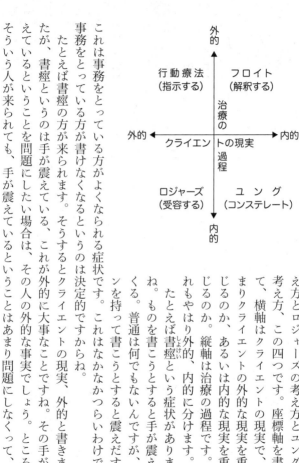

体その人はどういう人生観を持っているんだろうかとか、どんな人生を歩んできたんだろうということを考えだしますと、非常に内的なことになってきますね。だから同じクライエントが来られても、そのときにもう症状なんか捨てておいて、相当中のほうを考えるやり方と、ともかく症状そのものを大事にする考え方とがあります。

次に治療の過程が外的な方向に進んでいくのと、内的な方向に進んでいくのがあるわけですが、いちばん典型的なクライエントの外的現実を問題にして、治療の過程も外的に進んでいくのが行動療法です。

行動療法というのはその名前の通り、その人の行動を問題にしますので、たとえば書痙の方が来られたら、手が震えるということを何とか治《なお》してあげたい、それが非常に大事なことで、ただ一体どういうときに震えるのか、どの程度震えるのか、それをどういうふうにしてだんだん震えなくしていこうかという考え方ですから、治療の過程も外的です。外のことばっかり大事にしているわけですから。いまアメリカでは行動療法が非常に盛んになっています。

「心の中」はどこ？

ところがカウンセリングの方法で、そういう手の震える人が来られても、確かにそれは大事なことであるけれども、来られた人と話をする場合、症状がどうかとか、そんな行動のほうに注目せずに、むしろ治療の過程としては、その人の内的な動きを重要視する方法、たとえば、その人が来られて何か言われても、こうしなさい、ああしなさいと言わずに、受け入れて聞いてあげる。そうしますとその人は、「じつは私はおとうさんがこうなんです」とか、「おかあさんがこうなんです」とか、いろんなことを言われます。それをどんどん受け入れて聞いていくというふうになりますと、これはむしろクライエントの外的な現実に注目しているんだけれど、治療の過程はむしろ内面に向かっているというのが、ロジャーズの方法です。

ロジャーズの方法はそんなことはない。クライエントの話を聞いておったら、私はおとうさんがにくいとかいう話をされますね。そうすると「ああ、おとうさんがにくいんですね」と受け入れていくんだから、それはもっとクライエントの内的なことじゃないかと思われるかもしれませんが、この外的、内的ということは説明がいるわけでして、この考え方によりますと、このクライエントが「自分のおとうさんをにくい」とか、「おかあさんがいやだ」とか言うのは、おとうさん、おかあさんとの関係のことを言っているんだから、外的なことだと考えています。

そうすると内的現実というのはどういうことかと言いますと、フロイトとかユングが出てくるわけですが、フロイトの場合もユングの場合も、クライエントの実際の外側との関わりというんじゃなくて、その人の心の中で実際に起こっていることが問題となる。

　この心の中というのはどういうことか。みんなは心の中と言いますと割合簡単に考えて、たとえば私がここでどういうふうに説明したらいいかなあとか、みんなよく聞いてくれているなというふうに思っていますね。そういうのを私の心の中と思う人がいますが、それは中は中でも非常に浅いわけでして、私がわかっている世界です。ここで言っている内界というのは、私がわかっているよりも、もう一つ中のことを言っていると思ってください。

　だから私が外界にある花を見たり、マイクを見たりして、「あれはきれいだなあ」とか、「格好がいいな」と思っているのはまだ自我の範囲内であって、私の内界というのはもっと深いものである。

　普通はちょっと気がつかない。どういうときにわかるかというと、夢の中に出てきたり、あるいはフロイト派の人であれば自由連想ということをやってこそ、はじめて出てくるようなものが内界であると考えるんです。

　そういう点で言いますと、ロジャーズのやり方でしたら、無意識の世界ということはあまり問題にしないで、その人が話をする外的なことがらというのを大事にしますので、やはり外的な現実を問題にしている。しかしプロセスとしてはあくまで中へ中へ入っていく。そういうふうな治療の過程のほうは内面的である。

行動療法のほうは、治療の過程としては書痙であればどれくらい震えなくなったか、あるいは高所恐怖の人だったら、どのくらい高いところへ上がれるようになったかとか、そういうことを問題にしますね。ところがロジャーズのほうはそんなことは問題にしなくて、治療の過程としてあくまでその人の内的なあり方を問題にするわけです。ところがフロイトの場合はクライエントの現実としては、自由連想とか夢というのを使いますので、内的な世界のほうを見ている。ところが治療の過程としては、分析をすることによってその人がよりよく適応していくとか、より症状が軽くなっていくとか、そういうほうを見ますので、治療のプロセスとしては外的なものに注目している。

それに対してユングというのはいちばん変わっていて、クライエントの現実としては確かに夢を非常に大事にしますから、内面的な世界のことを大事にして、しかも、治療の過程としても内面的なことに注目している。そういうふうに四つに分けて考えたわけです。

よいめぐりあわせが来るまで待つ

こんなふうに四つに割りきってしまいましたが、一応これについて説明しましょう。行動療法の場合は適切な指示を与えねばならない。

たとえば学校恐怖症の子であったら、「家から出られないんだったら玄関まで行ってごらん」。そうして行けるようになると次の日は、「門からちょっと出て左右をのぞいてごらん」。次は「角まで行ってごらん」とか、適切な指示を与えねばなりません。はじめから、学校へ行ってごらんなんて言っても行くはずがありませんから、上手に指示を与えるということが行動療法ではいちばん大事なんです。

ところがロジャーズの方法では単純に指示を与えませんね。まずクライエントの感情を受容するということが非常に大事なんです。たとえば学校恐怖症の子が来まして、

「ぼくはひとつも学校に行けないんや」と言ったら、「ひとつも行けなくてもいいから玄関まで出てごらん」なんていうことは、ロジャーズ派の人は言わないと思います。「ひとつも行けないんだ」と言ったら、「ああ行けなくて苦しいんだね」というふうに受容する、それがロジャーズ派のやり方です。

フロイト派は一体どういうことが好きかと言いますと、学校恐怖症の子が来たら、自由連想をしてもらったり、夢を聞いたりしますね。そしてだんだん聞いていって、あなたが学校に行けないというのも、おかあさんとの関係にこういう問題があるのではないかというふうに解釈する。

行動療法の指示でもそうですが、これも適切でないとだめですね、むちゃくちゃな解釈をしてもだめです。適確な解釈を大事なときに与えることによって、クライエン

トは洞察《どうさつ》する、そして治っていくわけです。

四番めがいちばん困るわけですが、一体ユングの方法はどうするのかと言うと、いちばん簡単に言うと、何にもしない。要するに指示もしない、受容もしない、解釈もしない、ないないづくしがユングじゃないか、というふうに私は思うんです。

クロッパーとシュピーゲルマンはどんなことを言ったかと言いますと、コンステレートということばを使っています。名詞にしますとコンステレーションですね。これは私の非常に好きなことばでして、日本語に訳しにくいのですが、藤田清《ふじたきよし》先生なんかはそれは仏教にちゃんとあると言われると思います。私もそう思います。

ところで行動療法なんていうのを言いだした人は外国人です。ここに示した四つの療法はすべて西洋人の考えたものですが、その中でユングがいちばん東洋的なことに親近感を持った人だと思います。むしろ尊敬の念を持った人と言っていいかもしれません。だからユングの言っていることは非常に東洋的でして、コンステレーションなんて英語で言っていますが、仏教のことばの中にどんぴしゃりなのが絶対にあると思います。

じつはコンステレーションを日本語に訳すのに非常に困っていましたら、私の大学の大学院の学生さんが、「めぐりあわせというのはいいことばです」と言ってくれた。めぐりあわせというのはコンステレーションとぴったりではないけれど、なかなかいいことばだと思いますね。

結局カウンセリングでも心理療法でも、そのクライエントが治るというのは、結局めぐりあわせだというんです。よいめぐりあわせが来るまで待っているのがわれわれの仕事で、別に解釈しようが、受容しようが、治らんのは治らんし、治るのは治るので、よいめぐりあわせが来るまで待つというのがユング派の方法、私の方法だと思っているんです。

これはなかなか人をばかにしたような方法ですが、実際にやるというのはすごくしんどい、エネルギーのいる仕事です。ともかくわけのわからんことを言いましたが、ユングというのはまさにわけのわからんことをやっているのです。

ところでこんなふうに分けたのですが、次にクロッパーとシュピーゲルマンは非常におもしろいことを書いているんです。一応、無理すればこんなふうに分けられるけれど、実際のカウンセラーは上手に四つともやっているんじゃないかと書いてあるんです。

これは非常におもしろい。実際そうじゃないかと思うんです。おのおのの特徴を鮮明に言うならば、こんなふうに図示できる。ところが実際に私がクライエントに会っておりましたら、私はユング派だからめぐりあわせが来るのを待っておると言いましたが、いつもめぐりあわせが来るのを待っておるかというと、それればかりじゃないんですね。けっこう行動療法に似たようなこともやっているわけです。

上手な人ほど一つの方法にこだわらない

私が実際にやっているのを、いま思いだしてみますと、たとえば実際に高所恐怖の方が来られますね。私はだいたいめぐりあわせ待ちのほうだから、その人がどうしよう、こうしようと言われても、そうですなあとか言うだけで、あまりああしろ、こうしろとは言いません。その人がいろんな話をされても黙って聞いているほうが多いぐらいでしょう。

これはちょっと余談になりますが、私は精神分析家だから、どんどん解釈するだろうと思う人がよくあるんですが、解釈するというようなことはほとんどしません。ただ待っているわけですが、高所恐怖の人が「先生、今度思いきって二階へ上がってみようと思うんです」と言われますね。そのときには黙ってばかりいませんね。「そうですか、それは上がったらどうですか」とか、「来週までに、いっちょうがんばりますか」とか言います。

すると私は行動療法をやっているわけですね。私はユング派だから、その人が上がろうが上がるまいが勝手で、私がいちばん知りたいのはその人の内面の世界がどのようになっているかということに注目しているんだから……というわけにはいかないです――もっとも、そのようにやってるときもありますが。

やっぱりそういうときにはけっこう言ってます。中にはむこうが言わないのでこっちがたまりかねてきて、「階段を一段ぐらい上がったらどうです」とやっぱり言ってるんですよね。そしたら解釈も受容もしていないかと言うと、やっぱり解釈しているときもあるし、受容をしているときもけっこうあるわけです。

行動療法の人は行動療法一点ばりで、たとえば高所恐怖の人が来られますね。そうすると「あなたは高いところはどういうところが怖いですか」、その人は「もう階段を一段も上がれません」、「そうするとビルのいちばん上なんかどうですか」、「到底だめです」と言いますと、「いちばん怖いビルの上を百点として点をつけてください」と点をつけますね。そして「点の低いところからちょっとずつやってみましょうか。今度階段に片足かけるのをやってください」、こういうふうにやっていくわけです。

そうするとどういうことが起こると思いますか。次にその人が来ますね。「どうでした」と言ったら、「片足かけようと思ったんですが、母親がジロッと見るから何かする気がせんようになって。ところでうちのおかあさんはね……」とおかあさんの話になってきます。そのときに「行動療法だから、もうおかあさんは放っておいてください。上がるか上がらんかに問題があるんだから、私はおかあさんの話は聞きません」というふうな行動療法家はいません。

上手な行動療法家ほど、ちゃんとおかあさんの話を聞いてロジャーズ派みたいなことをやっています。「おかあさんはそうなんですか、ははー」と話をけっこう聞いておいて、「ところで今度は片足上がりませんか」とやるわけですね。だから行動療法家でも上手な人は、ちゃんとほかの方法をとり入れているようです。

これは実際にやっておられる関西学院大学の武田《たけだ》建《けん》先生に聞きますと、まったくそうだと言われます。先生はアメリカの有名な行動療法家のところへ習いにいってこられたわけですが、見ておったら行動療法派のすばらしい人というのは、非常に上手に話を聞いてやったり、待ったりして、できるのではないかと思うときに今度二階へ上がったらどうかとか、今度一ぺん飛行機に乗りなさいというふうに、タイミングを計ってやっている。

そうすると行動療法家といえども、ほかのことをずっとやっているわけです。これはもうフロイト派にしてもそうですし、ロジャーズ派にしてもそうです。

中にはこんな経験をした人がいます。ロジャーズ派の人はそう簡単に、「ああしなさい、そうしなさい」と指示しません。極端な場合、学校恐怖症の子が「ぼく、明日学校に行こうかと思ってる」と言いますね。そうするともちろん行動療法の人だったら、「そら行きなさい」と言うでしょうし、私だって言うかもわかりませんが、そういうときに簡単に指示を与えてはいけない。だから「学校へ行こうかなと思ってる」

と言ったら「あんたは明日学校へ行こうと思ってるんやな」というふうに受け入れる。受け入れるけれども行けという指示はしないというふうに、徹底してロジャーズの方法をとっておられる方でも、その録音をとりましてよくよく聞いてみますと、やっぱりうれしいときにはうれしい声を出していることがはっきりわかっているわけですね。

たとえばその子が、「学校なんか一生行かんとこうと思います」と言ったら、「ああ、あんたは一生行かんとこうと思ってるんやな」と言うときには、だんだんカウンセラーの声が小さくなってきて、いやそうな顔をして言うし、「明日行こうと思います」と言うと、「あんたは行こうと思ってるんですねえ」と、うれしそうに言うと、これは行動療法と似たようなもんですね。

行動療法というのはよいことにほうびを与えて悪いのには罰を与えるわけですが、ロジャーズ派でもうまいことといったら、カウンセラーの顔色とか声とか態度で、けっこう行動療法と同じことを知らず知らずにやっているわけです。それを意識しているか、意識していないかというだけの相違です。

これは実際にそういう研究があります。ロジャーズ派の人の録音を分析して、態度とか声によってどういうところにプラスを与え、どういうところにマイナスを与えるか調べると、けっこう行動療法的にやっているじゃないか。これはわれわれでも同じことです。

私は待ってる待ってると言ったけれど、けっこう待っているような顔をしながら、うれしいときにはうれしい顔をしているわけです。私がまったく無表情にただほんとうにボーッと待っていたら、なかなかうまくいかんと思います。もちろんほかの人に比べましたら、ほかの人が喜ぶようなところでも、あんまり喜ばずに待っている点は、確かに違うと思います。

「別に学校に行こうが行くまいがかまわん」と実際に思っているときもありますから、みんなが、ああ行ったかと喜ぶようなときでも、「そうですか」とすましているようなときもありますが、いつもそうであるとは言えません。

もっともな話は役に立たない

そうしますと、いま四つに分けましたが、実際にはちょっとずつみんなやっているということになります。そうしますと、次の問題は、実際にそういうふうにいろいろ必要なら、それが全部できたらいいではないかということが考えられます。

これもほんとうにその通りです。何も「私は行動療法派です」とか、「私はユング派です」とか、そんなことを言わないで、「私はカウンセラーです、何でもできます」こう言うのがいちばんいいのではないか。ほんとうにそう思います。

ところがカウンセリングの話で、それはほんとうにもっともである、誰が聞いてももっともだという話は、役に立たんことが多いんですね。これがカウンセリングの困ったところなんです。

私はよく野球にたとえるんですが、野球でもそうでして、誰が聞いてももっともだということを言っても役に立たんですね。たとえば、いちばんもっともなのは、「打席に立ったらほかのはいらんから、ホームランだけ打ってくれたらいい」と言われても、打てないから困るわけでしょう。中には相手の投手が内角を投げてくるのか、次はカーブとかそんなことを考えるからいかんので、何が来てもヒットを打ったらいい、何も焦点《しょうてん》をきめないでストライクは打ってヒットにしたらいい——これはいちばん確かです。間違っているという人はいないでしょう。

しかし、そんなことを言ってもらっても何の役にも立たないんです。それはほんとうにそうですけれど、あんたやってくれますかと言いたくなりますね。どんなすごい選手でも、だいたい焦点をしぼっています。そして相当すごい選手でも、ときどきは見送り三振するときがありますね。ヤマをはらんと何が来てもヒットを打ったらいいのにというのは、これはむしろ素人の言うことでしょう。

私が非常におもしろいと思うのは、次は内角で勝負してくるだろうと選手が思っていたとしたら、その考え方というのは一〇〇パーセント正しいということは絶対にないですね、六〇パーセントぐらいでしょう。コーチも、「あいつは勝負ダマはこれで来るだろうから、そこを狙《ねら》え」と言うわけでしょう。

しかしコーチの言うことも一〇〇パーセント正しいのではなくて、六〇パーセントぐらいのことです。コーチが一〇〇パーセント正しいことを言おうと思ったら、「ともかく、むこうはタマを投げてくるから打ったらええでー」、これは一〇〇パーセント正しいんです。

これはどういうことかと言いますと、われわれ人間というものは、残念ながら相当な限界を持っておるということですね。つまりどんなタマが来ても、ポンポン打ったらいいなんて言うけれど、やっぱり自分の限界ということを考えると、そして自分が実際にできることというのを考えますと、自分としてはこの際このへんにまとをしぼって待っているとか、あるいはもうヒットは打てないから、せめてバントをして走者を進めることのほうが確率が高い。あるいはへたに打ってゲッツーを食うぐらいなら、三振したほうがまだしもましだとか、いろいろ考え方があるわけです。

私は思いますが、カウンセリングのおそろしさは自分の限界がなかなかわからないということです。自分の限界がわかりにくい上に、われわれはクライエントのために何とかしようという気持ちが非常に強いですね。みなさんカウンセリングしておって、自分の前にクライエントが来られて悩みを言われたら、何とかしてあげたいと思いますね。

何とかしてあげたいという気持ちが強くなればなるほど、自分の限界がわからなくなってくる。そしてできもしないことにぼくらは手を出して、そして失敗をしてしまったり、問題をこんがらからせたり、へたに打ってゲッツーを食らうとか、三振してくれたほうがまだしもよかったのに、へたに手を出してむちゃくちゃになったというようなことが出てくるわけです。

また野球のたとえになりますが、野球を見ておって思いますのは、たとえばボールを引っぱってパーンと打つのがうまかった選手が、それぱっかりではだめだ。ちょっと流し打ちをやらんと打率が上がらんというので流し打ちが非常に上手になってきた。そのために今度は引っぱって打つのを忘れてしまったということがありますね。「あの選手は流し打ちが上手になってきたと思ったら、前のやり方を忘れてしまった」ということを解説者が言うことがあります。そうすると両方やったらいいと言うけれど、両方できる選手というのは少ないんです。

自分が好きだと思うところを入口に

ということは、われわれのたとえで言いますと、この四つを全部やったらいいと言いますが、どれかが好きになりますとどれかはできにくくなってきます。ここが人間のおもしろいところです。

たとえば私が行動療法はおもしろいから、ぼくもやったろうかなと思ってやりかけまして、そして好きになってきたら、もう、めぐりあわせを待つというような、まどろっこしいことはおそらくできなくなるでしょうね。変にめぐりあわせなんていうのを待たんでも、もうちょっとやったらどうや、もうちょっとやったらどうやといけるわけですから、私はもうユングの方法はできなくなるのではないかと思います。

今度はまた私の話を聞いて、行動療法の人が、なかなかユングの方法もおもしろい。あれしろ、これしろと言わずにポカーンと待っていたら、おもしろいめぐりあわせが起こる、おれはこれで行こうとそれを好きになってきたら、今度は待ちますね。ユング派と行動療法というのはまるっきり反対なんですね。

それからロジャーズとフロイトもまるっきり反対です。だからちょっとよそのまねをしておりますと、自分の本家のほうがわからなくなってくるんですね。ここのところが、われわれ人間がものごとを行うときに、非常にむずかしいのではないかと思います。

しかしこの図を見るとわかりますように、隣同士はちょっと似たところがあるんです。行動療法とフロイト派の人は、治療の過程が外的なほうにむかって、行動療法は指示をしフロイト派は解釈をしますが、だいぶよくなってきたということをはっきりつかまえていくという点では、非常に似ているわけです。

フロイトとユングというのは、ほかの方法に比べますと、夢とか内的なことを大事にするという点では似ているわけです。あるいはユングとロジャーズというのは、治療のプロセスが内面的なものにむかっているという点では似ているわけです。ところが似たところと違ったところがある。そういうふうに考えますと、四つの特徴がよく出てくると思います。お互いに違ったところで反発を感じまして、お互いにけんかするときもありますし、そこで論争が起こるというふうに考えられます。

こんなふうにどれもこれもやれというのは理想ですが、なかなかそんなことはできないとなりますと、やっぱりその人にとって自分のむいたところがあるのではないか。みなさん方はいろんな本を読まれたり、いろんな先生の話を聞かれたりして、自分はこれが好きだと思うところをまず入口にするというのが、賢明ではないでしょうか。だからみなさんは、まずはじめのうちは一通り聞いて、自分は行動療法の考え方が好きだと思う人は、行動療法をやったらいいし、ロジャーズが好きだと思う人はロジャーズをやればいい、フロイトが好きだと思う人はフロイトをやればいいし、ユングが好きだと思う人はユングをやればいいと、こういうふうになってくるわけです。

現在を見つめる、過去を見つめる

ところで私はいま、理想としては何もかもできるのがよいという言い方をしましたが、ちょっとそれとは違う観点から、こんなふうに図式的に分けるのはともかくとして、もっと大事なことがあるという言い方もあります。

いろんな学派のことを言いましたが、あんな図式に入りこまないものとして、「実存分析」ということを言っておかねばなりません。これは細かく言いだしますと問題ですが、「実存分析」という言い方をする人もいますし、あるいは「現存在分析」というふうなことばもあります。

現存在分析というのはスイスにいる心理療法家のボスとか、もう亡くなりましたがビンスワンガーとか、そういう人の言いだしたことばです。こういう人たちは、むしろフロイトとかユングとかを批判する形で出てきたものです。この図式に書きましたロジャーズの考え方はむしろ初期のものでして、現在のロジャーズは非常に実存的な考え方に近づいてきていると思います。

これは私は専門ではありませんので、あんまり自信を持って話せないんですが、たとえばヒステリーで体が動かなくなった人がいるとします。そういう人をフロイト派の人が見れば、いろいろ話を聞いていって、そしてあなたの左半身が動かないのも、ご主人の関心を得ようとしてそうなったのではないだろうかという解釈が出てくるでしょうね。

もっと解釈が進んでくると、あなたはご主人のことを思っているようだけれど、ほんとうは幼児期におとうさんに対する愛情というのがありながら、父親に裏切られたというふうなことが心の中に残っておって、そういう古傷が痛むために、父親との関係ということがいまのご主人との関係の中に入り混じってきて、そしてそんなヒステリーになったんだ——こんなふうに解釈するかもわかりません。

ところがそれに対して実存分析の人だとか現存在分析ということを言う人は、そういうふうに一つのことがらがあったら、過去へ過去へとさかのぼっていって、こういう原因があったからこうなったんだというふうにして説明していくのはおかしいではないかということを強調するわけです。

いちばん大事なことはなんといっても、いまその人が、そのときに左半身が動かなくなっているということであって、そういう存在としていまそこにいる、そうなっているということそれ自体が非常に大事なんだ、そういうことを強調します。

だから人間の心というものを、過去にこういうことがあって、ああいうことがあって……というふうに因果関係でずっと考えていって説明するというのはおかしいのであって、人間の存在というのは、まさにいまここに、その人が左半身が動かないというその現実、それが非常に大事なんだ、その現実を正面から取りあげることこそが大事なんだということを、こういう人たちは強調します。

だから言うならば、その女性にとっていま左半身が動かないというあり方しか選びようがない。そういうあり方によってこそ、世界と関わることができる。言うならばその人が左半身が動かないということで、世界に訴えている、世界に叫びかけているわけですね。

そういうあり方、叫びそのものを、そのままわれわれが受けとめるということによってこそ意味があるんだ——そんなふうな考え方を持っているわけです。

フロイトやユングにとらわれてしまうと……

ちょっと専門的になっていくかもしれませんが、夢を扱いましても、フロイト派の人が夢を扱いますと、たとえば夢の中で馬がやってきて、自分は馬に殺されそうになったという夢を見る。そうするとフロイト派の人だったら、馬に蹴《け》り殺されるわけですから、馬というのは非常におそろしい、あんたを殺すようなものすごいものは何かということで、いろいろ連想していきまして、それはあんたの父親だろう——そういうふうに解釈していくわけです。そしてあんたは子どものときに父親が怖かったので、おとうさんに殺されるかと思った。そのおそろしさが夢に出ているんだというふうに解釈する。

それに対して、現存在分析を言う人は、何も馬をわざわざ父親と言わなくてもいいじゃないか。その人は馬に殺されそうな夢を見ているんだから、馬が怖いということが夢の中で大事なのであって、しかもそれが馬そのものじゃないにしても、何か蹴りとばされる、踏み殺されると言いますか、そういうすさまじい恐怖を体験した。その体験そのものをものすごく大事にしたらいいのであって、急に馬はおとうさんですとか、あるいは馬は社長さんではないかとか、そんな解釈をするということは不必要だということを強調するわけです。

これはじつは「とらわれ」ということと関係してくると思うんです。たとえばフロイトを好きな人というのは、フロイトにとらわれてしまう。ユングの好きな人間はユングにとらわれてしまう。

ユングにとらわれてしまいますと、たとえばユング派のことばで「グレートマザー」ということばがあったら、それを言いたくて仕方がないということになってくるんですね。それが好きになると、どんな人を見てもひとこと言わないと気がすまないので、「どうもあんたはグレートマザーにやられている」と言いたくなってくる。そう思うと、実際に世の中がそういうふうに見えてくるんです。

それに対して現存在分析の人たちは、そんなふうにとらわれて見るのはおかしい。そこにわざわざ何とかコンプレックスとか、グレートマザーとか変なことばをいっぱい使うのじゃなくて、存在そのものに直接関わっていくこと、直接肉迫《にくはく》することが大事だということを言ったわけです。

じつはロジャーズもこういう考え方を非常に好きになって、むしろ最近のロジャーズの主張は、こういうものに変わってきていると言っていいかもしれません。だから私が座標軸を引いて、ここがどうだ、そこはどうだということを言いましたね。四つに割ってそんなことを言うのはそもそもおかしいので、人間の心に座標軸があるのでなく、頭の中に軸があるのではないんだから、もっと人間そのものに、存在そのものに肉迫していったらよろしいというのが現存在分析の考え方です。

これも私は、われわれのあり方を反省するための視点として非常に大事なことだと思っています。ただ、こういうふうに非常にすばらしいことというのは、どうも言ってもらっても役に立たないというのが私の考え方なんです。

誰かに、あんたは現存在分析でやったらいいのやから、クライエントが来たらありのままに会えなんて言われても、ありのままに会うといったら服着ておったらいかんのやろか……（笑）、そんなことを考えだしますと非常にむずかしくなりまして、裸でぶつかるなんて言う人がいますが、ほんとうに裸になってぶつかってみても、クライエントがキャッと避けていくぐらいのことが落ちだと思います。

裸でぶつかるということが、一体どういうふうにしたらそうなのかということがわからない。そうなりますとまたもとのところへ帰ってくるわけです。つまり、人間の限界ということに帰ってきまして、なるほど理想としては、来られたクライエントの存在そのものに肉迫していかねばならないんだけれど、私という人間は残念ながらそんなことはできない。

それに至る方便《ほうべん》として（これはまさに仏教のことばがぴったりで「方便」をここに使っていいんじゃないかと思いますが）私はどの方法をやるか。こうなってくるのではないかと思っているわけです。

人間を図式の中へ入れることはできない

そうしますと、またまたもとへ帰ってきまして、いろんな考え方があり、いろんな方法があるんだけれど、またほんとうにクライエントそのものに迫っていくということが大事なんだけれど、結局自分としては、これが好きです、あるいは私としてはこれでやりますということに、やっぱりなるんじゃないかなと私は思っているわけです。

そうしますと、私であれば私は、ユングが好きだからユングを選んでいるわけです。私は自分自身のことを言いますと、なぜ自分はユング派なんて言うんだろうと考えたことがあります。ユング派、ユンギャンと言わなくても、カワイヤンでいいわけですし、わざわざ西洋人の名前をとってきて、ユング派なんて看板《かんばん》をあげなくてもいいんじゃないかと思ったことがあるんですが、まず第一に思ったことは、自分の限界を知るからだと思いますね。

私は私の方法などと言うよりも、もっとすごい人が昔からいろいろおったわけで、その中の私の好きなひとりを選んでみよう。私はユング派であるというふうに言っているのは、結局はまだ私の方法などというものを言えるほどにもなっていない、そういうこともあると思います。

そういうふうに自分の限界を知るからこそ、自分は一つの派に入っているというふうになるといいんですが、どんなことでもよいことと悪いことがありまして（私は二律背反性《にりつはいはんせい》とよく言っておりますが）、カウンセリングで絶対に悪いこととか、絶対にいいことということは私はないと思います。だから私がユング派を選んだということは、すなわちそれはいい面と悪い面を持っています。いいほうの面は、私は限界を知るなんていうことを言いましたが、私がユングにとらわれだしますと非常に悪いほうが出てきます。

どういうふうにとらわれるかと言いますと、ユングの言ったことを絶対的な真理だと、私が思いこんでしまう。そしてクライエントが来られたら、これはユングの本のどこに書いてあったものだとか、ユングの理論で言ったらこんなものだとかいうふうに、理論のほうへクライエントを入れこんでしまう。これは非常にマイナスです。というのは、ひとりひとりの人はみんな生きて、ひとりひとりの個性を持っておるんですから、そんな図式の中に入ってくるはずがありません。

私の前に来られたクライエントは、かけがえのないひとりの人間ですから、それこそ実存分析の人が言うように、もうそれ一回きりしかないことなんです。それをパッとユングの図式に入れて、これはどういうコンプレックスの問題で来ているとか、そんなふうに思いだしますと、私はもうだめになります。

だからみなさんも、誰かを好きになって誰かを選ばれても、それにとらわれてはならないということです。

とらわれどころがなくなると……

今度は逆で、とらわれなくなったらどうなるかというと、とらわれどころがなくなるとぼくらは不安になってくるわけですね。ユングもフロイトもロジャーズも何にもいらん、ただ会えばよいと言ったって、ただ会ったらこっちが不安になってきます。ときどき非常にむずかしい問題で来られる人がいます。たとえば非常に極端な場合でしたら、実際こんなことがありました。ある高校生が相談に来て、そこの学校のカウンセラーの先生が会いましたら、その高校生の男の子は、じつはおかあさんと一緒に寝てると言うんですが、寝てるだけじゃなくて、おかあさんと性的な関係があるということを言いだした。

そうすると先生はそんな話を聞いておったら、もう不安でたまらないですね。わあ、たいへんなことが起こってきたと思う。そうするとその先生はどうされるかというと、カウンセリングが終わって職員室へ帰ってきたら、もうすぐに、「きょうはたいへんなやつが来た。高校生でもこんなやつがおるんや」とか、「フロイトが本に書いてるけど、やっぱりほんとうやな」とかそういうようなことを誰かにしゃべりまわる。

これは、その人はその話を聞いて、それをかっちり自分の心の中に据《す》えて、そして一緒に考えていく力がなくなっているんです。もうソワソワしている。だからあっちこっちしゃべりまわらんことには安定できないわけです。

ところが、この人がロジャーズ派に属していてロジャーズ派の指導者についていたとします。そうすると、その指導者から、今度クライエントが来たら、どんな話でもいいから、フンフンと聞いとったらいい。あれせい、これせいなんて言わんでもよろしいというふうに教えてもらっていたとしたら、おかあさんと寝てるなんて聞いたら、それは胸がドキドキするでしょうが、今度は少しずつ離れてみましょう、なんてことは言わないで（笑）、フラフラになりながらでも、「そうですか」と聞くでしょうね。

指導者がいるわけですから、「あんたは聞いたことをあちこちしゃべってはいけません。ともかく一生懸命聞きなさい」と教えてもらっていたら、その人はフラフラになっても、ほかの先生に言いまわるということはないでしょうね。ただしその指導者の先生のところへは行くでしょう。そしてこうこうですと話をする。すると先生がフンフンと聞いてくれて、ロジャーズ派の指導者だったら、「そうですか、そしたら次もがんばりなさいね」と言うでしょうね。そうするとその人は、なぜだか知らないが指導者がその話をフーンと聞いてくれただけで、心が安定してくるんですね。

そういう人生を生きている人のあり方というのを、がっしりと受けとめてもらったら、まずそのカウンセラーは、「よし、次も聞こう」と思って会われるでしょうね。そして話をがっしりと受けとめて聞いておったら、その子はその話の中でだんだん変わっていくでしょう。

「私にはできないことがある」とはっきりさせる

そういうふうになりますと、やっぱりわれわれは、とらわれないということばにまたとらわれますとどうなるかというと、浮き草みたいになってしまいます。浮き草は困るわけですね。フラフラして、話を聞いたらあちこちにしゃべりまわったりしたら困るわけで、やっぱりぼくらは安定していないといけない。

カウンセリングの話は必ず矛盾《むじゅん》したことを言わねばならないので、われわれはとら、われのない安定感を持たねばならないということになってくるんですね。これも一種の理想像でして、言ってみたってはじまらない。そうすると妥協策《だきょうさく》はどういうことかと言いますと、ぼくの方法でしたら、とらわれずに安定するということは人間にはできないんだから、いっそのこと何かにとらわれましょう。ユングならユングにとらわれたり、ロジャーズにとらわれたり……ただし大事なことは、私はこれにとらわれているということを、せめて知っておこう。

私は何でもできます、もう自由自在にやってますというのではなくて、私はユング派ですからユングにとらわれております。とらわれたおかげで少しは安定してやっているんだけれど、それにある程度以上にとらわれだしたらたいへんなことになるということを、自分で知っていようというわけです。

その次はどうなるかと言うと、だから私にはできないことがある、私にはむかないクライエントがあるということははっきりしてくるわけです。私がクライエントに会うときには、最初に申しこまれたときには引き受けますと言わないんです。必ずまず一回お会いしましょうと言います。一回お会いして、一回で無理なときはもう一回お会いしましょうというふうにして、そしてそこできめる場合が多いんです。それだったら私にはむいていませんという場合があります。

たとえば書痙の方が来られます。そして、「どうなんですか」と聞いたら、「自分は書痙で、事務を休まねばならないかもしれない。ところがいま休むと自分はたいへんなことになってしまう。どうしても何とかやりぬきたい。何とか早くこれを治したい」という話になります。

ところがそういう話を聞いてますうちに、書痙の話ではなくなってしまって、「じつは……」ということになって、たとえばユング派の人が得意としているような内面的な世界に話が行ってしまう人がいます。そういう人だったら、これは私にむいているなあと思うわけですね。

ところがそんな話が全然出てこなくて、いつまでたっても手が震える話で、いつまでたっても早いこと治りたいというふうな話になってきましたら、そんな人を私が引き受けまして、よいめぐりあわせが来るまで待とうと思ったら、三百年ぐらい待たなければならないかもわからない。

治るのはあの世へ行ってからということになりますと、これはあんまりよくないわけで、この世で早く治ってほしいと思うんだったら、行動療法の人のところに行ってもらったほうがいいかもわかりません。

そういう人には手短かに、「私のやり方はこういうやり方です。しかし行動療法というのもあります。こういう先生がおられますが、ちょっと行ってみられますか」と言って、その人が「そうします」と言われたら、その先生に紹介します。

そこで私が他人を紹介せずに、そういう人が来られたら自分が行動療法的にやればいいと言われるかもしれませんが、私はちょっとそれはできないと思います。人間何もかもしようとすると、だんだん力が薄められていくんですね。

また野球の話に戻りますが、たとえば野球の選手でピッチャーもキャッチャーも、一塁も外野もやれるけれど、どれもあんまりうまくないという選手と、一塁をやらせたら絶対やという選手がいたら、あとの人のほうが評価されますね。

どこもそこそこ使えるけれど、まず大したことないなんていう人は、人が足らんときには雇《やと》ってやると言ってもらえるけれど、いつもは試合に出られないのと同じことでして、われわれはやっぱり自分のできることをまず確実にしていくべきです。だから私は自分のやり方をはっきりさせて、自分に合わない人はほかのところに紹介するようにしています。

ほんとうはもっと突っこんでいきますと、一体どういうクライエントがどういう人に合っていて……ということになってきますが、これは私はまだなかなかはっきり言うことができません。たとえば内向的な人はここがむいているとか、外向的な人はここがむいているとか言えそうな気もしますが、どうもそうは簡単にいかないようにも思います。たとえば内向的なクライエントはユング派にむいているとか、そう簡単にはいかないようです。

ただしある程度、さっき好みということを言いましたが、カウンセラーでユング派になる人は、内向的な人が多いように思います。また行動療法を好きな人は外向的な人が多いんではないでしょうか。そういうことはカウンセラーの中で、ある程度分類できるような気がします。またそういう研究もあります。

そうしたら、外向的なユング派はいないかというと、やっぱりそういう人もおられます。人間にはいろいろ組みあわせがありますから、それも絶対に確かということはありませんが、一般論でいうとそういうことは言えると思います。

非常に大事なところは似てくる

次にそうすると、カウンセラーを養成するときの訓練は一体どうしたらいいかという問題が出てきます。このごろ考えておりますことで、二つは言えます。

一つは、ある程度は一通り習ってもらう。大まかにはだいたいユングというのはこんなことを言っているらしい、フロイトはこんなことを言っているらしい、ロジャーズはこういうのだと、大事な人のことは大まかにふれる。そしてその中から自分の好きなのを自分で選んでいく。だからはじめに訓練を受けるときには、いろんな人の考え方をある程度習うのがいいと思います。

その次に二つめに言えますことは、さっき私がわざわざ四つに分けましたが、もっともっと分かれるわけですが、非常に共通して相当大事なところがあるような気がします。クライエントという人にわれわれが対応していく、非常に基本的な態度といいますか、そういうものはどの学派でも、ほとんど似てくるほど大事なところがあるように思います。

非常に基本的な態度、それはクライエントの存在そのものを大切にするというふうなことになってくるんでしょうが、そういうことはやっぱり共通のものとしてあるかもしれません。だからそれに至るために、みんないろんな派から入っていくわけでして、だんだん似通《にかよ》ってくる。

そういう点で非常に有名な研究があります。たとえばアドラー派の人と、フロイト派の人と、ロジャーズ派の人を比べて、どんなやり方をしておるのか比較して、初心者の人と相当な経験者を比較しますと、経験を非常に積んだ人は何派とは関係なく、だんだん似てくるというんです。

初心者はだいぶ違うんですね。そしておもしろいことは、同じアドラー派の初心者と経験者はものすごく違うけれども、アドラー派とフロイト派の経験者はすごく似通ってくるという研究さえあります。

だから入口のところはずいぶん違うんだけれど、山登りと同じで登山口は何ヵ所もあってずいぶん離れているんだけれど、山の上に近づくほどみんな近寄ってくるというところがあります。そして山の上あたりのことを言いだしますと、クライエントの存在をそのまま大事にするとか、とらわれのない態度で会うとかいうことになってくるんでしょうが、はじめから山の上なんて言ってもらっても困るんで、やっぱり登山口というのはあるわけだから、みんなどっかの登山口から入って、だんだん登っていくようにと、そんなふうに言ったらいいんじゃないかと思います。

倉石先生が出された課題というのは、おそらく私がいま言ったことよりももう一つ越えているあたりのことを考えておられるのではないかと思うんです。

たとえばこういうクライエントであったら、ここへ行ったらいいとか、そこまで思っておられたのではないかと思いますが、私の経験ではまだそこまでは言えないようです。

私はある程度の勘《かん》をはたらかせながら、少なくとも私の会うクライエントに対しては、私が引き受けましょうと言ったり、あなたはここへ行きなさいと言ったりしているんですが、表を書いてクライエントのA型の人は、○○先生のところへ行きなさいとか、そこまで言えると非常にうれしいのですが、そこまでのところはまだ私にはわかっておりません。何年かたったらそういうことも言えるかもわかりませんが……出された課題に対しては、これでお答えにさせてもらいたいと思います。

第二章　日本的カウンセリング

「私は日本人だから違うんだ」

私は毎年話をさせていただいてるんですが、だんだん種が尽きてきまして、「今度はどんな話をしようかな」と、ずいぶん考えました。それで、西山さんからお電話がありましたときに、いろいろ考えまして、ここにありますような「カウンセリングの日本的特性」ということを話したらどうだろう、と申しあげたわけです。そうしますと、西山さんが非常に喜ばれまして、じつは藤田先生の「こういうことを誰かに話してもらったらどうだろう」という意見とまったく一致する。藤田先生が「このあたりで日本的特性のようなことを考えてはどうか」と言っておられたそうです。だから、みなさんのお手元にお配りしてありますパンフレットにあります題は私がつけたんですけれども、その説明のほうは、私の題ができる前から藤田先生が考えておられたらしいです。

それがピッタリ一致するというおもしろいことが起こりまして、それで私もがんばって考えてみたのですが、これは非常にむずかしい問題です。

じつは、私はカウンセリングということに関しましては、ほとんど外国で訓練を受けまして、日本へ帰ってきてやっているわけですが、カウンセリングと言っても外国と日本ではずいぶん違うと、外国で習っているときも常に思いましたし、日本へ帰ってきて、ますますその感じを強くしたのです。外国と言いましても、私の言っていますのはヨーロッパとかアメリカですが、ヨーロッパとかアメリカと、日本では確かに違う。そういう感じを非常に強く持っています。

ところが、私が外国から帰ってきましたころ日本では、「自分たちは外国と同じことをやっている」と思っておられる方が多かったと思います。

だから、いろいろ有名な外国人の書かれた本を読みまして、それでやっているんですけれども、その本に書いてある通り自分らはやっている。たとえば、ロジャーズという人が書かれた本を見てやっているんだから、ロジャーズが考えた通りやっている。あるいは、スイスにはボスなんていう人がいますが、ボスという人の考え方によってやっているんだから、私はボスと同じようにやっている、と思っておられた人が多かったんではないかと思います。

ところが、私が帰ってみますと、みなさんのやっておられることは、もうあちらでやっているのと全然違うと言っていいぐらい違うところがある。私自身もユング研究所というところで勉強してきたのですが、ユングのやり方と私のやり方は確かに違う。私の場合は長い間、訓練を受けましたので、あちらにいながら、あちらの先生とけんかをしたり言いあいをしたりしながら、「私は違うんだ。私は日本人だから違うんだ」ということをはっきりさせて帰ってきたような気もします。

そのことについては、『母性社会日本の病理』という本の中にちょっと私の体験を書いておきましたが、その中で、西洋の研究所で訓練を受けて、日本人として生きていくということがいかにむずかしく、たいへんであるか、ということを少し書いたつもりです。そういう点から言いますと、違うということは確かです。しかしまったく違っているかというと、そうじゃないんです。似ているところもたくさんある。

「西洋のたましい」と「日本のたましい」がぶつかりはじめた

そうしますと、一体どこが違っているのか。あるいは違っていることはいいことなのか悪いことなのか。簡単に言いますと、日本でやるんだから、違ってあたりまえじゃないか、と言うと、これで終わりですね。あるいは、いや、そんなことはない。本場のほうのまねをするのがほんとうじゃないか、という言い方もできるわけでして、このへんを考えだしますと、だんだんわからなくなります。

しかも、これには、単にカウンセリングということじゃなくて、人生をどう考えるかとか、あるいは人間の生き方とか、そういうことが関連してきまして、私はそういう点からも、最近少し論文を書いておりますけれども、言うならば倫理観の問題ですね。どう生きるのが正しいのか、どうするのがいいのかと、そういうことも関係してきまして、非常にむずかしい問題になってくると思うんです。

こういう点は、私自身もほんとうの答えをまだ見つけていません。まだよくわからないのです。「こうだ」ということをよう言いません。わからないということは非常にはっきり言えると思うので、きょうもそのわからない話をするんですけれども、私が思いますのは、わからないとか違っているのに、ごまかして、同じであるとか、わかっているということは決して言いたくない、ということです。

おそらくこれから生きていくわれわれとしては、単に日本人だけじゃなくて、外国人も全部含めまして、人類全体が、必死になってわからないところを明らかにしながら生きていかねばならない時代ではないか、とさえ私は思っています。また違う言い方をしますと、日本が鎖国《さこく》をやめまして、西洋の文明にふれて、そして、追いつけ、追い越せ、とがんばってきたわけで、われわれはもう西洋のものをずいぶんとり入れております。

私の着ておりますこの服も、決して日本流じゃなくて、外国流の服を着ておるわけです。ここにおられるみなさんの中で、着物を着ておられる方は一人もありませんね。

この中で、日本風の服を着ておられるとしますと、奥田慈應《おくだじおう》先生とか、あそこに座っておられるここのお坊さんがそうですが、それも言ってみれば、「インドから輸入したじゃないか」と言われますと（笑）、日本本来の服というものはあまりないわけでして、人類の歴史から言いますと、ほんの少し前に輸入したばっかりの服を着ておられる、という言い方もできるわけです。

そう考えますと、こういうお寺の本堂で横文字のカウンセリングという話をしているということ自体が、非常に日本的なことをやっておるわけですが、そういう中で私の言いたいのは、ずいぶん前に西洋の文明にふれたようですけれども、あれは上《うわ》っ面《つら》をふれていたんであって、おもしろい言い方をしますと、たましいのレベルと言いますか、西洋のたましいと日本のたましいと言いますか、そういうレベルでは最近になってはじめて交流が起こりつつあるんじゃないか。

いままでは西洋の文化も上っ面ばっかりを輸入しておったんで、西洋の文化と東洋の文化というのが、たましいのレベルでとうとうぶつかりはじめたのはつい最近ではないか、というふうに私は思っています。

母であることは絶対的

だから、これは単に日本だけの問題じゃなくて、じつはヨーロッパでもアメリカでもずいぶん問題だろうと思います。

その証拠に、禅《ぜん》であるとか合気道《あいきどう》であるとか、柔道《じゅうどう》であるとか、そういうふうなものがパリでやられてみたり、ロンドンでやられてみたりしているということは、単なるもの珍しさだけではなくて、東洋的な精神、東洋的なものを何とかしようと、西洋の人も考えているからだと私は思います。そういう、非常に広い、文化的な背景の中で、われわれはカウンセリングということをやっておる。

そうしますと、カウンセリングというのは、簡単なときは非常に簡単でして、東大を受けようか京大を受けようか、という相談に来られた人が、「東大を受けることにきめました」というように、それほど深く考えなくてもいい場合もあるんですけれども、それだって、もう一つ掘りさげて、「なぜ大学へ行くのか」とか、「人はなぜ大学へ行かねばならないのか」とか、「なぜあなたのおとうさんやおかあさんは一流大学を望むんだろうか」というふうなことを言いだしますと、生き方の問題になりまして、そうなってくると、非常に深くなってくる。

ところが、浅いレベルでまとめようと思うと、けっこう浅いレベルでまとまりまして、浅いことをやっているのに、日本がどうの、西洋がどうのとか、ロジャーズがどう言ったとか、ユングがどう言ったとか、そんなことを考える必要は確かにありません。ところが、ずっと深くなると、どうしてもわれわれは、そういうことを考えねばならないのです。

そういう点では、私はいまも言っていますように、迷い迷い、悩み悩み、やっているわけですが、そういう西洋流の考え方と、日本流の考え方というのがあるわけです。これはいろんな観点から言えるんですが、きょうは母性ということと、それから自我の確立ということとに非常に割りきって話をしたいと思うんです。

ずいぶんむちゃな話をしますので、細かいところはみなさん心の中で補《おぎな》ってほしいんですけれども、みなさんご存じのように、子どもというものはみんな母親から生まれてきますので、母親というものは非常に大切なものです。この中で「自分は男の中の男だ」と思っていばっておられる人がおられましても、みんな母親から生まれられたはずです。「自分は男の中の男だから、おとうさんから生まれた」という人がおられましたら（笑）、死んでから博物館に飾られるでしょうが……決してそういうことはないと思います。

そうしますと、このごろ男の役割とか女の役割とか、男らしさとか女らしさとかいうのが非常によく論じられますけれども、何のかんのと言いましても、母であるということはもう絶対的なんですね。子どもを生んでいるわけですから。子どもを生むということがなかったら人類は滅亡しますので、われわれ人類にとって、非常にはっきりした役割を母というものは持っているわけです。

もちろん、ここに父親がいなかったら子どもが生まれないということは、おそらくご存じだろうと思いますけれども（笑）、大昔の人たちは、父親の役割なんてはっきりわからなかったんですね。父親というのはあまり役に立ってないようだけれども、母親ははっきりしている。

そういうふうに言いますと、人類とか言ってますけれども、人間も動物の一種でして、そういう非常に深い深い、ある原始的なレベルまで行きますと、母というものは絶対的な強さを持って出てくるわけです。

母性的人間関係

そこから生まれました子どもというものは、もちろんおかあさんに結びついているわけです。これにはいろんな考え方ができると思うんですが、おかあさんというものが、いまも言いましたように、絶対的な意味を持っておりますと、男のほうというのは、何かやらかさんことには生きがいがありませんので、ウロチョロしていろんなことをやりだしたと思うのです。

武器をつくって撃ってみたり、人を殺してみたり、ピラミッドを建てたり、いろんなことをやりだしますけれども、このように男というのは、いわゆる文化と言われているようなことをいろいろ生みだしてきたという言い方ができるかもしれません。しかしそれは、あくまで母性ということを土台に開けてきた。

だから、母なるものから生まれました人間の自我というものがだんだん確立していきまして、そして、外へ飛びだしていって、一個の人間に確立していくということを非常に強調しますと、これは、おかあさんに引っつくんじゃなくて、いわば、母性というものを否定して、自分の足で立って、自分の頭で考えて自分の仕事をするというふうな自我というものをつくりあげていくことになります。

ところが、非常に簡単に図式的に説明しましたが、私の考えでは、日本人というものは、こういう母性的なものをいまに至るまで非常に大事にして生きてきた国民じゃないかと思っています。だから、われわれのものの考え方の中に、母性的なものというのは、非常にいいものであり、必要なものだということが、小さいときから心の中でしみついている。

われわれにたくあんのにおいとか、みそ汁のにおいがしみついているごとく、おふくろの味と言うたりしますけれども、まさにそのおふくろの味がしみついておりまして、われわれの考え方にはどうもそういうところが強いんです。

日本人同士のつきあいというものと、外国人とわれわれとのつきあいというものはずいぶん違う。外国人とつきあいますと、何かほんとに確立した一個の人間と確立した一個の人間がつきあっているという感じがしますけれども、日本人というのは、

「おまえとおれの仲じゃないか」という言い方がありますように、二人寄っても、二人がつきあっているんじゃなくて（私はこれを「場」と呼んだりしますけれども）、言うならば、同じおかあさんの子みたいじゃないか、という感じで、二人がパッと一緒になってしまう。それで、おまえが困ったらおれも困るし、おまえがうれしかったらおれもうれしい、というようなかっこうで、一緒になってしまう。このことは、例をあげて話さないと、わかりにくいかもしれませんが……。

「何をしたい？」「お任せします」

非常に簡単なことを言いますと、たとえば、私の子どもがスイスの幼稚園へ行っておりましたので体験したことですけれども、幼稚園に子どもが入ってくるでしょう。そしたら、先生が待っていて、入ってくる子に、「きょう、何したい？」と聞くんですね。その子が「ぼく、ブランコする」と言ったら、「はい、ブランコのほうに行きなさい」。その子が「絵をかきたい」と言ったら、「はい、絵のほうに行きなさい」と、こういうふうに言うわけです。

ところが、その先生が言われるのは、私の子どもというのは「何をしたい？」と聞いてもなかなか答えないんですね（笑）。「何したい？」と言っても、顔を見てニコッとしているだけです。はじめはドイツ語が通じないのかと思ったが、どうも通じてるらしいんですね。ほかのことはしゃべるから、通じてるのに「何をしたい」と言わないんです。

「これはどうしたことか」と言われたんですが、これはあたりまえでして、われわれはうっかり「何したい」と言わんほうがいいんですね。「お任せします」というのは、非常にうまいことばです（笑）。「何したい？」、「いや、何でもけっこうです。お任せします」と言うと、任されたほうがいろいろ考えねばならないことになってくるんですね（笑）。そういう人間関係はわれわれは非常にうまい。

これはわれわれがどっかのレストランへ招待されてもそうですね。「何を食べますか」と聞かれて非常に困ってしまう。ところが、日本だったら、そんなことを聞く前にいろんなものがバーッとたくさん出てきて、そのうちの好きなものを食べればいいんですが、外国人の場合は、「何にしますか」と必ず聞いてくる。そのときに「自分はこれにします」と、すぐに言えるというふうにわれわれは訓練されていない。

スイスの幼稚園に行って見てまして、感心しましたのは、たとえば、「ブランコに乗りたい」、「あなた、ブランコ」と、やるでしょう。そしたら、たとえばブランコが二つしかないのに、五人、子どもが行かされる。先生はそれをほっとくんです。そしたら五人でやってるわけですよ、誰が乗るとか、待っている子とか、順番とかいうようなことを。つまり、そこでまたみんな自己主張して、みんな自分のやりたいことを言って、みんなできめていくというのが、やはりむこうのやり方です。それは幼稚園からできるんです。

われわれというのは、大人になっても、いつも「お任せします。どうぞ、どうぞ」とみんなが言うて（笑）、何や知らん間にきまっているという……。非常にうまいと思うのですが、「何をしたい」と言うてないんだけれども、全体の中で、結局、自分のしたいことができるようにわれわれは訓練されている。

そんなふうなことを言いだすと切りがありませんので、はしょってしまいますけれども、そんな文化的背景をもって、クライエントとカウンセラーとが会いますと、日本のクライエントがまずわれわれに期待されるのは、カウンセラーはおかあさんのような人であってほしい、ということだろうと思います。つまり、「何でもしてくれる人」だろうというふうに思ってらっしゃるのが非常に強いと思うんです。

クライエントのほうが「お任せします」とやってくるわけです。「先生、どうしたらよろしいでしょう。お任せします」、「先生、お助けください」と言う人があるんです。ところが、実際は、カウンセリングというものは外国でできていますので、じつは自我を確立するほうが主体になってきているわけですね。

三つの約束ごと

だから、外国のカウンセリングのやり方というのは、ちゃんと場所もきまっていますし、時間もきまっていますし、そして、料金までちゃんときまっています。「はい、そうですか。二時から三時まで、○○の部屋で会いましょう」。たとえば、一時間に三十ドルか五十ドルかにきまっているわけです。「払えません」と言ったら、「そうですか、じゃあよそへ行ってください」。それで終わりです(笑)。日本でこの通りにすることは非常にむずかしいですよ。場所と時間と料金をきめてやるということは非常にむずかしい。

時間と場所と料金に固執するのは、一見ばかげているようにも思えますが、このことは、「クライエントも責任をとってください」と、はじめからはっきり言っているわけです。はっきりはじめから、「せめてこの三つを守れるぐらいの責任感のない人は治療できません」と言っているわけですね。

これに対して日本の考え方は、「いや、何時でもけっこう、来てください。ちゃんとやってあげます。全部お任せください」ということになります。ところがカウンセリングを習うときには西洋流を習いますので、日本の人がカウンセリングをするときには非常にむずかしくなってくるわけですね。ここでみなさんはだいたい、場所とか時間をきめておられる方が多いんじゃないかと思いますが、料金まできめておられる人は案外少ないかもしれません。

料金の問題というのは大事なことですので、ちょっと後でお話をしたいと思いますけれども、だいたい日本では、料金なんて、お金の問題を大学の先生が言うのははしたない、と思う方さえあると思いますが、私はもともとはしたないので、平気ですけれども（笑）、これはむしろお金のことというよりも、じつは治療上の非常に大事な問題なのです。それはともかく、時間、場所、料金をはじめからきめてやるというふうな考え方で西洋ではやっていますが、われわれは少し違うわけですね。

とくに、みなさんの中で、実際にカウンセリングを学校でやってられる方とか、あるいは企業の中でやっておられる方は常に経験しておられると思いますけれども、クライエントがなかなか時間を守ってくれない、という経験はありませんか。

たとえば、「三時に来てください」と言うているのに、「ちょっと用事がありまして……」と言って三時半に来てみたり、三時と言っているのに、一時に来たり、「暇ができましたから……」と言って来たり（笑）。それから、中には、フラッとやってくるとか、そういう人はおられませんか。そういうのを来るたびに断っていたら商売にならないですね。

たとえば、フラッとやってきた人に、「あきません。時間を守ってください」とか、あるいは、「三時」と言うてるのに二時に来たので、「一時間待ってください」とポンポンと言えて、もしうまくやれる人がおられたら、これは相当なカウンセラーです。そこまでなるのにはずいぶん苦労します。確かに、がんばれば、後ではそんなこともできるようになりますけれども、はじめからそれはできませんね。

これはなぜかと言いますと、日本人としては、その○○会社へ入ったということはもう一蓮托生《いちれんたくしょう》です。その同じ企業の中でカウンセリングをやってるんだから、「そんなもの、いつ行ったってやってくれてあたりまえやないか。おまえ、カウンセラーやないか」ということになるのです（笑）。

そして、実際に、産業カウンセリングとかスクールカウンセリングなんかでいろいろやっておられる方によく話を聞くんですが、成功しておられる人は、そんな点は非常にうまくやっておられます。時間を守らん人は守らん人なりに会ってみたり、守らんと来たら、ポンと帰してみたり、いろいろうまくやっているわけですね。

それはなぜかと言いますと、クライエントが非常に弱い人で、あるいは、わけがわからずに、カウンセラーに何でもやってもらおう、と思ってポーッと入りこんできた人は、まずそれを引き受ける。だから、ちょっとぐらい時間を破ろうが、ちょっとぐらい場所が変わろうが、やってみよう、というふうにやっておられる方がずいぶんあると思います。

「おかあちゃん」としてのカウンセラー

私、いつも思うんですが、うまく成功している人ほどルールを上手に破っておられるんですね。ルールを上手に破るということは非常にむずかしいことです。スポーツというのは非常にルールが厳しいんですが、あれ、上手に破っておられるときがあるんじゃないかと思う。

これはカウンセラーであってアメリカンフットボールのコーチでもある武田先生に聞きたいと思うんですけれども（笑）、ルールをどこまで守り、どこまで破るか。スポーツではいけないでしょうが、たとえば、西洋流のルールは破っているが、日本的ルールは破っていない場合がありますね。

みなさんが実際にやっておられて、あるいは自分のやったことを考えてもらったらわかると思うんですが、時間と場所をきめていたが、たとえば、子どもが約束の時間ではないときに来て、しょうがないから会ったら、それが非常によかったとか、それから、そんなことは絶対にいかんと言われているんだけれども、クライエントがあんまり誘うんで、映画を一緒に見に行ったのがよくて成功したとか、そういうことはみんなあると思うんです。

中には、一緒に山に登ったとか、川へ行ったとか、そういうことで成功しておられる例も私よく知っています。それはなぜかと言いますと、われわれ日本人の間で、二人で親密な関係ができると、おかあさんと子どもの関係に非常に近寄ってくるわけです。「おかあちゃん、あれ買《こ》うて」と言うたときに、買わない人ってなかなかないですよ。「あかん、あかん」と言いながら、結局、買うのがおかあちゃんなのです。そうでしょう？　そのときに、何もかも「あかんあかん」と言っていたのではおかあちゃんにならないわけです。

そういうふうに、外国人が聞いたらずいぶんおかしいことをやっておられながら、うまいことやっておられるカウンセラーに私、たくさんお目にかかるわけです。だいたいは中年ぐらいの女の方が非常にそういうのが上手ですね。やっぱり生《は》えぬきのおかあちゃんですから、これは板についてまして、われわれはまねができない。見るからにおかあちゃんおかあちゃんしてて、そばへ行くだけでもうれしくなってくるような人に、「ああ、よっしゃ」と言われると、それだけでクライエントはうれしくなって、もう治《なお》るかもしれません。

というのは、日本人の中でやはり問題を持つ人というのは、日本の、これほどおかあちゃんというのが大事な国に育ちながら、不幸にして、そういうおかあさんの体験を持たなかった人というのがクライエントになって、来ることが多いわけですね。

実際はおかあさんがおられたけど、非常に冷たい人であったとか、あるいは、不幸にしておかあさんが早く亡くなられたとか、おかあさんが蒸発してしまったとか。それで、日本全体の中で、非常に母性というのが大事である中で、自分だけ母性ということを体験せずに来た人というのが問題を起こしやすい。

そういう人がカウンセラーのところへ行くと、カウンセリングという横文字なんていらんわけで、行ったらそこにおかあちゃんがおるわけですね。ニコッとした人が出てきて、「あら、そう」と言うてもらうだけで、何かうれしくなってきて、あのおばさんにもう一ぺん会ってみたいと思って、昼めしを食べたついでに、「フラッと来たんや」と言うたら、「ああ、そう。お座り」と言うて、それでコーヒーでも出してもらうと、もうそれだけで、その子はずいぶんよくなると思うんです。ここで、何かむずかしい横文字のことばを探さんでも、「おかあちゃんに会《お》うた」と言うたらいちばんピッタリとする。その「おかあちゃん」と言うのは「マザー」ということばに訳せないと思います。

そして、そういう人のカウンセリングの話を聞きますと、何となくうまく治ってるんですね。「洞察《どうさつ》」とか、そんなむずかしいことは出てこなくても、「うまいこといきましたな」、「はあ」というわけで、いつのまにか治っている。

日本的にやることの大切さ

このことは、みなさんはやっておられるかどうか知りませんが、遊戯療法（プレイセラピー）の場合にもよく感じます。遊戯療法のときにも、やってきて暴《あば》れる子どもなんていうのは、おもちゃをバーンとたたきつぶしたり、治療者の顔にマジックでパッパッパッパッパッと落書きしたりする。顔だけでしたら後で洗ったらしまいですが、上等の服に書かれたらたいへんです。書かれてもまだ辛抱《しんぼう》する。

中には、涙ぐましいのは、今度は上等の服を着てきたら汚《よご》されるから、汚されてもかまわない服を着ていくとか、もっとすさまじい人は、体中書かれたという人もいますが、そんなことは外国ではやりません。必ずとめます。してはいけないことは絶対にしてはいけない、ということを守りながら治療するのが外国のやり方なんです。

日本では、してはいけないことであろうと何であろうと、どうぞやってください。もうおかあちゃんは土手《どて》っ腹が大きいから何でもやってやれ、というわけで、やってるうちに子どもがスーッと治ってくる、ということをやってるわけです。

ところが、悲しいかな、そういうことをやっておられるのに、それを説明するときには、へたをすると横文字の名前が出てくるんです。誰がどう言ったと言うときに外国人の名前が出てくる。私はあれはおかしいと思うんです。

むしろ、説明原理としてそこに使うのならば、仏教のことばがいちばんうまくいくんじゃないかと私は思っています。藤田先生が『仏教カウンセリング』という本を書いておられますけれども、私は、そういうふうに日本的にやるんだったら、理論も日本のものを使ったらどうかと思います。

私、さっき一蓮托生というようなことを、フッと、思わず口を滑《すべ》らして言いましたが、間違った使い方をしたかもわかりません。奥田先生が、「おまえの使い方は間違《まちご》うとる」とおっしゃるかもしれませんが、これは仏教のことばですね。われわれ、何の気なしに、仏教のことばを知らず知らずに平気で使っているわけですね。使っていながら、みんなに発表するといったら、急に「アクセプタンス」とか、そんなことを言いだして、西洋人がやったようなことを言いだすんですけれども、これは一体ほんとはどうなのか。私はここに非常に疑問を持っています。

日本人に向いている箱庭療法

ちょっと話が横へ飛んでいきますけれども、何かそういうふうな人間関係がある中で、ことばではあんまり言わないんだけれども、だんだん治っていくということに注目しまして、私は箱庭療法《はこにわりょうほう》なんてことをよくやっています。これも、もともと日本で発明したのならもっと感激するんですけれども、残念ながら外国人がはじめたものです。

私が外国ではじめて箱庭療法というのを見たときに、「これは日本でいける」と思いましたのは、箱庭をつくるというのはことばじゃないですね。見るほうもことばじゃなくて、見ているだけでしょう？　そうすると、ことばとことばでやるんじゃなくて、人間関係を土台にして、ことば以外のもので通じあうということは非常に日本人むきではないかと私は思ったんです。そうして実際に日本でやってみますと、なかなかうまくいくんですね。それはなぜかと言いますと、われわれ日本人というのは、ことばよりも、目で見て感じとるということを非常に大事にする民族じゃないかと思うんです。

これは仏教の場合でもよく言われるんですけれども、仏教の教典で、ことばで勉強するよりも、仏さまの姿を見るといいと言われますね。すばらしい仏さまの像がいろいろとつくられまして、いまでも残っていますね。そのような仏さまを見るということだけでわかる。

そのときに、経文《きょうもん》にどう書いてあったか、というよりも、見るということを非常に大事にした国民じゃないかと思います。だから、日本の仏像というのはすばらしいものがたくさんできたのです。そこで、「ああわかる。ほんとに仏さまはありがたい」とか、「これが仏だ」ということがスパッと入ってくる。

それと似たようなことはいろんな芸術にもあると思うんですが、そこまで高いものではないけれども、箱庭のつくられたものを見て、何となくハッとわかる。つくったほうも、何かわかってもらった、ということがわかる。しかもそれはことばでは言わない。言わないのに箱庭つくってニコニコッとしているだけで治っていく、ということが実際起こるわけです。実際にわれわれがやりますと、これでずいぶん治っていく人がある。

こんなわけで喜んでおったのですが、あるときアメリカ人が来まして、「おまえは非常に珍しいことをやっているそうだから、説明してくれ」、「そんなのはお安い御用」というわけで、箱庭療法のスライドを見せまして、「こうして治っていくんだ」と説明しようと思ったんですが、英語で説明しようと思うと非常にむずかしいんです。うまく説明ができない。

日本人にはできるんです。日本人にどう言うかというと、「こういうふうに……」とか、「だんだんこうなって……」とか、何かわからないですね（笑）。考えてみたら「何となく……」ばっかり言ってますね。「何となくこうなるでしょう」と言うと、わかる人はわかるわけで、「ウン、そうそう」ということになる。それでみんなわかって、そして「ああ、えらいもんですな。私もやりましょう」とこうなるんですね。

ところが外国人にそんなことは言えません。「だんだんこうなって……」というのを英語でどう言っていいかわからんですな（笑）。

英語で言おうと思うと、やっぱり何か論理的な概念があって、概念を構築してちゃんと説明していかなきゃならない。その説明が非常にむずかしいんです。そして、外国人が来たら、やらないと仕方がないんで、こっちも知恵を絞《しぼ》って英語で言うと、むこうはある程度感心するんだけれど、今度はこっちがいやになってくるんです。どうもこれはウソを言っているんではないか。箱庭でほんとにやってることでないことを説明してるんじゃないか、という気がしてくるわけです。

そういうふうなことを体験してきますと、なかなかわれわれはむずかしいことをやっていて、われわれの実際やっていることと、外国でやっていることというのは、そう簡単に一緒にならないんじゃないか、というふうな気がしてきたわけです。

カウンセラーは観音菩薩ではない

いままで言ってきましたのは、むしろ、われわれが知らん間に日本的な方法をうまく使って上手なやり方をしているほうを言ったのですけれども、これはやっぱり何でも一長一短ですから、日本的方法というのはもちろん欠点も持っているわけです。その欠点は何かと言いますと、これもみなさん、ご経験があると思いますけれども、われわれ、おかあちゃん的にやると言いましても、人間ですから、無限の力を持っているわけじゃありません。

たとえば、「いつでも会ってあげる」と言ったって、その人が夜中の十二時に電話をかけてくる。それで、しょうがないから、一時間しゃべって……。一ぺんぐらいだったらいいですよ。次の日も、朝の五時から電話をかけてくる。あるいは、急に、「いま喫茶店で会いたいから出てきてください」というようなことをしょっちゅうやられると、どっかで断るよりしょうがないですね。みなさん、誰だってそういう経験があると思うのですが、人間というのは一回や二回は何でもできます。〝仏の顔も三度〟ということばがありますように、三回めになると、だんだんこっちの顔も変わってきまして（笑）、どうしてもよい返事ができない。

それはなぜかと言いますと、おかあさんと子どもと言いましたときに、私は「母性」という言い方をしましたが、これは、私が私のおかあさんに何かしてほしい、ということを超えて、もっともっとすごい母性というものを要求することになります。つまりどんなことをしても、何をしても結局許してくれ、何でも助けてくれるおかあさん。それは私の母ということじゃなく、それよりも、もっと広い大きいものです。私の母でも、私がちょっとぐらい悪いことをしても、みんなが「悪い」と言ったって、もちろん許してくれるでしょうし、私が夜逃げして帰ってきても、「まあ家にいなさい」と言ってくれるでしょう。ところが、ある程度以上そんなことをすると、私の母だって許せないでしょうし、また、あまりやってると、お金も尽きてくるでしょう。

ところが、ぼくらの心の中には、それをもっともっと超えた母性像というのがあるわけですね。何か、おかあさんというと、何でも絶対的にしてくれるという、もっと広いものがある。それをクライエントが求めだすと、ぼくらはとてもそれにこたえられないです。朝でも昼でも晩でも、電話すればいつでも飛んできてくれる。快傑黒頭巾《かいけつくろずきん》じゃありませんからね（笑）。あるいはスーパーマンじゃありませんから、パッといつでも助けてあげるということはできない。

快傑黒頭巾なんて言いましたが、実際、われわれの心の中にあるのは、やっぱり観音菩薩《かんのんぼさつ》だと思うんです。結局、すべての人を救ってくれる。ところが私は残念ながら菩薩ではない、一個の人間です。

そうしますと、はじめのうち「よしよし」と言いながら、どこかの点で「もうやめた」と言いますと、クライエントにとって、こんな残念なことはありませんし、こんな腹の立つことはないでしょうね。クライエントはみんなだまされたと思いますね。「あの人はカウンセラーとか先生とかなんとかえらそうに言うて、何でもするような顔をして、ちょっと言うたらもうやめたじゃないか。もう、いやそうな顔をしたじゃないか」。それから、そのクライエントはどう思いますか。「だから、――カウンセラーとは言いませんよ――人間は全部だめだ」、あるいは、「だから世界は私を見捨てている。もう死んでしまおう」、あるいは、「むちゃくちゃしてもいいのだ」となりますね。

だからカウンセラーなんて言いますけれども、ぼくらはクライエントにとって世界の代表みたいなものです。あるいは人間の代表みたいなものでして、私のやり方のちょっとしたことで、もうその人は全部だめになってしまう。

父性が欠けていないか

もともと人間不信で、彼らは、人間なんていうのは何もやってくれないと思ってたけれども、とうとう何かしてくれる人が出かかってきたと思うと、われわれが観音菩薩であることを要求してきます。しかし、われわれはそれにはこたえられない。そういうときにどうしたらいいのか、というたいへんむずかしい問題が出てきます。そういうむずかしさに陥《おちい》らないように、そういう失敗に陥らないように、はじめからわれわれは一生懸命にやりますけれども、人間であることをはっきりさせようじゃないか、という考え方になりますと、さっき言いました、場所と時間と料金を設定するということが意味を持ってきます。

「私はあなたのためにほんとに一生懸命になれるけれども、観音菩薩ではありませんので、場所と時間と料金がきまっていないとやれない人間なんです」ということをはじめに宣言する方法をとらざるを得ないということを、全面的に出してきたのが西洋のやり方です。

はじめわからんときは、これを聞くと、「なんと変なことをするのや。カウンセラーだったら、時間とか場所とか料金とか言わんと、どんどんやったらいいじゃないか」と思いますけれども、どんどんやると、たいへんなことが起こってくるわけです。しかも、そのたいへんなことのあげくが失敗に終わりまして、非常に危険なことになります。

こういう点を考えますと、われわれは一体どうしたらいいのか。「ああわかった。だからやっぱり場所、時間、料金をきめていこう」というふうにいけるかというと、これはいまも言いましたように、日本ではなかなかできません。そうしますと、われわれのできることは何かと言いますと、観音菩薩というものは、おそらくあるかもしれないし、ないかもしれないし、わかりませんが、少なくともわれわれは自分が観音さまでないということ、自分は人間であることを決して忘れないようにしようということになる。あるいは、私は人間であるということをはっきりさせるのを恐れないようにしよう、と言ってもいいかもしれません。

というのは、みなさん、カウンセリングをやられるとわかりますけれども、ときどき自分が知らん間に観音さまみたいな気持ちに成りあがっていることがあります。できもせんのに成りあがっているときがある。たとえば、電話がかかってきたときに、

「ワァ、いまはかなわんな。十二時はかなわんな」と思ったときでも、その人の苦しみはわかりますね。十二時に電話をかけねばならない苦しみがわからなかったら、ぼくら、カウンセラーなんてできません。

ところが、十二時に絶対に電話をかけねばおられないほどのその人の苦しみと同時に、それがわかってても、夜中の十二時にかかってくると腹が立つ自分も知っていないといけないわけです。そこで十二時にかけてきたら、「ようこそおかけくださいました」（笑）と言わんばかりに聞くと、これはやっぱりウソです。もっと悪い言い方をしますと、できもせんのに観音さまのまねをしていると言っていいでしょうね。

それなら、私のできることは何でしょうか。「あなたの気持ちはわかるけれども、私の気持ちもわかってほしい」と言うより仕方がない。これはものすごくむずかしいことです。なぜむずかしいことかと言いますと、そういうことばで表現するような方法なり訓練なりをわれわれはあまり受けていなかったからだと思います。

つまり、日本人のわれわれの方法というのは、そんなときに、ゆっくり話しあっていって、「おまえの気持ちもわかるけれども、おれはこうなんだから、だから……」というふうにはっきりさせていく、と言いましたが、こういうふうな言い方自体が、自我を確立するほうのやり方です。

日本の普通の人のやり方はどうですか。そういうむずかしいときは、一杯飲みに行くよりしょうがないんです、男の場合は。それで飲んで、いいかげん酩酊《めいてい》してフラフラになったころに、「まあまあそれでいいやないか」ということで、何となく了解するという方法だったら、われわれはよく知っているんですけれども、そうでなくて、そのむずかしいことをことばで表現してわかりあおうということを考えだそうとするならば、西洋で行われている自我を確立する方法が、われわれの中に入りこんでくるのを認めざるを得なくなってきます。

もっと違う言い方をしますと、われわれカウンセラーはおかあさんであるだけでなくて、おとうさんでもなけりゃならない。日本における母性の要求というものが強すぎるために、われわれカウンセラーには父性ということが欠如《けつじょ》していないか、というふうに言っていいと思うんです。こうなってきますと、これは日本的というよりも、西洋的なものがずいぶん入ってくると思うんですが、これは入ってこざるを得ないわけです。このことはみなさん、相当考えてほしいんです。

相手が強くなってきたとき

さっき、中年ぐらいの女の人がカウンセリングをやられると、むずかしいことを知らんでもホイホイとうまくいくときがあると言いましたが、みなさんを見ますと、女性の方と男性の方と、両方おられますけれども、われわれカウンセラーの非常にむずかしいところは、女性でありながら、ほんとうにやっていこうと思うと、父性ということをある程度身につけないとカウンセリングはやっていけないし、それから、男性であっても、母性ということを身につけなかったら、やっていけないということです。両方完全にできたら、もう人間じゃないんですがね。だからそうはいかないんだけれども、完全にはできないにしても、やはりこういうことを考えていかねばなりません。

さっき言いました、父性が欠如したカウンセリングというのはどんなことかと言いますと、クライエントが、しんどくなるとやってきまして、「先生、聞いてください」と言う。話を聞いてやると、「はあ、スッとしました」と言って喜んで帰っていく。そして、また苦しくなるとやってきて、「先生助けてください」というわけで、またスッとして帰っていく。

こういうのは進歩ということがありません。何かつらくなってきたらおかあさんのふところへ転がりこむように帰ってきて、そして、「いつでもあの人は会ってくれる。いつでもやさしくしてくれる。あんまり苦しいときにはご飯もおごってくれる」。しかし、そこから外へ出るということがない。こういうのは、やっぱり父性ということが欠けているんじゃないか。

われわれカウンセラーというのは、クライエントがそのように帰ってくるのもけっこうだけれども、帰ってきて、なおかつ、そこから、もう一歩立ちあがるだけの強さをやっぱりクライエントに期待したい。そういうふうに考えると、その人がある程度の強さを持ってきたと見るときには、時間外にやってきたら決して会わないと思うんです。これは非常にむずかしいところです。

たとえば日本人の場合でしたら、非常に苦しい人は時間を守ることができません。たとえば、二時と言っておいても、決して二時に来られない。どうしても遅れてくる。ところが、それを私はある程度はやっぱり許容します、はじめのうちは。この人はもうつらいんだから、二時と言って、二時半に来ても仕方がない。来て三時半までやろうと許容します。ところが、その人がある程度強くなってきたときには、「もう時間を守らなかったら私はやらん」ということを宣言します。だから、どこかで切り替えるわけですね。そういうことが非常に大事だと思うんです。

あるいは私は、人によっては自分の部屋で会わなくて、その人の家へ会いに行くときもあります。あんまりつらい人が、「家まで来てくれないと会いません」と言うたら、「行こう」ということで、私は家に会いに行きますよ。家へ会いに行きますけれども、いつもいつも行くわけじゃありません。行ってて、頃合いを見て、「もうこちらで会いましょう。そちらへはもうきょう限り行きません」というようなことをはっきり言っておきます。この切り替えということを考えてほしい。

あるいは、あるときだけ、さっき言いましたルールを破って飛びださねばならないときがある。いつも部屋でやってるんですけれども、あるときに限っては、「喫茶店でもいいから会いましょう」と言うときがあるんです。それをどこの時点でやるかということになりますけれども、はっきりすることが大事です。

　この父性原理といいますか、厳しさということをカウンセラーが忘れますと、いまも言いましたように、だんだん甘くなってしまって、何か同じことの繰り返しになったらうまくいきませんし、あるいはもっとひどい場合でしたら、むこうの要求にこたえられなくなって、だめになります。

最高の生き方を自分で考えて、自分で探す

　いつかもこういう話をしたことがあると思いますけれども、こんな高校生に会ったことがあります。

　この高校生の人は、家に放火をして家出をしようと思って計画してて、ばれてつかまって、私のところへ連れてこられたのですけれども、その高校生に会いますと、その高校生が言うのには、そのおとうさんというのが非常にすばらしい人で、そして、おとうさんは、何でもかんでも最高だ、と言うんです。大学は一流のところを出てるし、宗教家ですし（どんな宗教か言いませんけれども）人のために尽くしてるし、そういう点から言えば、何の非の打ちどころもないようなすごいおとうさんです。

ところが自分は勉強ができない。どうも大学を受けてもすべりそうな気がするし、友だちはないし、そういうところから見ると、全部まるっきり逆でして、「どこから言ってもおとうさんは最高で、自分は最低だ。最低の自分にできることと言ったら、おとうさんを殺して、そこに火をつけることぐらいしかできないだろうから、最低のことをやったろうと思った」と、こういう話をします。われわれはそんな話を母性的にといいますか、「フンフン」と確かに聞きますね。

そして聞くだけ聞いて、私が言いましたのは、「話はよくわかるけれども、私は考えが違う。あなたの話を聞いてると、おとうさんが最低に聞こえてくる。おとうさんは最高やというけれども、大学を出たのはいいが、四十年も過ぎてから、『自分はいい大学を出たんや』と自慢しとるというのは、ぼくら最低の人間やと思うし、宗教でいろいろ人を救ってはるかしらんけれども、自分の子どものことをほっといて人を救ってるのは、あまり最高とは言えない。むしろ最低みたいに聞こえてくる」というようなことを言いますと、その子は非常に喜びまして、「ああ、ほんとにそうです。おやじは最低やと思います」(笑)と言うんです。

私がそのときに言ったのは、「そうでしょう。あんたの論法で言うと、おやじが最高だからおれは最低のことをすると言うのだけれども、おやじが最低とわかったら、あんたが最高のことをしなければならない。あなたは一体どういう生き方をするつもりか」ということです。

この子の言い方に従うと、全部責任はおとうさんに引っかぶらしている。「おやじは最高だから、おれはむちゃしてもかまわない」と言っているけれども、むちゃをしてもかまわない自分の全責任をおやじに全部負わしてしまっている。

私が「おやじさんは最低や」と言うと、彼は非常に喜んだんですけれども、すぐ次に私は、「おやじさんに責任はないよ。あんたは自分で最高の生き方を探さねばならない。そこをまったくサボってる」ということを言ったわけです。このような厳しさが必要です。

そうしますと、すごく考えこみまして、「最高の生き方がわかりません」と言うから、「わからないのなら、いまからあなたは覚悟して、最高の生き方は何かということを探さねばならない。自分で考えて、自分で探しなさい。それをやるのがカウンセリングというものだから、カウンセリングを受けなさい」ということになるんです。その子は、「カウンセリングなんか絶対に受けない」とか、「人に相談はしない」と言っていたんですが、そこからカウンセリングを受けることになります。

これは私がカウンセリングをしませんでしたが、遠いところから来た子でしたので、そちらのカウンセラーに紹介してあげましたら、非常にうまく成長したそうです。そういうふうに、われわれは確かにまず受け入れてるんだけれども、受け入れてるということは、承認しているわけでもないし、同意しているわけでもなくて、あなたはどう生きるのかということを非常に厳しくクライエントに問いかけねばなりません。

この厳しさというものを忘れてしまうと、日本的特性の悪いほうばかり出るんじゃないか。このことは、ちょっと話が広くなりすぎるかもわかりませんが、私はいまの日本の家庭、家のあり方とかいうこととともずいぶん関係しているように思うんです。

中途半端な自我と対人恐怖症

と言いますのは、若い女性の人で、人が怖くて外へ出られないなどという対人恐怖症になる人がこのごろ割とある、という言い方をしますのは、昔は対人恐怖症というのは男性が圧倒的に多かったのです。

ところが、このごろは男女同権になったおかげで、女性もずいぶんがんばって、対人恐怖症になる人がふえてきたんじゃないか（笑）。これは学校恐怖症の人もそうです。はじめは学校恐怖症というのは、六対一か七対一ぐらいで男性が多かったのですけれども、このごろは女性がずいぶんふえてきた。

いま冗談半分に言いましたが、じつは男女同権ということに関係があるんでして、これも実際は対人恐怖ということについてもっとくわしく話をしないといけないんですけれども、それはやめておくことにしまして、簡単に言いますと、いままでは日本では、とくに女性が自我を確立するということはあまりなかった。女性というのは早いことおかあちゃんになればよかったわけで、自分などということの前に、子どものためにどう尽くすか、ということばっかり熱心にやってきたわけです。

しかし近年になって女性が自我を確立するということはいいことだ、と考えられるようになりました。確かにいいことなんです。そういうふうになってきたんですけれども、私がそういう人に会って思いますのは、自我を確立させるような家庭教育というのは、全然まだ日本でできていないんです。

つまり、どういうことかと言いますと、先ほどの幼稚園の話に戻るのですけれども、スイスの幼稚園では子どもが来たら、「何をしたいか」と聞く。そして、すぐに「ブランコ」と言います。そしたら、ブランコをしたい子が五人おって、ブランコが二つだったら、幼稚園の子ども五人で話しあいをして何かやってるわけです。そういう厳しさです。

自分の言いたいことを言うて、できんときは辛抱しなきゃできない、というようなことは、非常に早くからみんな訓練されてます。日本の子どもはそんなことはないでしょう？「ウーン」と言って、ニコニコッとしとったら、何となく好きなことをしてもらえますわね。いざとなったら、引っくり返って泣いたら何でもしてもらえる（笑）。日本では、それがいまは昔よりもっとひどいかもしれません。ただし勉強はしなくちゃなりません、残念ながら。けれども、勉強以外のことはまったく好き勝手なことをして暮らしてます。

その証拠に、たとえばある対人恐怖症になった女性の例ですが、その女性の場合、「海外旅行に行きたい」と言うたら、おとうさんがお金を出してくれて、それで海外旅行に行ってるんです。ところが、その海外旅行に行くお金を出しているおとうさんの月給とか家の経済ということを考えると、外国だったら絶対にそんなことはしないと思います。

つまり、外国人だったら、おとうさんの生活、おかあさんの生活、みんなの生活というものがはっきりしてますね。その中で娘が「行きたい」と言ったって、費用を「出せない」と言ったらそれで終わりです。それなら娘は、「よし、そうしたら、どうしてそのお金をアルバイトでもうけるか」と考える。それでアルバイトしますが、そのために勉強がだめだったら落第です。これは仕方がないですね、自分の責任ですから。

ところが日本ではそんなふうになってないでしょう？　おかあさんも困り、おとうさんも困り、おかあさんがパートタイムに行って昼飯も節約して、「七百円のものを食おうか、五百円のものを食おうか」とよくよく考えて、二百円もうけたお金をおかあさんがためて、ためた二十万円というその金を、娘が持って外国旅行に行くというようなことは、西洋では絶対に考えられません。

しかし、それが日本では普通に行われていることです。その娘はその金を持って外国へ行って遊びまわって帰ってきて、そして、あげくのはて対人恐怖症になってきます。それは無理もないですね（笑）。外国に行って自分の好きなことをし、どんどん自己主張するような態度になっても、それまでにほんとうに強い自我を育てあげるような訓練を受けていませんので、きわめて中途半端な自我ができあがります。そのとき、その人は他人に対してどのような態度をとり、他人との距離をどの程度にすべきかがわからなくなってしまいます。このようなときに対人恐怖の症状が出てくるのです。

何流で生きていますか？

つまり私流に言いますと、自我を確立する傾向と言いますか、力と言いますか、そういうものが女性にできてくることは、私は決して悪いことだとは思っていません。自我は確立していいんです。しかし、そのためにはすごい訓練を受けねばならない。ところが、その訓練を受け持つ日本の家庭というのは、まだまだだめなのです。以前よりもっとひどいかもしれません。

なぜひどいかというと、いまはへんてこに文明が進んできましたので、とくにおかみたいに、おとうさんが修繕《しゅうぜん》してあさんの労力が余りますから、おかあさんはいままでと違ってたびの裏を修繕したり（笑）、洗濯も手でしたりしませんから、時間が余ってきます。そうすると、おかあさんがパートタイムに出ます。お金がちょっと余ってきます。ほんの少し余ったお金で無理をするから、外国で言えば考えられないことを子どもがみんなしてもらうわけです。そうしますと、子どもの育て方はまったく日本的育て方です。つまり、父性が欠如しています。

ここでほんとうに父性というものがあれば、娘が「外国旅行に行きたい」、「ああそうか。行きたいか。おまえ、金はどうしてもうけるのだ」、「もうけられない」、「そんならやめときなさい」。それで終わりでしょう？　あるいは、「もうけます」と言って働いて、その代わりに落第した。「だったら学校をやめなさい」。それが外国の考え方です。

だけど、日本人は決してこのようには言わないでしょう？　だから、われわれカウンセラーはしばしば厳しい父親役もしなきゃならないと、このごろ私は思っています、日本の家庭に本来の意味での父がいませんので。

だからこういう女性が来れば、私はそういうことを教えてあげねばならないと思っています。「あなたは根本的に非常にへんてこな生き方をしている。一体自分の生き方をどう考えていますか。あなたは何流で生きてるのか。西洋流ですか、日本流ですか」。しかし、ほんとうにこれは非常にむずかしいことです。私はこういう女性を見てて、決してこれが絶対的に悪いと言いきるほどの気持ちもないんです。

というのは、論文にもしばしば書いていますように、何も西洋流の方法がいちばんよくて、日本流が悪いと思っているわけじゃありません。むこうはむこうの欠点を持っているわけです。といって、日本のほうが絶対にいいと思っているわけでもない。じゃ、一体どうしたらいいのか、ということは、じつは私にもわからないんです。わからないけれども、ごまかしはしたくないと思います。「私は自我を確立して西洋風に生きてるんだ」という旗をあげながら、完全に日本流に親から小づかいをせびるという、そういうごまかしは決して許さない。自分自身としてもっとはっきり考えてほしい。

こういうことは、じつはもうずいぶんカウンセラーの役割として入ってきてるんじゃないかと私は思います。だからわれわれは、確かに受け入れてあげねばならないし、聞いてあげねばならないけれども、どうも教えてあげねばならないこともずいぶん多いように思うんです。

「無料の思想」の害悪

それから、ちょっと最後に料金の問題にふれておきますけれども、お金をとるかとらないかということも、非常に大問題です。無料にするという考え方はよくわかりますね。無料にするというのは、もちろん日本の考え方だったらあたりまえです。困っている人からお金をとるというのはむちゃくちゃですから。困って相談している人から金をとって、よけいに苦しめるというようなことはしたくない。無料にするアイデアは、私はよくわかります。だから無料のところは多いと思います。

ところが、無料の思想というのはどこに害悪があるかと言いますと、来た人からはお金はとりませんけれども、どこからかお金が入ってこないとだめですね（笑）。私がこの無料方法に大感激しまして、いま本日、きょう限り京大をやめまして、いまから無料のカウンセリングをしたらお客さんはいっぱい来るでしょうが、うちの家族が路頭《ろとう》に迷うと思います。どこからかお金というものが入ってこなかったら生きていけないというのが日本の方法です。そうすると、無料でやっておられるところは必ずほかからの収入があるはずです。

たとえば、ここの四天王寺《してんのうじ》の相談所でも無料でやっておられるということは、四天王寺というはっきりしたバックを持っておられるからです。つまり、これは無料でやっている人の背後にもっと大きいものが控えている。このもっと大きい、背後に控えているものは、どこからかお金が流れこむ仕掛けになっています（笑）。笑われますけれども、これが一つの考え方なんです。余ってる人はそういうところに流しこむべきではないか。困っている人は無料でいいじゃないか。私はこれは一つの人生の考え方だと思うんです。

ただ、そこで非常に大事なことは、それはそれで非常にいい方法なんですが、そこでやっているカウンセラーは、無料であるからといって安心してはいけない。つまり、有料でやってるのと同じだけの心構えを持たねばならないということです。これがものすごくむずかしいことなんです。

私は、いろんなそういうところに勤めておられる方にときどき次のように言っておるんです。たとえば、「あなたは児童相談所へ勤めているけど、児童相談所で無料でやっていると思うな」と。無料でやっているけれども、みんなの税金を月給でその人はもらってるわけです。「だから、（クライエントからはもらってないけれども）みんなの税金をあなたは食ってるんだから税金分は働いてもらわないと困る」。へたをすると、無料でやってると、何かただで働いているような錯覚を起こすんです。だから、クライエントは無料ですけれども、自分は有料なんです。

そうじゃなくて、ほんとにボランティアで、無料でやっておられるという方があるかもしれません。それはまた非常にけっこうという方があるかもしれません。私も非常にけっこうと思います。非常にけっこうですが、今度もう一つ、無料の弊害《へいがい》はどういうところで起こるかと言いますと、ただでやっていますと、やっぱり日本人同士のかげんで、何か気術《きじゅつ》ないとか、申しわけないとか、そういう気持ちが今度はクライエントのほうで起こってくるわけです。だからもうひとこと言いたいときでも、「ほんまに言うたら気の毒やろ、先生のほうもただでやってはるんやし……」という（笑）、これが日本的人間関係というものなんです。

日本的人間関係というのは、いつも相手のことを考えてやるわけですね。だから、自分はほんとに困ってるんだけれども、このいちばん困ってることを言うてたら、カウンセラーにガタがくるにきまってる。しかも無料でやってるわけだし、これは申しわけないから、「やあ、おかげさんで……。ありがとうございました」と、うまいこと言ってちゃんと帰るから、カウンセラーのほうは、「おかげでうまいことといった」と思っているが、それはうまくごまかされたのかもしれない。

ところが、クライエントのほうでちゃんとお金を出したら、元をとらないと損ですから（笑）、腹が立つときには、「コンチクショーとひとこと言わんことには……」と思いますね。

ほんとうは無料でやっても何でやっても、人間と人間がぴたりといくようになれば、これはすごいものなんですが、悲しいかな、われわれはなかなかそうはいかない。なかなかそうはいかない者同士が会いますと、お金を出すほうも出してもらうほうもシャンとしてくるんですね。出したほうも元をとらないと損でしょうし、もらったほうもやっぱりもらっただけのことをしなくては申しわけない。そうすると、やっぱり会い方が変わってくる。

といって、おわかりだと思いますけれども、自分の力に見合わないお金をもらうとまた失敗します。もらってるほうもだんだんしりこそばゆくなってくるし、出したほうも腹が立ってくるでしょうし……。それで私としてはこれもずいぶん相手しだいで考えています。

「ただの薬」はきかない!?

たとえば田舎の人が来られたのに、はじめから、「有料制だ」と言ったたって、びっくりしてしまって次から来られないかもわからない。だから田舎の人が日本風の考え方で来られたら、これはもう無料でやってしまうとか、それから都会の人でわけのわかる人だったら、「なぜお金をとるか」ということを説明して、そして「どうしますか」ということを話しあって決めることもあります。

このへんのところも、またやっぱり臨機応変《りんきおうへん》にやらねばならないかもしれません。

さっきも言ってますように、学校でやってられる方とか、企業内でやってられる方は、もちろんそのクライエントからお金はとりません。これはあたりまえのことですけれども、自分は月給をもらってるわけだから、カウンセラーとしては無料ではない。

こういう話をよく聞くときがあります。大きい会社なんかはみんな診療所を持っておられますので、診療所にお医者さんがおられますね。そうしますと、だいたい大企業でしたら、ほんとに一流のお医者さんを雇ってこられまして、そういうすばらしいお医者さんが、しかも会社の費用でやるんだから、非常によいお薬を出されます。ところが、なかなかそれがきかないときがあるそうですね。なぜきかないか、と言ったら、もらうほうはただでしょう？　そうすると、何かありがたみが起こらないのですね(笑)。

そして、その人が何かどっかにえらい先生がおるとかいうことを聞いて、その先生のところへ行って、そこでお金を払って薬をもらってくると、何のことはない、同じ薬をもらってもよくきくときがある、ということを言っておられるお医者さんがありましたが、私はそれを聞いて、「なるほどなあ」と思ったんです。

というのは、人間というものは、カウンセリングということをするにしろ、カウンセラーのほうもクライエントのほうも、「よし！」というふうな決意というか、私の言い方によると、一種の父性原理ですが、やるとこまでやるとか、やりぬきますとか、私の責任においてとか、そういうものがやっぱり確立しないとうまくいかない場合もあるんじゃないか。そういうことをはっきりさせるという意味では、料金を設定するということに意味があるでしょう。

しかし、そのときには、その背後にいま言いました西洋流の哲学があるわけだから、それにふさわしいことをしなければなりません。

そこまで突きつめて考えずに、「それはいいことをするのだから無料でしたらいいわ」とか、「いや、働いてるんだから、金をもらってあたりまえじゃないか」というような単純な考え方をするのではなくて、料金をとるにしろ、とらないにしろ、突きつめて考えていく。その上でやるべきじゃないかと思います。

親分を探す前に

ちょっと時間が残っておりますので、もうひとことだけつけ加えておきますと、日本的な人間関係でもう一つむずかしいのは、指導する者と指導される者の人間関係という点でして、これもみなさん考えていただいたらいいと思うんです。指導者というのは、日本的人間関係でいきますと、また要するにおかあさんと子どもの関係みたいになってしまって、その人の言うことを全部聞かねばならないようになるんですね。そういうふうな気がしてくる。

それがいやだから、めったな人には指導してほしくないとみんな実際は思ってるわけですね。だから、ほんとうはそんなにすごい人でなくっても、ある程度の人にでも指導してもらったらいいんだけれども、いわゆる日本的に言いますと、「その人の子分になるのがいやだから、おれはみんな自分でやってる」と言ってやってる人が多いと思うんです。しかし自分でやってる人がそれほどすばらしいか、というと、ほんとはすばらしくないんで、もっともっと訓練されたほうがいい方が多いわけです。

このへんが日本人のおもしろいところでして、指導してほしいんだけれども、やっぱり相当な親分のところへ行かないと損だと思いますと、親分はあまりいないし、そこまで思うとそんな親分は日本には一人もいないかもしれませんね。

そうすると、カウンセリングの勉強をしながら、あんまり訓練を受けない人が多いんじゃないか。自分で勝手にやってる。自分で勝手にやって勝手に押しつけている。やっぱりそれではいけないんで、自分よりちょっと上の人にでも、指導を受けますと、これはずいぶん違うんです。

そのときも西洋流の人間関係だったら、受けに行ったほうも先生も、両方言いたいことを言って、そして、とるべきものはとるという関係になるわけですね。日本ではへたをすると、言われたことを全部聞かねばならないような関係になって、非常に不愉快な気がするんで、「もう行かんとこう。自分で勝手にやろう」ということになりますが、勝手にするのはよくない。こういうことが起こってくるんです。

そういう点もみなさん反省されまして、お互いに、指導する者と指導される者というのは、おかあさんと子どもみたいな関係じゃなくて、一個の確立した人間同士が十分に意見を交わしあって、そして鍛《きた》えあうということと考えていいんじゃないか。私はややもすると日本のカウンセリングが発展しない一つの原因として、どうもみんな勝手にやって、訓練ということが欠如しているということが非常に大きいんじゃないかと思います。だから、少し力が違うだけの人でもその人に訓練を受けてみよう。受けて、とるものをとれば、そこで別れよう、というふうなあっさりした人間関係ができるように考えていきますと、もうちょっと相互に訓練したりすることがふえるんじゃないか。そういうことも最後に少しだけつけ加えさせていただきました。

第三章　人生の実際問題との対し方

苦しい道を一緒に歩んでいく

私はいつもこの講座に呼んでいただきまして、いつも主催者の側から題をいただいてやってくるんですが、どんな題が出てくるかいつも楽しみにしてるわけです。なかなか、いつもタイミングのいいよい題がありまして、私の宿題みたいなもので、それをもらってからいろいろ考えまして、それではこんなことを話そうと思って、やってくるわけです。

今度は「これからのカウンセリング」というので、いろいろ考えさせられましたが、この調子で行くと、次は「おしまいのカウンセリング」になるんじゃないかなと、思ったりしてるんですが（笑）。

「これからのカウンセリング」という題を主催者の方がおつけになったということは、いま十六回めと言われましたが、カウンセリングというものが、だいぶ日本に定着してきた。「カウンセリングといったら一体何か」とか、「カウンセラーっていうのは何ですか」というような質問は、もうなくなったですね。みんなだいたい知っておられるし、一般の人だって、カウンセラーというようなことばを知らない人はほとんどないぐらいに、日本に定着してきた。そういうふうに、ずっと知られてはきたんだけれども、一体これからどうしたらいいのかと、こういうふうな課題だろうと思うんですね。

それで、私は私なりにいろいろ考えまして、はじめのうちはちょっと大きいことを考えておりまして、カウンセリングというものはやっぱりアメリカとか、ヨーロッパに発達したもんですから、一体、そういうところでどうなっていくんだろう、ということを考えておったんですが、ここの講座の性質からしまして、そんな大きい話をするよりは、やっぱり日本の中で、というふうに考えたほうが、みなさんにぴったりくるだろうと思い直しまして、日本における「これからのカウンセリング」というふうに、聞いていただきたいと思います。もちろん、外国のことも少しは言うと思いますけれども。

いまも言いましたように、カウンセリングというものは、非常によく知られてきた。カウンセリングの講習会も多いですし、それだからこういう講習会をしても、百六十人もおいでになったんでしょう。そんなたくさんの人が聞きに来られるというんで、すごく盛んになってるようにも思うんですけど、また逆に現状をよくよく見ますと、日本においてカウンセリングというのは、まだまだ発展していないというか、まだまだ広がっていないんじゃないかという気もします。

と言いますのは、京大の、私のおります教育学部で、心理教育相談室というのがあるんですが、もちろんそこへ来るクライエントの数も、すごくふえてきましたし、扱う量もふえてきたんですけども、それをいままでは、いわば非公式のような格好でしておったんですけれども、正式なものにしていこうというんで、いろいろ、ほかの相談室ではどんなことをやっておられるかとか、あるいは、日本中でどんなふうなことがやられてるだろうというようなことを、ちょっと調べたりしますと、あるいは、私はあんまり外へは出ていかないんですけれども、最近関西から外へ出ていった場合、どんなふうに他でやられているだろうということを、ちょっといままでよりも知りたいという気持ちもありますので、いろいろそれとなく聞いておりますと、やっぱりカウンセリングというのは、日本でまだまだやられていないんじゃないかというような、逆にそんな気持ちさえしてくるんです。

えらい自分で身びいきするみたいですが、ほかへ行って考えますと、まだ関西は非常に盛んなとこじゃないかなというふうな気がします。

私がどうしてそういう言い方をするかと言いますと、確かに、何々相談室とか、何とかカウンセラーとかいうのは多いんですよ。確かにたくさんあって、そりゃもうふえたことは事実なんですけども、私が考えておりますような、クライエントが来られまして、その人とお会いして、そのクライエントがなかなかたいへんな、ほんとうにたいへんな、苦しい道を歩んでいくわけですが、「その苦しい道を一緒に歩んでいきましょう。たとえそれが二年かかろうと三年かかろうと、一緒に歩きつづけましょう」というようなカウンセリングというのは、非常に少ないんではないかという気がするわけです。

きょう、ここにおいでになった方々の名簿を見まして、感心してたんですが、ここに来ておられるのは、学校の先生が非常に多いんですね。学校というところは、これは結局は、カウンセリングというのをせざるを得ないんです。そんなのやめとこうと思っても、ちゃんと生徒のほうがカウンセリングが発達するように、いろいろ悪いことをして（笑）、がんばってくれますので、そりゃもうそこから逃げてしまっている先生は別ですけども、できる限り逃げてやろうと思ってる先生でも、あんまり逃げてると、生徒が追いかけてでも（笑）、頭なぐりに来ますから、生徒のほうというのは非常に熱心なんですね。先生を教育するためにずいぶん張りきってると思うんです（笑）。

そういう熱心な生徒が、このごろふえてきたみたいで、先生方もどうしても考えざるを得ない。だから、ここにおられる先生方は、何のかんのとむずかしいことを言うよりは、一体自分の目の前におるあの子とかこの子を、私はどうしたらいいんだろうというような気持ちを持って、来ておられると思うんです。

そういうときに、そのときその場限りで、「そんなことしちゃだめだ」とか、「バカヤロウ」とか、「できるだけ上手に退学させて、よその学校へ送りこもう」とか、そういう方法もあるみたいですけれども、その子どもとともに二年も三年も歩みつづけるような、そうじゃない方法をしようとするカウンセリングというものは、やってる人が非常に少ないんじゃないかと、私は思うわけです。

何ともならんときがある

これはどうしてかと言いますと、一つにはやっぱりカウンセリングというものは、ものすごくしんどいものだと、私は思います。私もやっておりますけどね。これは自分で非常に残念にも思うし、恥《は》ずかしいことだと思うんですが、現在の私はカウンセラーと言えるかどうかわからない。

というのは、最近はそんなにたくさんの人に会ってませんから。つまり、学部長というような仕事をさせられますと、どうしてもいろいろ仕事があって、私がいま週にお会いしてる人が、十二、三人ぐらいでしょうか。外国でしたら、そんな少ない数で、カウンセラーですなんて言っても絶対通用しません。外国のカウンセラーというのは、少ない人でも週に三十時間は会っておられます。もっと会ってられるでしょうね。

　私がついておりました人なんかは、一日に十人会っておられました。月火水木金土と十人ずつ会ってたら、これはもう命がもちませんから、もちろん休みの日があるわけですが、一日にするとやはり十人会っておられる。

　そういうのを私、知っておりますから、いま非常に残念で恥ずかしい気持ちでいるんですが、日本のカウンセリングとか、臨床心理学とかが発展していく、全体的なことを考えますと、私がやっぱり、まだ大学の教授をしていることに意味があるんかなあと思って、やってるんですけど、ときどきこれをやめてカウンセリングだけに専念したいという気持ちになることはあります。というのは、こんな少ない人数の人を見ていては、ほんとうに申しわけない。受けたいという人が、たくさんおられるわけですから。そんなふうなことも考えます……。

　ところで、そういうふうな仕事をしておりまして思うことは、カウンセリングというものは、ものすごくしんどいもんです。やってみられてわかると思いますが、そう思われませんか。たとえば高校生の子がやって来て、「先生、生きててもおもしろないから、ぼく死ぬわ」と言うとします。そしたらやっぱり死んでしまったら困るから、われわれとしては、「できるだけ死なないように」とか言います。それでもまだ死ぬってことを言いますね。

その子が、「そんなん言うたって先生、生きとって何が価値があるのや」と言われるとまた困るし、「先生、何を生きがいにして生きてんのや」て言われると、何やこっちもだんだん怪《あや》しくなってきて（笑）、「死ぬのが怖いから、生きてんのとちゃうか」とか何とか言うて（笑）、こちらの存在そのものをビクッとさせるようなことが、高校生の子と会ってても起こるんです。

ところが、私が数学の教師として、四十人の高校生を教えていると、自分の存在を揺《ゆ》り動かされるようなことはないですね。もちろん、私が数学ができなけりゃだめですよ。数学ができなかったら、生徒に質問されて立《た》ち往生《おうじよう》して、「もっと勉強してこい」なんて言われるかもわからんけど（笑）、少なくとも数学をある程度知っておったら、別に教えてる数学は自分にとってはそれほどむずかしいことでもなし、生徒のする質問にぐらい答えられますし、生徒にやらして、「何やおまえ、できないんか」とか、「宿題やってこい」とか、「勉強が足らん」とか言うておれば、こっちのほうが完全に優位に立って、四十人を手玉にとれるんですけれども、そうしてやってるはずの教師が、今度相談室で一対一で生徒にむかいあって、本気で話を聞くと、一人の子が死ぬなどと言いだしたら、ほんとうになかなか何ともならんときがあります。

みなさん、そういう経験をされたことありませんか。あるいは、一人の子が怒りだして、「あんまり腹立つから、あの先生なぐったる」とか、「きょう待ち伏せしてなぐったるのや」てなこと言いだしたら、「頼むからなぐらんといてくれ」って言うんだけど（笑）、そのときでもほんとうにその子に迫力がある場合というのは、こっちは困り果ててしまう。泣きたくなるぐらいのときがあります。

人間同士の約束をご破算にして会う

だから私は思うんですが、人間というものは自分のエネルギーを全部出すというのはしんどいから、できるだけエネルギーを節約して生きるようにできてるんでしょうね。私がこういうところでお話ししてるときでも、何でこんなたくさんの人に、私たった一人で話ができるかと言うと、みなさんが聞く気になってるから、できるわけです。

これがもう、みんな聞く気なかったら、私はものすごく疲れると思います（笑）。講師を疲れさせようと思ったら、非常に簡単でして、私が必死になって冗談言ったときに全然笑わなくて（笑）、私がまじめなことを言うたときに、へへへと笑われたら（笑）、ぼくはフラフラになって、まいると思うんです。

ところが、みなさんは非常によい聴衆で、私に協力して笑うべきときに笑い、まじめなときにはまじめな顔して聞かれるから、話ができる。これはお互いの、人間同士の約束みたいなものによって生きてるから、いけるんです。

ところがカウンセリングというのは、そういう約束をとっ払ってやってるんです。一対一で、あんな限られた部屋へ入っていくということは、これは、人間の中にあるいろんな約束を、まず一ぺんご破算にしてでも、二人で会おうやないか。つまり、普通だったら、「私、死にたい」なんて言わないことになっとるわけです。あるいは高校生は、先生をぶんなぐらないことになってるわけです。あるいはたばこを吸わないことになってるわけです。

そういうふうにして、みんなだいたいスムーズに行こうと思ってるときに、そういう約束を一ぺんとっ払ってみて、約束から離れた人間と人間が出会ったら、一体どうなるのか。そこから、あんたというものはもう一ぺん、どういうふうに生きようとするのか。もう一ぺん自分をどう見るのか、というその非常に大事なところをやるわけでしょ。そうなったら、これはものすごいたいへんなことになる。しんどくなってくるわけです。だから一生懸命にカウンセリングをやりますと、たった一人に一時間会うということは、相当なエネルギーがいることになってくるんです。

われわれもそれがしんどいから、カウンセリングしておっても、知らん間にカウンセリングでなくなってくるんです。いま言いましたように一対一でやって、ある子どもが「よし、あの先生なぐったろう」というようなことを言いますね。そのときに、どうしてもその子が先生をなぐらざるを得ない、その人間としては、あいつをなぐるということでしか表現できない、そういう世界というものに、私はどれだけ直面できるかというふうにしたら、これはカウンセリングですけど、それはやっぱりしんどくなるからやめて、「ばかなことを言うな。先生なぐったら、おまえ退学になるぞ」とか、そういうふうに言うてるときは、私はもう普通の先生という人になってるわけです。

つまり私は、先生のよろいを着て会ってる。これはもう、非常に簡単なんです。そしてもう一つ、説教でもすればますます簡単です。「そういう心がけでは、だめじゃないか」とか、また脅《おど》しというのが入ってきて、「そんなことしたらきみ、退学になるぞ」とか、「おとうさんに言うたらどうなる」とか、だんだんだんだん追いつめていって（笑）、何か一生懸命一時間話してみたけれど、これはカウンセリングじゃないんです。要するに、こっちは生きた人間としてではなくて、先生というもの、あるいは先生というもののまったくの代弁者になりきって、会っている。

それをやらずに、一時間会うってことはたいへんでしょ。だから私は思いますけれども、やっぱり何やかや言いながらも、カウンセリングする人は、なかなかふえないんじゃないかと思うんです。なぜかと言うと、それだけすごいエネルギーを出していても、報酬《ほうしゅう》が非常に少ないんです。二重に少ない。なぜ少ないかと言うと、そうやってやったからと言って、なかなか人がよくなるもんじゃありませんから。

まねごとのカウンセリング、本物のカウンセリング

みなさんの中でだいたいここへ来てられる人は、カウンセリングとか、カウンセリングのまねごととか、ちょいちょいやってられるかと思いますが（笑）、なかなか相手の人がよくならんですね。本にはよくなったと書いてあるのですけどね（笑）。

つまり結局は、一人の人間が変わるっていうことは、ものすごくたいへんなことなんだと思います。このごろますます、私はそう思います。一人の学校へ行ってない子が行くようになるということは、やっぱりたいへんなことであるし、それから、おかあさんと毎日毎日けんかしてた子が、けんかしなくなるってことは、これはものすごくたいへんなことなんです。それをぼくらはつい忘れてしまって、「けんかしてる子は、けんかしないようないい子にしよう。学校へ来ない子は、学校へ来るようないい子にしよう」というふうな単純な気持ちで会うと、絶対だめなんです。

なぜかと言ったら、その子にとっては学校に来ないこと、おかあさんとけんかすること、ということにその子の存在がかかってるわけですからね。そういう存在をかけて生きてる子の、その存在をちょっとでも変えようということは、これはものすごいことでしょう。そう思わずに、「あんな変なことしてる子、何とかようならんかなあ」と思っても、なかなかよくならないです。

その上に、それだけ先生ががんばっても、月給はふえるわけじゃありません。カウンセラー手当てというようなものがある学校なんてないでしょう。むしろカウンセラーしていて、ほかの先生からいやみを言われることが、ちょいちょいあるぐらいでして、別に手当てがふえるわけじゃない。子どもがよくなるわけでない。というような、ないないづくしみたいなもんですから、やっぱりやる人が減ってきてあたりまえかもしれません。

ほんとうは日本で、カウンセリングだけを職業として生きている人が、もっともっと出てくるようにならないと、まだまだ本物だと私は思っておりません。つまり、カウンセリングということをみんな知ってるとか、どこの学校にもカウンセラーがいるとか、いうふうなことではだめであって、カウンセリングということが、ちゃんと職業として成立するほどのものにならないといけない。

ということは、私がいま言ったようなカウンセリングをしながら、一日にせめて七人なり八人なり、会うような人間が出てこないと、日本でカウンセリングが普及したとは言えないんじゃないか。そういうふうな、私が言ったような考え方をしますと、日本のカウンセリングというのは、ほんとうにこれからはじまるんじゃないか。まだ黎明期《れいめいき》と言っていいくらいじゃないか。

私はこれからほんとうに、私が言ってるような意味でのカウンセリングをして、職業として生きていく人が、ちょいちょい出てくるだろうというふうに期待してるんです。ひょっとして私は大学をやめて、それをやるかもわかりませんし、これからそういう人が出てくるんじゃないかというふうに思っております。

これは、私がいま言ってるような意味でのカウンセリングをしてちゃんと食っていける、ということを言ってるわけでして、カウンセリングのまねごとをしたり、講演して歩いたりして食っていくなら、誰でもできますから、そんなことを言ってるわけじゃありません。

私がよく残念に思うのは、カウンセリングというのはものすごくしんどいから、ある程度やった人は、あまりそれをしなくなって、講演をしたり、本を書かれたり——と言うと私もいまここで講演してますし（笑）、本も書いておりますので、まことに申しわけないんですが——どうしてもそちらのほうにエネルギーが行ってしまうということは、何度も言うようですが、一人の人に会うよりもここで講演するほうがエネルギーが少なくてすむからです。本もほんとうに書くとなるとたいへんですが、日本では、割にいい加減なことを書いても本になりますので、それほどのエネルギーはいりません。

だから、ほんとうにカウンセリングを職業とする人たちが出てくる。あるいは学校で言いますと、「あの人はよくカウンセリングやっとるから、授業時間は週五時間でいいんとちがうか」とか、「あの人は担任もせんでええし、他の校務も免除して、カウンセリング一本でやってもらおうか」というふうに、学校の中でみんなが認識しだす。そういうふうな人が出てくると、これは学校の中で相当専門的に動いているということになるでしょうね。そういう人が出てくるようになってはじめて、私はカウンセリングというのは日本に根づいてきた、というふうに言っていいと思うんです。

これはいま言ってますように、ただ制度として、カウンセラーは担任を免除するとか、制度として持ち時間を何時間にするというんじゃなくて、先生方みんなが、「あたりまえや。あの人はあれだけやったんだから、もう週五時間でも六時間でもいいんだ」というぐらいの内容のある仕事を、カウンセラーと言われる先生がやるようになってはじめて、カウンセリングというものは、日本に根づいてきたというふうに言えると思うんです。

そういう点で言いますと、まだまだ日本には、カウンセリングは根づいていないというふうに私は思っています。そして、うれしいことにだんだんそちらのほうにむかっていくだろう、というふうに私は思っています。

それはそれとしまして、もちろんカウンセリングをやるときに、いろんなやり方と言いますか、いろんな技法と言いますか、そういうものはこれからもいろいろと開発されてくるだろうと思います。

広い意味のカウンセリングであって、むしろカウンセリングと言わないほうがいいかもしれませんが、いわば、生徒をよくする方法として、いちばん発達してくるのは、いわゆる行動療法的なやり方であろうと思います。行動療法というのは、私が先ほど言いましたようなやり方ではなくて、もっと子どもに、たとえばしつけをするとか、あるいは学校へ行ってない子がおったら、だんだんだんだん学校へ出てくるようにするとかいうやり方で、そういう技法はずいぶんこれからも発達してくるだろうと思います。

塩ぬきのぜんざいタイプがふえている

次に、私がこれからのこととしてとくに言いたいことは、日本のカウンセリングというふうな言い方をしますと、さっきの行動療法ということも関係してくると思いますけれども、日本の人は、カウンセラーと言いますと、母親像を連想する人が多いんじゃないかと思うんです。

確かにカウンセリングの根本というのは、受容、受け入れるということをよく言われます。だからどんなことがあっても、これは受け入れるってことがありますので、絶対母親と結びつきやすい。と言うのは、おかあさんというものは、われわれどんな悪いことをしても助けてくれるというか、救ってくれるというか、そういう気持ちがありますので、母親のイメージというのが、強く出てくると思うんです。

そこへもってきて、私はよく言ってますけれども、日本という国がもともと非常に母性の強い国でして、これはとくにヨーロッパとかアメリカの文化と比べますと、よくわかることですが、日本人というのは非常に母性的で、何でも受け入れてしまう、何でも許してしまうというようなところが非常に強いわけです。そういうのが強い上に、カウンセリングで受容ということを言いますので、あまりにも母親的なものが前へ出てくる。

受容――受け入れるってことばを聞いたときの感じというのは、日本人が受けとめる感じと、西洋人が受けとめる感じと、私は違うだろうと思うんです。西洋人というのは、もともと自分を主張して、自分を前へ出してやっていくという生き方が、あたりまえなわけです。それがあたりまえであって、みんなそういうふうに生きてる中で、受容なんてことを聞くと、西洋のカウンセラーは、これはもうたいへんなことだと思う。受容しなくてはと思うんだけど、ある程度は自己主張したり、ある程度はピチッとけじめをつけたりすることは、言わなくてもわかってることなんです。

それは小さいときから鍛《きた》えられて、そうなってくるわけですから、そういう人間が受容と聞いてやる場合と、日本人みたいにもともと受容するのが好きな人間が、受容なんて聞くと、何かサッカリンに砂糖をかけたようにバーッとなってきて（笑）、ガタガタッと甘くなってくるんです。これはわれわれ、アクセプタンスということを受容と訳したわけですけども、アクセプタンスなんていうようなことが、カウンセリングの中で非常に強調されたことを、西洋人が受けとめたときの感じと、日本人が受容ということを受けとめたときとは、だいぶ違うと思うんです。

それでどういうことが起こってきたかと言いますと、いま言いましたように、日本中がちょっと甘いところへもってきて、カウンセラーはもう一つ甘くなったわけです。たとえば、ぜんざいなんていうのも、塩の入ってないぜんざいというのは、だめなんですね。塩がちょっと入ってるからうまいんですが、日本のカウンセリングというのは、塩ぬきのぜんざいみたいな傾向になったんじゃないでしょうか。

そうしますと、もともと学校全体が母性的なとこへもってきて、カウンセラーというのはもう一つ母性的になってくる。そうするとちょっとぐらい悪いことしても、「ああいうのは受け入れないかん」。ガラス割っても、「これも受け入れないかん」。頭なぐっても、「これも受け入れないかん」というのでやってると、だんだんだん「このぜんざいにちょっと塩入れたらいいのとちがうかな」って誰でも思いますわね。

これはまた不思議なことに、そういう傾向が一定以上に強くなりますと、今度またむちゃくちゃに反対のことを言う人が、必ず出てくるんです。ずれ方がひどくなると、反対側もむちゃくちゃ言うたほうが人気が出てきまして、スパルタ教育とか、がんこおやじがんばれ、とかそういうようなことを言うと、みんな「なるほどなあ」と思うんです（笑）。

これは、ぜんざいに塩をわしづかみにしてバーッと放りこんだみたいなもんで（笑）、ほんとうに塩辛いぜんざいのほうがやっぱりうまいじゃないか。そういうふうなことを言いたくなるほど、日本中がどこかで母性に傾きすぎておった。

こういうふうな点を反省しますと、そして、さっき言いましたように、カウンセラーというものが、やっぱり一人の人間として、またクライエントも一人の人間として、そこでほんとうに人間同士がむきあうという点では、われわれは父性も母性も、両方持っていないとだめなんです。両方持っているから人間であって、これは女の人であっても、父性も母性も持ってるし、男の人であっても父性も母性も、私は持ってると思うんです。

そういう点で言うと、世の中がずれてくると、やっぱりどこか世の中の動きを補償《ほしょう》するような動きというのが、割合必要になってきますので、かえってわれわれは相当父親的なものを持ったカウンセラーにならなくちゃならないんじゃないか。これは、しかしものすごくむずかしいことです。

文句が言えないから腹が立つ

だから私は、ときにはクライエントをどなりつけたりします。なぐったことはまだありませんけれども——腕力がありませんので（笑）——どなることとか、怒ることとか、それから途中で帰ってもらうこととかはあります。あるいは、お断りすることもあります。そういうふうな厳しさというのが、ちょっと日本人のカウンセラーには少なすぎるんじゃないか。何かあまりにも何でもかんでも引き受ける。

ところが、じつはもっと言いますと、ほんとうに受容できれば、それはそれですごいと思うんです。実際にある子どもが、「死にます」と言ったときに、その子が死にたがってるということをすっと受け入れられたら、こんなすごいことはありません。そんなことはなかなかできない。だから、「それは死にたいやろね」とか、「死にたいとお思いですねえ」なんて言うとるけれども、心の底では、「死んだら困るなあ」と思ってるのですから（笑）、これは受け入れたことになりませんね。つまり私が全存在として、その人の死にたいとしか言えない気持ちを、そのまますっと受けとめたら、絶対その子は死なないと思います。しかし、なかなかできたもんじゃないです。

だから私は、受容がいけないなんて言ってるんじゃなくて、ほんとうに絶対的な受容ができる人がおられましたら、これはもうすごいわけで、問題外です。それこそカウンセラーと言いますか、何て言いますか、もっとすごい人であって、それはそれで十分だと思いますが、みなさん自分でやっておられて、わかると思いますが、そんな絶対的な受容みたいなものはできないですね。やっぱり、「死なれたらかなわん」いう気持ちもあるし、それからさっき言いました、「あの先生ぶんなぐったろう」なんて言いだしたら、「なぐりたい気持ちはわかるけど、やめといてくれよ」というようなことになって、半々になります。

そのときに、われわれは自分の父性、父親的なものというものを、カウンセリングの場面でどれだけ生かすことができるか。どれだけその場で自分が生きているだろう、ということは、日本のカウンセラーが今後常に心がけておくべきことと思います。

みんなカウンセリングしておって、「あんたの気持ちはようわかる。しかしやめといて」と言わねばならないことが多いですね。たとえば、「先生なぐったろう」なんて言うたら、「そら腹立つやろう。なぐりたい気持ちはようわかる。そやけどやめたほうがいいよ」こう言いたくなりますね。あるいは、どっちを先に言うても同じことですけど、「やめたほうがいいけど、気持ちはようわかる」と言うにしろ、だいたい二つ出てくるわけです。

「その気持ちはよくわかる。それはそうや」というのは、母性的なものであるし、しかし人間が生きている以上、人間のルールは破ってはならない。人間の掟《おきて》というものは破ってはいけないという、父性的なものがあるでしょ。この二つがいつも出てくるわけです。

出てくるんだから、両方言うたらいいような気がしますけど、みんな自分がクライエントになったときのことを考えたら、両方言われるほど腹立つことないですよ（笑）。学生さんがいつも怒るのはそれですね。教授というのは、「きみたちの気持ちはよくわかる。しかし」なんて言って（笑）、全然違うこと言うから、腹立てるんで（笑）、「それやったら、わかったなんて言うな」言うて怒るんです（笑）。

しかし、両方言うのはほんとうと言えばほんとうでしょ。なぜかと言うたら、確かにカウンセラーとしては気持ちはわかってるんだけども、やめとけと言うんだから、ほんとうみたいですけど、そう言われると、何で言われたほうは腹立つんですか。それは、そういうふうに言っていくと、カウンセラーの責任というのが、ぼやけてくるんです。つまりカウンセラーは、非常に確かな正しいことを言うとるので、クライエントは文句が言えなくなるんです。文句が言えないから、腹立ってくるわけで（笑）、わかりますか。

私がそこで、「あんたの気持ちはよくわかる」とそっちへぐっと力点をかけたら、これは私がその気持ちをぐっとわかっとるわけだから、その子がたとえば、先生をなぐるという方向に対して、一緒に歩んでいく責任を感じます。そこで私が「わかる、わかる」と言うとって、その子が実際に先生をなぐったら、これはカウンセラーのものすごい責任ですから。

あるいはそこで、「ばか言うな、やめとけ」って言うと、これはその子の気持ちを無視したという点で、私は責任ある存在として、その子にぶつかっとるわけです。だからそういうぶつかりとか責任とかいうことがあってこそ、人間同士が会ってる価値があるんだけど、へたするとカウンセラーの責任とか存在というのは、非常にぼやけてしまう。

「父親」が求められている

そこで私が言いたいのは、そういうふうな場合に、どれがいちばんいいというふうな方法はありません。そのときに答えがきまっておったら、こんな楽なことはありません。たとえば、「ぼくは腹が立つから、あの先生ぶんなぐったんねん」と言うたときに、「なぐりたい気持ちはよくわかる」と言うのがいちばんであって、あとはペケ、そんなことはないのです。そう言って、成功するときもあります。いろいろあるんです。

私が言いたいのは、受け入れるばっかりではなくて、われわれは父親として、あるいは父親的な存在として、そのクライエントとバチンとぶつかったほうがいい場合がある、ということを言いたいんです。いろいろな場合がありますから、いつもそうだと思ったら困りますけれども、日本では、カウンセラーはそういう厳しい存在としてぶつかるということを、忘れてはならないんじゃないか。

なぜ私がこんなことを言ってるかと言いますと、いまおそらくこの中に中学校、あるいは高等学校の先生がたくさんおられると思いますけれども、いまの中学生や高校生で、相当むちゃくちゃする子がいますね。先生をなぐりに来る子がたくさんおります。先生をなぐったり、ガラスを割ったり、単車で廊下を走りまわったりする子がおりますし、ほんとうにいろんなことをやってます。彼らはなぜあんなことをするのかと言うと、端的《たんてき》に言えば、父親を求めているのだと私は思います。

というのは、日本の国に父親というものがいないと言っていいほどだから。男の人は、たくさんおられるんですけどね（笑）。いま多少なりとも、父親の役割をしてがんばっている人は、おかあさんでしょうね。「勉強しなさい」とかね（笑）。男は働きに出てるんです。父親の仕事なんてやってられないですね（笑）。

もともと父親になるような訓練も受けてませんし、どうしたら父親になるのかはっきりわからないので、みんな何やつきあいとか仕事とか、いろいろ理由があって、うまくどこかへ行っとるんです（笑）。そうすると、残されたおかあさんは父親役をしないといかんし、母親役もしないといかんし、中にはそれもうるさくなって、外へ出てしまってるようなおかあさんもあります。

そうしますと、家は子どもだけですから、子どもはむちゃくちゃやってあたりまえだと思います。じつは、子どもはむちゃくちゃやってるんじゃないんです。あれは、私のおとうさん、私のおかあさんはどこにいるんだろう、と探してるんです。家の中にいませんので、単車で学校まで乗りつけて（笑）、必死になって探すんだけど、学校の先生も、「きみたちの気持ちはよくわかる」てなこと言うものだから（笑）、ほんとうに気の毒ですね。そのときに非常に大事なことは、さっき言いましたように、父親というものは、人間の掟ということの代弁者だということです。

考えたら、ほんとうに私は不思議に思うんですが、一つのことをするのでも、ほんとうはものすごくいろんなやり方があるわけです。たとえば、きょうだってみなさん椅子に座っておられますけれど、せっかく畳《たたみ》があるのだから、畳に座ってもいいわけです。私は壇《だん》の上にあがってますけど、壇はなくてもいいかもしれません。どれが絶対正しいということはなくて、それはそれなりにいろんな考え方がある。

ただし、誰が考えてもおかしいという考え方はありますよ。たとえば、「みなさんはあっちをむいててください。ぼくは二階でしゃべってますから」（笑）。これは絶対にだめです。そういうのもあるけれども、よい方法にもいろいろ種類があるんです。

そしていろんな種類がある中で、人間は悲しいかな、一つしか選択できない。たとえばここで、私があっちからしゃべってみたり、こっちからやってみたりとか、みんなも椅子に座ったり、畳に座ったりとか、そんなに人間はいろいろできないんです。

「おまえの気持ちはわからん」

だから、日本人は日本人なりのある程度の社会のきまりを持ってやっておりますし、それから外国は外国できまりを持っているわけです。簡単に言いますと、自動車だってハンドルが左についてるほうがいいと思ってる国と、右のほうがいいと思ってる国とあるわけです。これはやっぱり両方にハンドルがあったほうが楽しいんじゃないか(笑)、なんていったって、そんなのどこもやってないですよ。どっちかにきめないとしょうがないんです。

そのときに、ともかくそっちにきまってるんですから、「ともかく」ということであって正しいもくそもないんです。ともかくきまってるんですからそれでやりましょう、と言わねばならない人、これが父親です。そのときに非常に大事なことは、それは絶対的に正しいことではないということです。

別に左ハンドルだって右ハンドルだって、かまわないんですから。ただし、「うちはこうします」、あるいは「この国はこうします」、あるいは「私の家はこうします」というものは、やっぱり一つの抜きがたいものとして存在する。それを、「やれ」というのは、おやじが言うことになっとるわけです。

だからある意味で言いますと、これはまったく理不尽《りふじん》なもんです。理屈をつけろと言うならば、ある程度理屈はつきますよ。しかしまったく違う理屈だって成り立つんですから。だからいろいろ理屈がある中の、これを選んだということは、「ともかくこれなんだ」という理不尽さがある。

理不尽て言うとみんな、むちゃくちゃやないかと言われますけれども、私はよく言うんですけども、みんな論理的に考えて生まれた人は、誰もいないと思いますよ。「いろいろ考えたんだけど、まあやっぱり日本にしよう」とか、「二十世紀が楽しいだろう」とか思って生まれた人なんていないでしょう。あるいは生まれてくるときに、おとうさんおかあさんを選択した人なんて、いないと思いますよ。「あの家にしようか」とかね（笑）。われわれは非常に理不尽に、この世に存在しているわけです。

非常に不思議なことに、ぼくらはいま生きて、こういうことをやっとるわけですが、そういうわれわれが生きることにともなう理不尽さというものから、ぼくらは逃げてはならない。おやじは逃げたらだめなんです。

そのときに、「おまえの気持ちはわかる」って言いだしたら、わかったら理不尽じゃないですからね。「おまえの気持ちはわからん」と言わないといけないんです。「わからんけど、こうなっとるんや」と言わないといけないんです。そういう強さというものは、どこかでいるんです。

しかしほんとうは、そういうふうなビチッとした強さは、社会なり学校なり文化なりが持っておるもので、その中でいろいろたいへんだから、まずカウンセラーはそこから問題があって出てきた人を受容して、もう一ぺん考え直そうというような考え方が西洋で出てきたのです。

その点、日本はちょっとややこしいのです。日本では、学校がカチッとしておって、あるいは家庭がカチッとしておって、その厳しさの中で耐えられない人をカウンセラーが受け入れるんじゃなくて、学校なり家庭なりがフニャフニャしているのだから、カウンセラーのほうが、おやじぶりを発揮しないといけない。そういう不思議なことになっているわけです。これはだから、外国のカウンセラーとは、少し違うんじゃないかと思いますね。

理屈ぬきに悪いことがある

だから私は、ちょっと冗談めかして、そういうことを他の本に書いたことがあるんです。というのは、この中に高校の先生がおられますので、私の言うことにも関連してくると思いますけれども、高校の女子生徒なんかで、不純異性交遊というのをやる子がいますね。いろいろ男の子とたくさんつきあってるだけじゃなくて、肉体関係なんかできてしまう。そこで先生は心配して、「そういうことをしないように」と言われます。そうすると彼女たちが、非常に論理的に反発するわけです。「私は自分の好きなことしてるわけで、誰にも迷惑をかけていない。迷惑どころか、楽しませてあげるんやから、先生どこが悪いんですか」なんて言われると、先生のほうもだんだん、考えるとわからなくなってくる（笑）。中には、「私たちのように好きで愛しあってやってるのが不純で、先生方のように、愛しあっていないのに夫婦でやってるのは純粋と、どうして言えるんですか」なんて言われると、「おれも不純かなあ」てな気になってきて（笑）、論理的にどんどんどんどん打ち破られてくるわけです。

私はそういう女子生徒に会って、最後に言ったんですが、「世の中に悪いことというのは、理由があって悪いというのと、理屈ぬきに悪いというのと、二つある。あんたのやってるやつは、理屈ぬきに悪いやつやから、ともかくやめなあかん」て言うたのです（笑）。「そんなむちゃな」ってその子は言うてましたけど、やめたんです。なぜかわかりますか。

そのことを、おもしろいから私がちょっと書きましたら、いろいろ聞かれましてね。「先生、あれはやっぱり理由はあるんじゃないですか」と（笑）。「不純異性交遊が悪いという理由は言えるんじゃないですか。先生は理屈ぬきで悪いなんて言われたけども」と言う人がありましたが、私の意図はそんなところにはないのです。理由を言うて説得されてくると、その子としては腹が立ってくる。

なぜか言うたら、その子は、私から言わせると、そんなむちゃくちゃなことを言ってまで、絶対的に怒るおやじを探してるんです。その子を誰も怒ってくれないのが不満なのです。みんな心の中では、「悪い子やなあ」とか、「変な子やなあ」と思うとるくせに、何とか理屈をつけて説得しようとする。そしてその子が理屈で反発すると、先生のほうがたじたじとなってしまう。

つまり先生がびくつくということは、これはもうおやじじゃないんです。おやじというのは、不動のものでないといかん。ぶつかったって絶対に動かない、むこうが倒れて死ぬだけ、というのがおやじですからね。だからそういう子は、頭ごなしにバーンと怒る人に会ってはじめて、目的を達したわけなんです。

甘っちょろい人は突き飛ばす

そしてこれは後で言おうと思ったことに関係してきますけれども、これから心と体の問題というのは、すごくカウンセリングの中で大事になってくると思うんです。みなさん方は、その心と体の問題をいろんな観点から、考えてほしいと思うんですが、私は、この子が不純異性交遊なんてしてるのは、大人たちが考えるように、性的な、セックスの楽しさを単に味わうためにしていたんではないと思います。私は、そうまでして鋼《はがね》のような肉体を持った父親があらわれるのを、待ってたと思うんです。

そのときにわれわれのほうもグニャグニャと会うと、その子としてはいちばん腹が立つわけです。だから、その子のいちばん欲しがってるものになるのが、カウンセラーです。だからそこで、「あなたの気持ちはよくわかる」とか、フンフンなんて言うよりは、頭ごなしにどなりつけたら、その子はもうやめてしまうんです。

私がこう言ったからといって、「いいこと聞いた」というふうに思わないでくださいよ。いろいろありますから（笑）。だからそのときに、この子たちがこうまでして何を求めているのか、ということを、事例に応じてぼくらはわかるセンスを持っていないとだめです。むこうが一生懸命になっておかあさんを求めておるのに、「理屈ぬきで悪い」なんて言ったら（笑）、むこうはよけい悪くなるでしょうから。

ただ、中学生、高校生にしろ、あの子たちはほんとうは自分でも何が欲しいのかわからないんです。ほんとうに何をどうしていいやらわからないから、ともかくむちゃくちゃやってるんです。むちゃくちゃやるよりしょうがないから。けれどほんとうは、ぼくらがよくよく見てたら、彼らが心の底で欲しがってるものというのは、見えてくるはずですし、それにぼくらはこたえねばなりません。

これは一つの例を言ったんですけども、これからの日本人の（これは外国と違いますよ）カウンセラーというものは、父親的なもの、父性的なものを、自分のカウンセリングの中にどう入れこむか。これはいつもいつも父親のようにやれ、とは言ってませんよ。ほんとうにその点、間違えないようにしてください。

母性的なものがなかったら、カウンセリングできませんから。そういうものの中に父性をどう入れこんでくるかということが、すごく大きい課題になると思うんです。

私はだから、カウンセリングを受けに来た人に、「そんな甘っちょろい態度ではカウンセリング受けられませんから」と言って断ることもあります。

「カウンセリングをして自分自身を知りたい」とか、「カウンセリングを受けて、自分はどんなものか見つめていきたい」なんて言う人がおられますけれども、私は、「自分を見つめるくらいやったら、ぞうきんがけでもしてください」とよく言うんです(笑)。

ほんとうにそうですよ。ぞうきんで廊下でもずっと毎日ふいとったら、よっぽどよくわかってきます。甘っちょろいことを言っていたって、絶対わからないです。だから私は、「あんたがぞうきんもちゃんとかけるし、炊事《すいじ》もするし洗濯もするし、何でも全部、そういう日常生活をピッチリできる人になったときに、はじめてやりましょう。それができない人はやりません」て追い返したことがあります。

もちろん、いつもいつもそんなことはないですよ。そんなこと言ったら、カウンセリングは楽で、「あなたが非常に立派になったときにやりましょう」なんて言ったら、もう終わっとるみたいなもんだから(笑)。しかし甘っちょろい気持ちで来た人は、突き飛ばす。

これは私がこんなことをいちいち言わなくても、奥田慈應《おくだじおう》先生の話にあったかもしれませんが、禅でもそうですね。禅によって悟ろうなんて、そんな甘い考え方では、禅の師はほんとうに受け入れられないと思います。やっぱり禅の門をくぐるまでのところに、ずいぶん勝負があると思うんです。

体を整えることで心を整えていく

その点でこんなおもしろい夢を見た人があります。女の方ですけれども、自分で自分の人生について、宗教について、いろいろ考えていた方がおられまして、私のところへ来とられたんです。そして、あっちへ行って話を聞いたり、こっちへ行って話を聞いたりしても、なかなかぴったりする話がないわけです。

そうすると、あるとき夢を見られまして、夢の中でものすごく有名な、すばらしいお坊さんが来て、講話《こうわ》があったんです。夢の中でその講話を聞きにいこうとするわけです。そしてその講話を聞きに行きましたら、残念ながら講話が終わってるんです。「しまった」と思うと、そのお坊さんが出てこられまして、「あんたは熱心に来た人ですから」というんで、とくにものすごく大事なものをもらうんです。「ああよかった。これもらったんで私も人生のことがわかる」と思って、持って帰ってみたら、ぞうきんだったというところで目が覚めます。

私、その人に言うたんです。「ほんとうにあんたはいいものをもらった。ぞうきんがけしてたらいいですな。なにも講話みたいなの聞かなくてもよろしい。自分の家の廊下なり、玄関なりを、誰が見ても恥ずかしくないようにみがいてるうちに、あんたも自分のことがわかるんです」

そういうふうに、ぞうきんをかけてる、みがいてるというのは、自分の体を動かしてることとでしょ。そういう体を動かしていることは、心ともすごく関係があるんです。このことも中学や高等学校でカウンセリングされる先生は、よくよく考えてください。カウンセリングといったら、何か一つの部屋の中へ入って、一対一で座ってフンとかハアとか言わないといかんというふうに、絶対思わないように。もちろん、一つの部屋の中へ入っていって、相手の言うことをフンフンて聞いてるということは、先ほどから言ってますように、ものすごいエネルギーのいることで、たいへんなことですけれども、それだけじゃなくて、非常に不思議なことに、体を動かすことの中にいろんな意味がある。

おそらく、これからのカウンセリングという点では、これは日本ということだけではなくて、世界的に、心と体の問題というのはいちばん大きな問題になるだろうと、私は思います。その中で外国の人がすごく注目してるのは、たとえばヨガとか禅とか、そういうようなものです。体を整えることによって、だんだん心を整えていく、そういう考え方。

しかし、かといって、これはものすごくむずかしいことなんです。なぜむずかしいかと言いますと、私の話を聞いて、「よし、これはうちでもやろう」ってなもんで、中学校の生徒をみんな連れて、「座りなさい」なんてやっても、これはまず効果はありません。

というのは、「座る」ということはたいへんなことでして、さっき言いましたように、座るまでにずいぶん仕事があるぐらいなんです。そのときに、ただ中学生をへたに座らしても、その子たちがほんとうに座っていなかったら、これはやっぱり意味ないんです。中学生は、座らされて「足がしびれるなあ」とか、そういうことばっかり思ってるかもわかりません。

だから先生自身が、自分が座るということが、一体どういう意味を持っているのか、あるいは中学生に座らせるということに、どんな意味があるんだろうか。成人した人間が座るのと、何でもかんでもともかく暴《あば》れたいと思っている子どもたちが座るのと、意味が同じなのかどうか。そういうことも、やっぱり考えないといかんでしょう。

そういう意味で、のべつまくなしにやって効果があるかどうか、私は疑問に思いますけれども、ともかく心と体の結びつきというのは、どうしても考えていかねばならないと思っています。

そしてこれは単に、いま言ってるように、心と体という意味で、体を動かすとかいうことだけじゃなくて、私はたとえば、箱庭療法をやっておりますが、箱庭なんていうものも、結局やっぱり体が関係してくるんです。砂が手にふれますね。水でぬらした砂なんかをさわってみる。こういうことが、ものすごく大事なことになってるように思うわけです。

体の問題が心の問題に変わる

そういうふうに考えますと、たとえばカウンセラーとクライエントが、キャッチボールなんかするのも意味のあることがあるでしょうね。結局考えたら、会話というのはキャッチボールですね。いま講演ですのでキャッチボールではなくて——みなさん打っとられるかもわかりませんが、ともかく私ばっかり投げてるので（笑）、一方的ですが、カウンセラーとクライエントはキャッチボールしてるわけですね。投げ返して。それをことばでできない子は、ボールで投げ返してやったら、それだけでもずいぶん違うと思いますよ。みなさんやってごらんなさい。

たいてい、はじめのうちあんまりきつく投げなかった子が、だんだんきつく投げてきたり、それから、「先生、カーブどうして投げるのや」言うので、「カーブはこうするのや」と教えたりして、カーブの投げ方がだんだん上手になってきて、「今度はシュート教えたろうか」なんて言うて、そんなことばっかりしているうちによくなった子がいます。

それはなぜでしょう。そこがむずかしいんですけど、いままで何にもできなかった子が、そのカーブとかシュートとかいうものを習得していこうとか、ぼくはこんなにできるようになった、というような、体でやってることが、その子にとって、心の中の何かと結びついているんですね。非常におもしろいわけです。

心の中で、「おれも意外といけるんやなあ」とか、「こういうふうに力を出すんやなあ」というふうに、心の問題に完全に変えられるでしょう。そういうふうに言いかえますと、その子がやってることは、「やっぱり、何度も練習せなあかんのやなあ」とか、みんな心の問題で言えることです。これをいちいち先生が、「きみ、もっとがんばらないといかんよ」とか、「練習が大切ですよ」とか、「きみは可能性を持ってる」とか、そんなこと言ったって絶対だめなんだけど、その子が自分でやりながら、「おれも案外やれるんやなあ」と思うというのは、可能性を持ってるということでしょう。それをこっちが受けて、「うまいこと曲がった」とか、「うまいなあ、きみ」と言うとったら、それは絶対カウンセリングです。

ところがへたな人ほど、一ぺん成功したらそればっかりを誰にでもやろうとする

（笑）。一ぺんカーブ投げて子どもが喜んだりして成功したら、次やる気のない子にも、「おまえキャッチボールするか」なんて言って、それが嫌いな子に、「もうあんなとこ行かんとこう」と思われたりね（笑）。そこがむずかしいところなんです。

要するに、その子その子で表現の形態みたいなものを持っとるわけです。だから箱庭なんていうものは、その点非常にたくさんの人にやりやすいもんだけど、箱庭だってぼくらは、誰にもかれにもつくらせているわけじゃないでしょう。

来た子に、「これやってみるか」言うて、「いやや」言うたら絶対につくれと言わないです。「そうか。またできたらやりや」とか、「やりたかったら言いなさい」と言うだけで、もうしないんです。それは、われわれの方法をあんまり押しつけようとすると、その子の個性と外《はず》れてしまうから。しかしそのときに、体と心の関係ということを、忘れないでほしい。

私は中学生が相手のときは、自転車で一緒によそへ行ったりするときもあります。これは自転車で家から遠いところへ行くというだけでも、うれしい子がいるわけです。ともかく家から出たい。一ぺんおとうさん、おかあさんというものから離れて、自立したいというふうに思ってる子であれば、自転車で遠いところへ行くということは、自立の練習みたいなもんですね。だからそういうふうなことがわかると、その子に、「ああそうか。それなら今度自転車で走ろうか」とか言うて、「あんた、先行けよ」というようなことを言ったら、どうせ中学生はものすごく走りますから、こっちは自転車も悪いし（笑）、足も悪いしでだんだん遅れてきて、「なんや、先生遅いなあ」とか何とか言われてる。そういうことを言いながらその子は、「ぼくはこれだけいけるんや」とか、「大人より速いんだ」とか、そういう体験をしてるわけです。それをその子と一緒にやってるということは、たいへん意味を持つわけです。

深い問題を悩んでいる子どもたち

ただそういうときに、できる限りぼくらは、単に遊んでるとか、単にやってるんじゃなくて、「なるほど、こういう意味を持ってるんやなあ」ということがわかると、楽しいわけです。何かキャッチボールだけしとって治《なお》った、というんじゃなくて、キャッチボールしてるときに、「この子はキャッチボールという表現で、こういうおもしろいことをやりよった」とか、「あの子は自転車乗りまわって、こういうふうにいきよった」とか、そういうことがわかってくると、非常に楽しいわけです。

だから、みなさんもそういうふうなことを考えながら、カウンセリングをやってほしいと思います。とくに、このごろの中学生とか高校生というのは、昔の子どもたちよりも、もっと深い問題で悩んでいる子が多いように思います。その深い問題というものは、なかなかことばに言えないことが多いんです。

つまり、「おとうさんがこんなおとうさんやから、ぼくは困る」とか、「おかあさんがこんなおかあさんやから困る」というふうな問題ではないということです。つまり、普通のおとうさん普通のおかあさんでも、深い問題を悩んでいる子はたくさんいる、というふうに私は思います。

これはなぜかと言いますと、文化とか社会というものが、あんまり変動しない場合というのは、おとうさんおかあさんの役割は、簡単なんです。さっきから私は、「父親というものは、理不尽にバーンとやらないかん」なんて言うてますけど、そんなことしなくっても、たとえば江戸時代なら江戸時代をとりますと、侍《さむらい》にならないかんときまっとるわけやから、おやじがそんなやかましく言わなくても、社会全体としての掟とか、そういうものが、その子にぐっとかかってくるわけです。あるいは、おかあさんがそんなに子どもを見なくてもうまく育つ。

たとえば農家だったら、こういうことを言われたおかあさんが、実際ありましたね。「母親が大事とか、母親のスキンシップとかって言いますけど、私なんか先生、もっこの中に入れておかれた」と。自分はおとうさん、おかあさんが農業してる間もっこの中に入っとって、ご飯食べるとき出してもらって、あとまた放っとかれて、「そういうふうに放っとかれた私は、ちゃんとよい母親になってますがな」と。

確かにそうですね。ちゃんとよい人になってるわけです。そして、「自分は自分なりにもうちょっと自分の子どもたちをちゃんとしてやらないかんと思って、少なくとも自分のおかあさんが自分をもっこに放りこんだよりは、もうちょっと子どものことも考えてやってきたのに、何でうちの子は悪くなるんでしょう。これは先生、このごろ子どものできが悪くなったんと違いますか」（笑）。このように育て方は前よりよくなっとるのに、子どもは悪くなるんやからと言われたおかあさんがおられましたね。

時代が不安をかもしだす

私は、そのとき思ったんですけど、農家の方が畑へ行って、もっこの中に放りこまれてる子にとっては、もっこがおかあさんだし、畑がおかあさんだし、それから飛んでるチョウチョウもおかあさんだし、自然全体がその子を守っているわけです。だから、ひとりの子どもが育ってくるということは、そのおとうさん、おかあさんだけじゃなくて、それをとりまくいろんなものが、子どもを育てようとしているわけです。ところが、いまわれわれが生きている時代というものは、子どもを育てるためのとりまいているものを、ずいぶんぶっ壊してしまったでしょ。それは、農家の方が仕事をしとられる間、たんぼでもっこに入っている子と、おとうさん、おかあさんとがどこかへ行ってる間、段ボールの箱に入れられている子とは、全然違うと私は思います（笑）。よく似てるけどね（笑）。それを、われわれもされたからと言うて、親に段ボールに放りこまれたんでは、やっぱりその子はおかしくなってあたりまえなんですよ。なぜかと言ったら、それをとりまくものがいまは違っているから。

もう一ぺん言いますと、いまは時代とともに社会が急激に変わっていくでしょ。だからおとうさんとおかあさんも、ちょっと不安なんです。たとえばおとうさんは、「自分が考えていることが正しいんやろか。自分の考えをこのまま言うと、子どもが間違うんじゃないか」とか、おかあさんも、「私のやっている通り、子どもが生きていいんだろうか」と思っている。

そういう根本的な不安みたいなもののほうが、子どもに伝わってくるわけです。だからおとうさんもおかあさんもいい人で、問題はない人でも、子どもはたいへんな問題を持つことがあり得るんです。つまり、いまの時代がそうですから。私は、そういうおとうさん、おかあさんによく言うんです。「心配しなくてよろしい。これはおとうさん、おかあさんの責任じゃありません」と。

つまり、いまの時代というのはたいへんな時代であって、そのたいへんな時代の中で、あんまり感受性の高くない子はノホホンと生きているけど、感受性の鋭敏な子どもは、その両親の心にある漠然《ばくぜん》とした不安を敏感に感じとって、やっぱり問題児になってくるというわけです。そうするとそういう子のもつ問題は、非常に深い問題ですから、自分でもうまいこと言えないわけですよ。そして、理屈としてはおとうさんが悪いとも、おかあさんが悪いとも、言えない。言えないけれども何となくムシャクシャするし、何をしてもしょうがないから、そういう子は、上手に説明できないような状況に追いこまれてくるわけです。

そういう子は、むちゃくちゃ暴れるかもわかりません。それでなかったら、もう家にすっこんでしまうかもわかりません。あるいは、その子の出す症状は非常に変わった症状になるかもわかりません。

そういう子に対して、ぼくらが会っておとうさん、おかあさんの話を聞いて、この原因はおとうさんとおかあさんの育て方にあるんじゃないかと思って考えても、ほんとうのことは出てきません。考えたら必ず原因らしいことはあります。なぜか言うたら、子どもを理想的に育てた親などは絶対いませんから、アラ探ししたら必ず出てくるんです。先生というのは、その点簡単でして、アラ探ししようと思ったらすぐ言えますわね。「お宅の育て方どうでした」、「ちょっと放っときました」、「そらもっとちゃんとやらないけません」、それが今度は、「私はちゃんとやりました」、「そういうのを過保護というんです」って言うとったらいいんでね(笑)。

何でも聞いてすぐやっつけたら、「なるほど」と親は言わざるを得ない。いかにも先生はまともなことを言うてるように思うけど、ほんとうはそんなレベルを超えていることが多いんじゃないでしょうか。だからこのごろの中学生、高校生の、暴れまわったりなんかするのに対して、先生方としても何ともしがたいようなところがあるでしょ。あれは単に誰が悪いと言うよりも、もっとむずかしいことが起こっている。

この時代を生きるとはどういうことだろう

そうしますと、そういう子どもに会っていくカウンセラー、あるいは先生方は、単純に、「この子は、どういう欲求不満を持っているんやろう」とかそんなことを思うんじゃなくて、「この子が生きるということは、一体どういうことなんだろう」、あるいは「この子と私がともに生きるということは、どうすることなんだろう。どうなるんだろう」、あるいは「この時代を生きるということは、一体どういうことなんだろう」という非常に深い、ものすごく深い問いかけをしてると、そう思ってほしいんです。

そうなりますと、また次の問題になりますが、そういう点でカウンセリングの技術ということじゃなくて、もっと人間について、生きることについて深く考え、あるいは体験するということを、やらなきゃならなくなってくると思います。

いちばんはじめに、カウンセリングということはずいぶん普及してきましたと私が申しあげたのは、確かにそうで、昔に比べますとみなさんカウンセリングする人たちの技術というものは、相当向上したと思います。

みんな本を読まれますと、そういうカウンセリングの本はたくさんありますから、どういうふうに応答したらいいのか、どういう部屋でしたらいいのかとか、あるいは、こういうときにはこんな応答すると効果がないとか、全部わかっていますので、そういう点で、昔のわれわれがやみくもにやってきたときに比べますと、技術的にはずいぶんある線まで上がってきた。だから「これからのカウンセリング」というような題も出てきたんですけどね。

これからのカウンセラーは、そういう技術よりも、相撲《すもう》の批評家の人がよく言うように、「地力《じりき》をつけないかん」のじゃないでしょうか。そのためには、カウンセリングの本以外の本を、もっと読むことが必要じゃないでしょうか。あるいは自分が野球の好きな人は、もっと野球もやってみていいんじゃないでしょうか。あるいは山登りの好きな人は、山へ登ってみるのがいいかもしれません。

じつは、私最近そういうことを考えまして、箱庭療法の研究会をやるというときに、箱庭療法の研究会なんですけれども、いつも講師は、心理学者を呼んできたことはありません。いつも来る人は、哲学者が来たり、建築学の人が来たり、それから詩人が来たり、文学者が来たり、いろんな人を講師に呼んで話をしてもらっています。

なぜそんなことをはじめたかと言うと、私はこのへんで、みんなよっぽど地力をつけないと、日本のカウンセラーたちは、もう中学生や高校生にやられるんじゃないか。

彼らはことばにはようできないんだけれども、むちゃくちゃやっている彼らが、心の中で抱えている問題というのは、すごいことであって、それとぼくらが対決しようと思うと、ぼくらはよっぽど、人間が生きることにまつわる知恵というものを、もっともっと持つ必要があるんじゃないか。そういうふうに、私は思っているわけです。

だからみなさんも、これからカウンセリングの勉強をしていかれるときに、みんな集まって勉強会とかされますね。そういうときに『カウンセリングの実際問題』(笑)なんて本だけじゃなくて、それも読んでもらわんと困りますけど、もっとほかの本も読んでみよう。みんなで小説読んだらどうだろう。

小説読んで、この小説の主人公がもしクライエントとして私のところへ来たら、あるいはこのクライエントが、ここのところで私がカウンセラーとして会ったら、どうするんだろう、というような、そんな読み方をするのは文学としては邪道《じゃどう》かもしれませんが、われわれとしてはそこまで考えて読んでみてもいいんじゃないでしょうか。あるいは詩を読んでみて、大人の詩もすばらしいし、子どもの詩でもものすごくすばらしいものがあります。

このごろ私は読んでてよく感動するんですけれども、子どもたちがこんな詩を書いて、こんなことを訴えてるのに、私は生きた人間として、それにそのままこたえるだけの力を持っているんだろうか、そういう力を持たずに、カウンセラーなんて言えるんだろうか。

何も私は、われわれが詩人になる必要はないと思っています。詩を書く必要もないですし、別に小説を書く必要もないと思いますけれども、そういう意味じゃなくて、せっかく人間が生きることにともなう知恵として書いているものを、もっともっと吸収していいんじゃないか。

人生を考えさせられる児童文学

だから私は、そういう勉強をもっとしてほしいと思いますし、それから私の好みですけど、みんなに児童文学を読んでほしいと思います。児童文学というのは、子どものことが書いてあるから読んでほしい、という意味じゃありません。もちろん、そういうメリットもありますけれども、私はこうも思うんです。

芸術というものはたいへんなもんですから、たとえば小説でも、いまの第一線の小説を書いている人たちというのは、いま私が言いました、現代における何とも言えない不安というものを、何とかギリギリまで表現しようと思って、苦労されるわけです。それはそれで意味があるわけですけれども、やっぱりわれわれカウンセラーとしては、そういう不安の表現だけでなくて、そういう不安に対決し、その不安の中から、われわれは何を生みだしていくのか、そこにどういうふうな統合が行われるのか、というようなことを知りたいわけですが、文学的価値としては、私が言ったようなことは別に問題ではなくて、どこまでそういう現代の不安が書ききれたかということが、問題になるでしょうね。

ところが児童文学のほうでしたら、不安を書ききったからといって、それだけでは児童文学にならないわけです。やっぱり児童文学というものは、子どもに提供するわけですから、それなりのまとまりというのを持っていないとだめで、案外、いかに生きるかとか、人生をいかに考えるかというふうなことは、児童文学のほうが、われわれにとってわかりやすいんです。

みなさんはどうか知りませんが、私は、一流の人のすばらしい普通の大人向きの小説を読んでも、悲しくなったり苦しくなったりはするけれども、あんまり教えられはしない感じがするんですが、児童文学のほうにはいっぱい知恵があるみたいで読みやすいし、値段も安いし、いいことばかりです。そういう意味でよく読むんですけれども、カウンセリングの勉強するときに、そういう児童文学の作品なんかをとりあげて、それを中心に話しあうとか、あるいはまた生徒と一緒にそれをやられたらいいですね。高校生とか中学生とやってみる。そんなこともいいんじゃないかと思います。

そして私は、いまの若い人たちの心の中にある不安というものはたいへん深いものであるし、なかなかことばにしにくいものであるというふうな言い方をしましたし、それは父親が悪いとか、母親が悪いとか言うんじゃなくて、いまの時代が、われわれの社会が、そういうものをずいぶん若い者に持たしているんであるということを言いましたが、もう一つの非常に大きいものとして、宗教の問題があると思います。これはそれこそ「これからのカウンセリング」という意味で、やっぱり最後にひとこと言っておきたいと思います。

自分の生、自分の死をどう受けとめていくか

宗教の問題というものは、このごろ日本人も、だいぶ考えだしたんじゃないでしょうか。私らははじめから、カウンセリングの根本に宗教の問題があるということを、ずっと思ってきたわけですけれども。このごろ私思いますのは、日本人が、どうも日本人の宗教なんてことを考えだす一つのきっかけとしては、アラブのことがあるみたいですね。

アラブとの石油の問題が出てきたことで、「アラブ人ってのは、どんな生き方をしてるんだろう」と思って、テレビなんか見ますと、しょっちゅう出てくるのは、拝《おが》んでいるところなんです。朝から晩まで拝んでる。日に五回礼拝しているとか、どんなにお酒を飲む人でも、巡礼《じゅんれい》に行く前はお酒をやめて水飲んでる、というような情景を見せられる。そして、ものすごくたくさんの人が、礼拝のためすごい時間をかけてい

る。

そういうのを見て日本人がよく言うのは、「あの間、働いたらどれだけもうかるやろ。あんなことやっとるから、あれで石油があるからいいようなものの、石油がなかったらもうあかんのとちゃうか」なんて、そういうふうに思う日本人は、たくさんいるのです。

今度は逆に、アラブの人たちから日本を見ますと、「日本人って一体何をしとるのや。いつもいつも働いて、いつ拝んでいるのか」と思うでしょう。いつ礼拝をしてるのか。そんな人は、あんまりいないでしょうね。

ぼくら、たとえば外国へ行ってよく聞かれますけれど、「おまえは何教徒や」、「仏教徒や」と言いますね。そうすると「仏教徒は何曜日に寺へ行くことになっているか」なんて言われると、「エー」(笑)、困るんですなあ。「いつ寺へ行く」、「死んだときに……」てなことで(笑)、全然話がかみあわない。

そしたら日本人というのは、まったく無宗教で暮らしているかというと、絶対にそんなことはないんです。私は、まったくの無宗教だったら、日本人みたいに静かに上手に死んでいくというのはあり得ないと思います。宗教というのは、結局は死後の世界ということが非常に大事な問題になるんですが、やっぱり外国人のセンスで言うと、死んでからどうなるかわかりもしないのに、従容《しょうよう》として死ぬなんてことはできないです。

日本人は、「どうせどうなるかわからんわ」とか、「死んだら何もなくなるんやろ」とか言いながら、割合ニッコリ笑って死んでいくんですね。これは、われわれは意識してないけれども、西洋人から見れば非常に不可解な宗教性というものを、日本人は持っていると見るべきでしょう。

ところが、さっきも私言いましたように「もっこの中に置かれている赤ちゃんも守られてる」、これは宗教ですよ。つまり、もっこの中の赤ちゃんは、偉大なる母に包まれているんです。その偉大なる母というのは、やっぱり宗教的存在でしょ。われわれはそれを、はっきりとは意識していなかった。

ところがいまの日本は、日本人が古来から持っておった、そういうふうな何とも言えん宗教性というものを、壊しつつあるようです。なぜかと言うと、われわれは西洋の文明にしたがって、新幹線にも乗ってるし、段ボールなんてのもつくっているわけですから、そういうものをどんどんどんどんつくって生活を便利にしていく一方で、われわれは知らず知らずのうちに、日本古来の宗教性を、どこかで少しずつ壊しつつあるんです。そのあらわれが、いまの若い人たちの不安につながってくると、私は思うんです。

そうなるとわれわれ日本人というものは、そういう深い意味において、自分の存在というもの、あるいは自分の生命というもの、あるいは自分の死というものを、一体これからどう受けとめるのかという、非常に大きい問題に直面していると思います。

このことは、単車を乗りまわしている暴走族と言われている子どもたちも、あるいは学校へ行かずに押し入れに入っている子どもたちも、心の底では絶対に持っている問題です。暴走族の子が何であれほど死に急ぐのか。あれは結局、死にたがっているんです。実際に自殺する子もいますけどね。やっぱりどこかで死の問題は、彼らの心を絶対引きつけているわけです。

それに対して、カウンセラーとして会っている私たちが、その生きることについて、死ぬことについて、どれだけのものを持っているか。何も持っていなかったら、会ったって役に立たないのはあたりまえでしょう。彼らの気持ちを受け入れるなんて言ったって、一体何を受け入れるのか。そして、そうまで死に魅入《みい》られている子どもたちの心を受け入れるほど、ぼくらは鍛えられているのか。こういうふうに考えると、ぼくらはまだまだだめじゃないでしょうか。

だから、おそらくこれからの日本における、いや、これはもう世界におけると言っていいでしょう、カウンセリングの問題は、宗教の問題と密接に関連してくるんじゃないかというふうに、私は思っております。

第四章　宗教との接点

カウンセリングと宗教の関係

今回はカウンセリングということを、宗教との関係で考えてみようということになりました。

宗教との関係でカウンセリングの話をすると言いましても、あんまりみなさん不思議に思われないと思いますし、あるいはカウンセリングをある程度経験しておられる方は、どっかで宗教ということを考えざるを得ないということを、痛感しておられると思います。

そうするとカウンセリングというのは、宗教なのかというと、そうではないですね。そこのところの結びつきといいますか、関わり方が非常にむずかしくて、私も実際はときどきわからなくなるんですが、私のやっている仕事は、非常に宗教と関係が深い。とくにカウンセリングということをやっておりましても、あんまりそういうことを考えられない方もおられるんですが、私はそういうことを考えるほうですので、非常に関係が深いと思いながらやっております。

そうかといって私は宗教家ではない。これは非常にはっきりしていると思いますが、そのへんのことをどう考えるのかということも、あんまり突きつめて考えたことがありませんので、この際考えながら話を進めたいと思います。

ところでむずかしいことを言う前に、簡単な例をあげたらわかりやすいと思いますが、たとえばわれわれのところへ来られる方で、はじめから宗教的な問題を持ってポンと来られる人は、非常に少ないです。

ときどきはあります。入ってくるなり、「人間にとって死とは何を意味するんですか」とか、あるいは「死んでから人間はどういうふうになるのですか」とか、あるいは「死ぬのが非常に恐ろしい」などと言われる。死ぬのが非常に恐ろしいということになってくると、ちょっと宗教的というよりも、心理的という感じですが、むしろいま言いましたような、非常に宗教的な問題をボンとぶつけてくるような方がありますが、それは非常に数が少ないです。

だいたい来られる人は、そんなこと言いませんね。たとえば嫁と姑《しゅうとめ》というようなことでやってこられる。ある年輩の女性の方がやってこられまして、そしてお嫁さんが非常に問題があるといいますか、いろいろひどいことをされるので、そのことを訴えにこられた。いってみれば嫁と姑の問題です。くわしいことは言いませんが、聞いておりますと、やはりお嫁さんという人はなかなかすごい人で、姑のほうは非常に苦労しておられる。

ついでながら、このごろは嫁姑の問題と言いますと、姑のほうが泣いてこられる数のほうが多いような気がします。姑にいじめられて泣いているお嫁さんよりも、逆のほうが多いんじゃないでしょうか。この場合でもそうなんです。

その話を私はずっと聞いておりまして、そしてもちろんその方の訴えは、問題は自分じゃなくて、嫁さんが悪いんだから、なんとかあの嫁をよくする方法を教えてほしいとか、あるいはもうちょっとはっきり言うと、ほんとうは離縁して実家へ帰らしてやりたいぐらいの気持ちでしょうね。そういうふうな感じが出てきます。

「牛に引かれて善光寺参り」

私はそれを聞いていて最後に言いましたことは、「ずっとお聞きしておりまして思ったんですが、『牛に引かれて善光寺《ぜんこうじ》参り』ということばをご存じでしょう」と言ったら、「はい知っています」と言われるんです。きょうは若い人がだいぶおられますから、「牛に引かれて善光寺参り」なんていうのは知らない人もいるんじゃないでしょうか。

このごろはうっかりことわざを言いますと、まったく誤解して聞いている人がありましたって、「牛に引かれて善光寺参り」なんて言いますと、善光寺なんて肉屋さんがあったかな……（笑）なんて思う人があったりして、話がこんがらかるんですが、これは、非常に欲の深いおばあさんがおられて、さらしておいた布を隣家の牛が角《つの》にかけて走りだしたのを追いかけていっているうちに、とうとう信濃《しなの》の善光寺さんに牛が入ってしまって、それについていったおかげで、善光寺にお参りして宗教的な体験をしたという、そういう話です。

この話で言いたいことは、はじめは強欲《ごうよく》、つまり、たいへんな欲で何とかこの牛を捕まえようという気持ちが、だんだん引っぱられているうちに、善光寺に行った、つまり宗教的な発心《ほっしん》をしたという話なんです。

その方は年寄りの方ですから「牛に引かれて善光寺参り」というのはすぐ知ってますと言われたので、「お宅のお嫁さんはその牛です」と言ったんです。違うのは、その強欲なおばあさんは、何とか捕まえて自分でものにしようと思ったわけですが、お宅のお嫁さんはそういう意味じゃないけれど、あなたから見ればお嫁さんはむずかしい人、あるいは変な人ですが、その人の悪いところ、何であんな悪いやつがおるんやとか、何で悪いやつが世の中に生きてるのやとかいろいろ考えて、あるいは悪口を言ったりなんかしているうちに、あなたは結局善光寺へ参ることになるだろうと私は言った。

つまり、宗教的な問題に突きあたるでしょうということを、そういう言い方で言ったわけです。

そうするとその方がヘエーというような顔をして、「おかしなことを言う人間だなあ」と思われた感じです。というのは、その方は私がカウンセラーだから来ておられるわけで、カウンセラーというのは心の悩みを聞いて、「それだったらお嫁さんにこれからこういうふうにしなさい」とか、「そんなお嫁さんはもう離縁してしまいなさい」とか、そういうことを私が言うと思っておられたらしい。

ところが私が「牛に引かれて善光寺参り」なんていうから、けげんな顔をしておられたんですが、そういうわけで、だから一ぺんに解決するはずがない。お嫁さんがどうしたらよくなるかとか、どんなふうにしたらお嫁さんを離縁できるかとか、そんなことは私は知らんけれど、あなたがお嫁さんの悪口を一生懸命に言いにこられる意味は非常によくわかる。悪口を言っているうちに知らん間に善光寺に行くと私は思っているんだからということで、また来週も来ませんかと言ったら、来られまして、来るとまたお嫁さんの悪口を言われます。

結局は、「先生、どうしたらよろしいでしょう」、こういうことになるんですね。つまり嫁に対して自分はどう対処していったらいいか。ぼくがいつも言うのは、「さあ、わかりませんな。要するによい方法というのは世の中にないんですね」、「そうですか、やっぱりありませんか」と、非常にげっそりして帰られます（笑）。

そしてあとでその方が言っておられました。ほんとうにこんな頼りないやつはおらん。言うてくれることというのは、結局何もいい方法はないということ。ただし、いい方法がないということに私が非常に確信をもって、悠々としておる。それでまた、どうぞ来週来てくださいというんで、もうやめてやろうと何べん思ったかわからん。こんなやつに相談しても、ほんとうにらちがあかない。聞くのはすごくよく聞いてくれるんだけれど、最後のところはまあしょうがないんじゃないでしょうかとか、また来週とか言う（笑）。

死ぬための準備に来た人

そんなことを言っておられましたが、ずっと頭にあったのは、「牛に引かれて善光寺参り」だから、こんなばかなことをしているんだけれど、ひょっとしたら何かあるのかもしれんという、その「ひょっとしたら」ということを種に、この人はずっと来られました。そして私は感心したんですが、確かにだんだん宗教的な世界に目が開けていかれました。

私はそのお嫁さんの悪口をずっと聞いておりまして、一回めに直感したのは、この人は死ぬための準備に来られたなと思いました。というのは、結局年寄りの方は、お嫁さんなんていうのはどんな立派な人が来ても、要するに腹の立つときがあります。

もう、相手が若いというだけで腹が立ちますよね。この気持ち、私はよくわかります。私もだいぶ年をとってきたので、このごろ若い人を見ると何となく腹が立ってくるんです。「うろちょろするな」とか、「一発頭でもなぐったろか」という気がするんですが、何にも悪いことしてなくても、若いというだけで腹が立つというのは、要するに私はもう若くなれないんです、いまのところ。

いまのところと言ってますのは、なれる可能性がありますね。どういう可能性がありますか。もし輪廻《りんね》ということがあったら、可能性があります。輪廻ということがあって、もう一ぺん生まれ変わったら、可能性がありますが、この世界だけで私が終わりと感じている限り、若くなることはあり得ません。そうするとやっぱり腹が立ってくる。私にしたら、若いときというのはいまから思うとほんとうに残念です。戦争中でしたからね。あのときに私はちゃんと勉強していたら、いまごろどんなえらい人になっていただろうと、いつも思います。みんないまの若い人たちが喜んで、英語だとかフランス語だとかやっているときに、ぼくらはあんな敵の国のことばは覚えなくてよろしいなんていって「見よ東海の空あけて……」なんてやっていたんですからね（笑）。あの時分にもっと勉強していたら、どんなにすばらしかっただろうという思いはあります。

その姑の方にはもっとそういう思いがあるかもわかりません。自分が若いときに、好きな人と結婚したり、好きな勉強をしていたら、どんなにすばらしかったかわからないとおそらく思われているでしょうね。ところが親の言う通りに結婚して、結婚したら夫に仕えなさい、あるいは姑に仕えなさいと、ただひたすら人に仕えてきて、今度お嫁さんがやってきたら、若いだけじゃなくて、勢いはいいし、しゃあしゃあしているし、好きなことをやっている。

腹が立ってあたりまえでしょうね。しかしそのお嫁さんに対して腹を立てておられるその心の底に、自分が老いて年とっていくということは、どういうことか、そして年とってどうせ死ななくちゃなりませんから、嫁よりも早く自分が死んでいくということはどういうことかということが、あるわけです。

ただしそのことは言われませんよ。言われませんが、お嫁さんに対していろいろ嘆《なげ》かれる底に、非常に根本的なそういう問題があるのではないかと私は思いました。それから私はその人の話を聞いておって、この人はおそらくやりぬけるんじゃないかということを直感しました。ただしこれはたいへんなことだけれども、私もおそらくそれに参画《さんかく》できるだろう。

やっぱりある程度の見通しがいります。その人だけじゃなくて、私も参加しないといけませんからね。私も参加して、その人と私とでそういう道を乗りきれるかどうかという、ある程度の判断がいります。やっぱりそういう判断がなかったら、われわれの仕事はできませんね。私はそう思ったし、非常にむずかしいと思ったので、一回めに「牛に引かれて善光寺参り」ということを言ったわけです。

人が自分で変わるということ

そういうことを一回めに何も言わないときもあります。何も言わなくても、スイスイ行く人の場合は、黙っておくときもあります。ただし私のほうは、非常に深いところで感じているけれど、その人が感じておられるのは、ただほんとうに嫁が悪いというところですから、その人の問題意識と私の問題意識がものすごく離れていますね。ものすごく離れているところを、ちょっと続けておかんと、その人が途中でしんどくなってやめられるに違いありません。やめてもらっては困りますから、非常に深いことをやっているということを、少なくとも私は意識しています。私はそう思ってその方にお会いしています。

そうでないと、こういう方でよくあるんですが、途中でいやになられるときに、嫁さんの悪口でも言われると、ぼくらは聞くのに慣れていますから、ものすごくよく聞きます。あんまり感心して聞くから、言っているうちに言わんでもいいことまで言ってしまうとか、そんなにいやでもないのに、「あんなもの死んだほうがましや」とか、ついつい言ってしまわれて、帰りに自分がいやになるんです。

何で私はあんな嫁の悪口ばっかり言いにいったんや。それほどでもないのに、何でわざわざ電車に乗って、高いお金を払って、大学の先生に一時間中嫁の悪口を言っておった……こんなばかなことやめようと思って、やめられる人が非常に多いんです。

みなさん、クライエントの気持ちというのも、わかってほしいんですが、クライエントというのは非常にたいへんなんです。自分で変わっていくということは、すごくたいへんでして、カウンセラーもちろんですが、カウンセラー以上にクライエントというのはたいへんでしょう。

やっぱりそういうことを体験しながら、自分で自己嫌悪に陥りながら、いややなと思うときに、フッとぼくのことばが思い浮かんで、あの先生はどうも違うことを思っているらしい。あの先生は善光寺参りのほうを思っているんだから、こういうふうにしてもう少しいけるんかなというふうな気持ちに、また引っぱられますね。

そしてこの人は、だんだん自分の年がいくということ、それから自分がいずれ死ぬということから、だんだん宗教的なほうに関心を持たれまして、そういう関心を持たれてそういう目で見ておられますと、ちゃんとまた好きな本とかが出てくるんですね。これはおもしろいですね。それを私のほうからだいたい感じとって、「この本をちょっと読まれませんか」と言うこともあります。

たとえばこの人は親鸞《しんらん》の『歎異抄《たんにしょう》』にすごく感銘《かんめい》されるわけですが、「それだったら親鸞のこういう本がありますよ、お読みになりませんか」と言うときと、言わずに待っているときとありますが、この人の場合は私は言いませんでした。

本を紹介するということは、非常にむずかしいことでして、うっかり紹介しますと、その人と合わない場合があるんです。たとえば私が聖書を読んで感激しても、ある人は聖書はそんなにおもしろくないかもしれません。ある人にとっては、たとえば何かのお経が非常に意味を持つかもしれませんが、ある人にとっては意味がないかもしれません。だから私が好きだからといって、ポンと紹介するというのは非常に甘い考えでして、これもみなさん注意してほしいんですが、いちばんへたな場合、どういうことが起こるかというと、私がたとえばここで、この人は宗教的な問題を考えているというので、旧約聖書でも読みませんかと言いますね、私が好きだから。そうするとその人は持って帰って、これ何や、何にもおもしろくないと思うかもしれません。

そこまでだったらまだいいんです。ところがおもしろくないから読めないでしょう。先生がせっかく紹介してくれた本を読めないというのでは、申しわけないから、次休もうかとなってくるんです。こっちがわざわざその人にとって変な本を紹介したばっかりに、それが読めないからこれないとか、また、あの先生は何でこんな本をおもしろいと言うんだろう、自分とすごく違うんだなあと思う人もあるかもしれません。だから私はよほどのことでないと、本を紹介するということはしません。

といって、してないかというと、やっぱりしています。私もこの人ならということと、このへんのところだからこの本をというふうにピタッと合ってきた場合は、「これ読みませんか」と言います。それはやっていますが、非常に慎重です。この人の場合は、私は紹介しませんでしたが、自分で本を読まれました。

そして、今度はそういう本を読まれたことから、縁ができてそういうふうなお坊さんのところへ話を聞きに行かれるようになります。そうするとその人は、そういう仏教的な話を聞いて、私のところへ来られるわけです。そしたらもう私のところへ来なくてもいいようなものですね。だんだんそちらのほうに行かれたらいいので、私のところへ来なくてもいいようなもんだけれど、やっぱり来られる。

というのは、そう人間簡単に悟れるもんじゃありませんし、簡単にわかるもんじゃありませんから、お坊さんの話を聞いて、「ああそうやな」と思って帰ってきても、お嫁さんを見るとやっぱりどなりたくなってくるし、腹を立てていても、またお坊さんのところへ行ったら考えが変わったり、心が揺《ゆ》れますね。そういうことを私に話しにこられる。

「よい方法はありませんか」「ありません」

私は親鸞なんてあまり知りませんから、その話を感心して聞いている。たとえばその人は私にときどき説教をして帰られることもあるわけです。これは大事でして、みなさんもそうですが、本を読んだときというのは、人に話をするとよく心に入ります。自分だけで読んでいるとだめですね。

私なんか読んだ本のことを丸っきり忘れることが非常に多いです。忘れないように、われわれは大学で講義しているわけです（笑）。やっぱり人に話をすると、自分のものになるんです。『歎異抄』にしたって、自分のものになるということは、たいへんなことですね。だから自分が読んで感激されたことを、私に話されて、私がはあと感心して、それでもここはおかしいじゃないですかとか、ここはどうなったんですかというふうに質問しますと、答えられたり考えてこられたりということで、だんだんそちらの方向へ行かれて、そしてそちらの道が相当はっきりしてきたところで、私とのカウンセリングは終わりました。

こういうのは非常によい例でして、だから普通の人が嫁と姑の問題やとか、三角関係やとか親子関係での暴力問題とか、いろいろ名前がついていますね。そういう名前がついた問題を、そういうところで見ていないというのが、カウンセラー、われわれの特徴なんです。これは、おとうさんをなぐってめちゃくちゃな子どもやなあ、あれは、親孝行なんて忘れたのかというような見方をしているんじゃなくて、そういう普通から見れば、非常に変てこな問題の背後に何があるのかということを、ぼくらは見ているわけです。それが見えるようになるから、話が一生懸命に聞けるんです。

そうでなしに、嫁と姑の問題やと思ったら、まあ三回ぐらいは一生懸命聞けますよ。次からは一生懸命になれないですね。また同じことを言いに来た、いいかげんにしろと思うでしょ。ところが、これは善光寺参りをしているんだと思うと、そんな簡単に人間が善光寺に行けたら困りますね。なかなか行けるもんじゃありません、長い間かかって行くもんです。だからその長い長い道程《どうてい》を一緒にやっていると思うから、同じ話が続いても、これはあたりまえの話でしてね。だからそれはそれとして、落ち着いて聞いておられる。

そして私が、「よい方法ありませんか」と言われて、「ありません」と言うのは、よい方法というのは脇道《わきみち》なんです。たとえばここでちょっと嫁さんをだましてどうするとか、うまいこと実家に帰らしてしまってとか、これを普通はよい方法と言っています。そのよい方法というのは、宗教的な道からいうと全部脇道なんです。それをやらずに、この嫁と生きるとはどういうことか、なぜ私はこの嫁をきらいなのか、なぜ私は死んでいくのかと、まっすぐ歩かないと、善光寺には行き着かないわけです。

そのときに、だいたいみんな善光寺参りはしんどくて、みんな脇道に行きたがるんです。その脇道のことを、みんな「何かよい方法はありませんか」と言われるんです。そのときにだいたいわれわれは、「ありません」と非常にはっきり答えるわけです。

つまり、「この道を行きなさい」ということを言うわけです。この道というのはいちばん苦しい道です。ただし、私も一緒に行きますからというのが、カウンセラーの仕事なんです。

科学的に説明できないこと

そうすると、ここでみなさん疑問に思われると思いますが、その人が『歎異抄』を読みだしたら、私もよく知っておって、「ああ、『歎異抄』ですか、ぼくもよく知っております。それについてはこうです。親鸞の教義はこういう教義なんです。だからあなたは念仏《ねんぶつ》を唱《とな》えなさい」。あるいはいままでの仏教の流れに対して、親鸞はどう出てきて、どういう意味を持ってということを、私がちゃんと言えたら、非常にすばらしい。両方行けますからね。そういうふうに思われる方があるかもしれません。だからわれわれはちゃんとそういうことも知っておくべきではないか。

確かに私は、ある程度は知っておくべきだと思います。何にも知らないよりは、知っていたほうがいいですからね。私も知らないよりは、知っていたほうがいいですからね。私もそういう宗教の本を、ときどき読んでいます。と言っても私はあんまり本を読めないタイプですから、ほとんど読みませんが、やっぱり知っておくことはよいことです。

知っておくことはいいのですが、私はその中の一つの宗教を、絶対にこれだと言うことはない。そこは宗教家と非常に違いますね。つまり「私は真宗《しんしゅう》です」とか、「私はキリスト教です」とか、あるいは「私は天理教の考えです」とか、そういう非常に明白な宗教的な考えによっていないというところが、私が宗教家ではないところです。

宗教にはみんなその教えというのがあります。たとえば親鸞の考えでしたら、これを信じている人にとっては、南無阿弥陀仏《なむあみだぶつ》というのは非常に大事な、ものすごく大きな意味を持っています。ところが信じてないものにとっては、あんまり意味がないですね。あるいはカソリック教徒は、聖体拝領《せいたいはいりょう》のときにぶどう酒をキリストの血として飲む。

ところが大事なことは、その人にとって意味を持つことというのは、あんまり理屈で説明できないものが多いと思われませんか。つまり言うならば、合理的に科学的に説明できない。たとえば、「この時計はなぜ動いているのか、どういうふうに動いているのか」、これは誰にも説明できます。ちょっとむずかしいですが、がんばれば誰にも納得できます。

けれど「なぜぶどう酒がキリストの血になり得るのか」というのは、ものすごくわかりにくいでしょう。このぶどう酒は特別のぶどう酒で、キリストの時代からとってありましたとか、そんな説明は全然なってないので、やっぱりどっかで買ってこられたに違いないと思うんです。どこのぶどう酒か、何円で買ったか、そんなこと問題じゃないでしょう。そんなんじゃなくて、そのぶどう酒を与えるときに、神父さんがどんな儀礼をされたか、その儀礼の意味に対してみんなやるわけでしょう。

あるいは南無阿弥陀仏でもそうですね。南無阿弥陀仏なんて言わんと、もっといいのにしたらどうやろなんて、そういうことを言ってもしょうがないんで、南無阿弥陀仏ということに、科学的説明はできないですね。南無阿弥陀仏を言ったら肺によろしいとか、胃によろしいとか、そんなことはないでしょう。

ということは、どういうことかと言いますと、私が考えますのは、われわれ人間存在というのは、いくら考えたって、いくら科学的に解明したって、解明し尽くせないところは絶対あるわけです。たとえば、私はなぜいまこの世に生まれてきたのかなんて、科学的に言えと言われても、そう簡単に言えないですね。あるいは、なぜこの人がこうなったのかということは、わからないことが非常に多いです。

あるいは科学的に説明がつくときがありますよ。たとえば私に恋人があって、非常に好きだと思っていたが、その恋人が交通事故で死んだとする。実際そういう相談で来られた人がいます。何で死んだのか。そうするとお医者さんが説明しますね。「これは頭が割れて脳みそが出たから、それで死んだ」。そんなの説明になりますか。

その人の聞きたいのは、そういう医学的説明じゃないんですね。なぜほかならぬ私の恋人が、結婚する前に、なぜこういう形で死んだのかというのに、それは頭が割れたんだから仕方ないでしょうとか、そんなこと言われてもしょうがない。

だまされたと思って賭ける⁉

そこで私が言っている「なぜ」というのは人間の存在とか、われわれが生きているという根本に関係するような「なぜ」であり、それに対しては、科学は答えられないわけです。それはなにも科学が悪いんじゃなくて、そういう科学的な説明のほかに、もう一つの説明がほしい。もう一つの説明をされて「そうなんです、これに賭《か》けます」という、それがわれわれにはどうしてもいるわけです。

そのときに私が思いますには、宗教の持っている意味というのは、そういうわけのわからないところがありながら、それに賭けましょうということです。ほかの人が見たらぶどう酒でしょう。しかし私にとっては、それはキリストの血として賭けましょう。南無阿弥陀仏というのは平がなで書いたら「なむあみだぶつ」にすぎないですが、それを言うことによって私は賭けましょうと。

親鸞ははっきり「もう法然《ほうねん》にだまされたと思って賭けよう」と言っているんです。だまされたということは、賭けるということですね。だから全身をあげて賭けるという要素が、その教義の中に必ず入っています。それはどんな宗教を見られても、全部そうです。それがなかったら宗教じゃありません。

そのときに、誰が何に賭けるかというのは、私はわからないと思っている。だからある方が真宗に賭けられたものに、私も一緒についていこうと、こう思います。だからある人はキリスト教に賭けられたり、ある人はキリスト教に賭けられたりしますね。そのときにわれわれはそれに対して一緒についていこうとしますが、私自身がそれを与えるということはやりません。

その点、宗教家の方は、自分の賭けたものを人に示すことができます。たとえばこの四天王寺でしたら、四天王寺の考え、四天王寺の教義をもって提示することができます。それに賭ける方は、どうぞ入ってください。入らない方は、これはもう仕方がありません。そういう考え方です。私はそうはやらなくて、その方々が進まれる道に、われわれはついていこうとする。

ここでちょっと思いだしたんですが、ついでに言いますと、こういう場合どう思いますか。その人が賭けるというときに、南無阿弥陀仏に賭けたとか、『歎異抄』に賭けたとか、あるいは四天王寺さんにお参りして、そこで説教を聞いて、だんだん自分はその道に惹《ひ》かれていった。これは私もうれしい。ところがその方が何とか教という、誰も聞いたことのないようなものに賭けようとされるときがあります。

それは一体どうなっとるんですかと言ったら、何か大事な石があって、この石を持っていたら必ず幸福になる。ただしその石を買うのには二百万円出さないかんらしい。そして私は、その幸福のためだったら、借金してもいいからおとうさんにいくら借りて誰それにいくら借りて、サラ金からいくら借りて、二百万円でその石を買おうと思います。そういう話は実際にあるんです。

そういうふうに言われた場合、われわれはどうしますかね。その人はせっかくその石に賭けようとしてるんですから、そのイシを尊重してというんですかね、こういう場合は（笑）。私はついていくべきでしょうか。どう思われますか。ものすごくむずかしいでしょう。止めるのは簡単です。「そんなあほなことやめときなさい。それはウソです」と。

なぜそれがウソだとわかりますか。なぜ南無阿弥陀仏のほうが確かで、何でこの石がにせものか。本物とにせものを見分けるほど、私はすごいのか。宗教を見て、こっちは本物、これはにせものとか、そんなことみなさんできますか。もし本物というんだったら、本物というのは一つじゃないですか。世界中にものすごくたくさん宗教があるけれど、その中で先生はどれが本物だと思われますかと言われると、困るんじゃないでしょうか。

ちょっと違うところで見ている目

ところが聞いていて、どう考えてもついていきにくいのがありますね。私は、だからそういう場合に、それが本物であるとか、にせものであるとか、間違っているとか、そういうふうには決して言いません。言えることは、「私はどう考えてもあなたのお考えについていくことができません」。それがほんとうでしょうね。

「ついていくことができません」と言っているのは、あんたが間違っていると言っているのではないんです。ひょっとしたら、その人にとってそれは意味を持つかもしれない。これはもうわからないんです。しかし私という人間は、どうしてももうあなたのそれにはついていけません。だからあなたとしては、私と一緒にやろうとする限り、そちらとは縁を切って私とやるか、あるいは二百万円で石を買うほうに賭けてしまうんだったら、私のとこをやめてもらうか。賭けですから、どちらに賭けるかです。

そんなことを言いながら、ガタガタ続くときもあります。そう簡単にスッパリいきませんからね。そう言っても、私はこちらに賭けますという人もあります。先生に話をしてもらちがあかん。私と話をしていたら、一生懸命聞いてくれて、最後は、「よい方法ないなあ」と言わはるけど、あっちに行ったら、すぐよい方法がある。その石を買えば金が儲《もう》かるとか、ここを拝《おが》めば誰がどうなるとか、ものすごくはっきりしているわけですから。だからそのはっきりしたほうへ賭けますという人がおっても、あたりまえでしょう。

そういう場合は、私らはもう止められなかったら、「じゃあそっちに行ってください。それでも帰りたくなったら帰ってきてください」ということを言います。「そちらへ行って、どうしてもそちらがうまくいかずに、帰ってきたくなったら帰ってきてください」というふうに、申しあげておきます。事実、そういうふうなところに入って、いろんなことをやった揚句《あげく》に帰ってこられる方もあります。

というのは、人間というのはやってみなくちゃわからんことが多いですから。やらずにわかることは少ないので、やっぱりある程度はやって、失敗して、そして帰ってきたかったら帰ってきてもらう。やっぱりあいつはだめだと思われたら、これはよそへ行ってもらうより仕方がありません。そういう場合もあります。

話をもとへ戻しますと、さっきの話によりますと、要するに普通の人であれば日常的に嫁と姑とか何とか言っている問題を、ぼくらはちょっと違うところで見ていると言いましたね。この違うところで見ているという目が、われわれカウンセラーには絶対必要なことだと思うんです。

われわれの日常生活というのは、だいたいスムーズにいっている。まずまずスムーズにいっているわけだけれど、その日常生活の中でちょっとうまいことといかないときがある。たとえばいまの例で言いますと、だいたいうまいことといっておったのに、息子にお嫁さんをもらったら、そのお嫁さんとどうもうまくいかなくなった。どうしても日常生活がいやでいやで仕方がない。

みなさんだって、ずっとうまいことといっていたのに、ふとある日何かうまくいかなくなるということが出てきますね。職場でものすごいけんかをやってしまって、言わんでもいいのに、「やめます」とどなってしまった。そしたらひとこと言ったばっかりに、「それならやめたらどうや」ということになってきて、困ってしまうとか、そういうことが実際ありますね。

それからときどきわれわれのところに相談に来られる人がありますが、非常にかたい人で賭けごとなんか全然しなかったんだけれど、ボーナスをもらったときに、一ぺんぐらい行けよと言われて競馬に行った。行って競馬場で金を全部とられたか、すられたかして、ボーナスが全部なくなってしまう。金がなくなって悄然《しょうぜん》としていたら、友だちが「せっかく来たんだからこれでも買えよ」というので、金を貸してもらって競馬の券を買うと、それがものすごく当たった。

ボーナスほどでもなかったけれど、金がワァーッと入ってきた。そうするとこれでうまいことやったら、ボーナスぐらいになる。それでやっているうちに、競馬にやみつきになって、だんだんマイナスになって、サラ金を借りて、サラ金で首が回らなくなったという、そんな人もおられます。

その人だって、競馬場に行くときに、フッと誘われたり、ボーナスがなくなったり、また馬券が当たったりというようなことがなかったら、そんな変なことは起こらなかったのと違うだろうか。その人はもっと日常生活をうまく続けられたんじゃないかというようなことがあります。

日常じゃない世界からの信号

みなさんそういうことってありませんか。われわれのところに相談に来られる人には、こういうことを言われる方が多いです。「あれさえなかったら、私はうまいこといっていたのに」。そういうことがきっかけで、ガタガタとおかしくなるということを言われるんですが、私から見ますと、そういうわれわれの日常の生活の中へ、何かポンと入ってくるんですね。これは一体何がどこから入ってくるのか。

考えてみたら、その人は競馬に誘われて行くわけですが、誰がそれを誘ったのか。友だちが誘ったと思うんですがね。しかし一体そういうふうにしたのは誰なのかと思うと非常におもしろいですね。つまりわれわれの普通の日常の世界に、何かがポンと入りこんでくるわけです。

これは私がいま言いましたような格好で入ってくるんじゃなくて、われわれがある程度体験するのは、急に気分が変わるという格好で、体験することがありませんか。何か楽しく掃除なんかしていて、フッといやになってきて、何か憂うつになってきたり、それから友だちから電話がかかってきたとか、何か手紙をポッと見ただけで、ムカムカしたり、腹が立ったり、イライラしたり、そういうのがありますね。あれは何か違うものが、フッと入ってくるわけです。

よくよく考えたらわかるときもありますが、何かぼくらの日常の流れの中に、ポンと入ってくる。その入ってくる「何か」というのが、私が言っている日常生活の下にあるというか、上にあるというか、不思議な世界ですね。そこから何か信号が入ってくるわけです。私は、われわれのところに相談に来る人は、そういう信号を受けた人だと思っています。

それはどういう信号かというと、あなたが住んでいるこの日常の世界以外に、もう一つ世界がありますよ。何らかの格好でわれわれはそういう世界からの信号を受けるんじゃないかと思うんです。つまりいまの人であれば、何もかも順調にいくと思ったのに競馬に手を出してスッカラカンになって、しかも借金で首が回らなくなって、そしてわれわれのところに来られるわけです。

そのときに、「あんたあほやなあ、あのときに競馬に行かなかったらよかったのに」とか、「何であいつが誘いやがったんや」とか、そんなこと言ってもしょうがないわけです。その人はそういうことばっかり言われますが、私が思っているのは、この人はこういう形で信号を受けたが、一体どういう信号を受けたんだろう。

どういう信号を受けたかというと、あなたは日常生活というのは、みんなうまいこといっていたと思うけれど、人間には転落ということがありますよとか、人間には運命ということがありますよとか、そういうふうな信号がパッときたわけでしょうね。

あるいはその人は、それまで競馬するやつなんて、あんなばかなやつはおらんとか、賭けごとするやつってあほかいなと思っていたけれど、自分がやったわけですから、人間というものは自分を含めて、なんとばかなことをするんだろうということを体験したかもしれません。

だからこれはわれわれのところへ来て、いろいろカウンセリングの結果、抜けでた人がよく言われます。人の気持ちがよくわかるようになったと言われる人が非常に多いです。それまではそう思わなかった。みなさんもそうかもしれませんが、日常がうまいことといっていますと、日常生活からずれたやつがおると、あれはあほやなあとか、何であんなばかなことをしているんやと思うんですが、一ぺん落ちますと、落ちた世界がよく見えてきまして、いろんなことがよくわかるようになります。

やらざるを得ない「悪」

そしてそういう意味では、日常の世界とは違う世界、つまり私から言わせると宗教的な世界ですが、そういう世界があるとわかる方法に二つの方法があります。一つの方法はいわゆる宗教体験といわれるもの。これはめったにそういうことがある人はありませんが、宗教的な天才の場合はあり得るわけです。

たとえば山の中に籠《こも》っておったら天から神の声が聞こえてきたり、あるいは「あなたは行って、人を救わねばならない」という声が聞こえてきたり、あるいは「あなたはキリスト教に回心《かいしん》しなければならない」という体験があったり、そんなのはみなさん宗教的な本を読まれますと、いくらでも出てきます。宗教の教祖といわれている人とか、あるいはすごい宗教家といわれている人は、そういう宗教的回心という体験を、みんな持っておられます。中にはもっとすごい人でしたら、極楽《ごくらく》というものがあるんだったら一ぺん見てみたいと思っていたら、とうとう極楽を見たなんていう人もいますね。たとえば中将姫《ちゅうじょうひめ》（藤原豊成《ふじわらのとよなり》の娘。女人の身ながら極楽往生したと伝えられる）がそうですね。

非常な宗教的天才というふうな人は、光輝く、すごい世界を見ることができます。そういう人がこの中にもおられるかもわかりませんし、もちろん実際に四天王寺におられるお坊さん方、実際に宗教的なことをやっておられる方は、そういう体験をずいぶんしておられるだろうと思います。座禅をしておったときとか、あるいは単に庭を掃いておったときとか、あるいはここでお経を唱えておったとき、そういうときにいろんな体験がおありになると思います。

ところがおもしろいのは、われわれカウンセラーのところへ来られる人では、そういう宗教的回心の体験を持ってこられる人は、めったにありません。そんな人は来るはずがありません。「私はすごい体験をしまして、あまりすばらしいのであなたに話したげましょう」なんて、そんな人は来ませんわね。聞いたらこっちがお金払わんといかん（笑）。

われわれのところに送られてくる人は、何を契機《けいき》に宗教に入ろうとするかというと、ほとんどの人はもう一つの入口がありますね。悪という入口だと私は思います。「なぜおれはこんな悪いことをしてしまったのか」とか、「何で自分はこういう悪の中に紛《まぎ》れこまされたのか」とか、あるいは「なぜ私のまわりにこういう悪いやつがおるんだろうか」とか思ってくる人がいます。

さっきの姑さんの話じゃないけれど、「自分は悪くないんだけれど、嫁が悪いから」というので来られている人もあります。とにかく何らかの意味で、悪いといわれているような問題とわれわれとは、非常に関係があります。自分はいいことばっかりして困るというような相談は、めったにありません。

何か悪が関係しているんじゃないでしょうか。そのいちばん典型的なのは、非行少年とか、あるいは少年だけじゃなくて、犯罪をやった人とか、そういう方です。あるいはノイローゼなんていうのも、その人にとっては一種の悪でしょうね。何で自分はノイローゼというような悪魔にとりつかれたのか、そういうように思われるでしょう。

私は、これは非常におもしろいと思うんですが、キリスト教の使徒のパウロの有名なことばですが、「なぜ自分の欲している善は行わずに、欲していない悪を行うんだろう」というパウロの嘆きというのがありますね。これはすごい名言ですね。

一人でおるときには、私もせめていいことをして、そしていいことをした人が極楽に行くんだったら、私もそういうことをさせていただきたいと欲しているんですが、なぜか知らないですが人と会うと忘れてしまうんですね。そしてついついウソをついたりします。そうするとおまえはウソをつくのが好きかと言われたら、そんなこと欲してません。だますのが好きか。それも思ってないんだけれど、ついついやってしまう。

この中で悪いことをするのが大好きで、それを趣味にしているという人は、めったにいないですね。みんな開き直って聞かれますと、私は善を欲しています、悪を憎みますと言います。そうすると、善ばっかりやっておられますかと言ったら、いやちょいちょい……というふうなもんで、必ず悪いこともやっているはずです。

私が感心するのは、パウロのようなすごい聖人が、そういうことをはっきり聖書に書いていることです。パウロでさえそうなんですから、われわれ普通の人間は、悪をどうしてもやらざるを得ない。そしてそれをやってノホホンと忘れているぐらいだったらいいけれど、そのために捕まえられてしまった人とか、あるいはそのために自分も非常に困っている人とか、そういう人がわれわれのところにやってこられます。

「いい子」の家庭内暴力

その悪というのを、われわれよくよく見てみますと、それがやっぱり宗教体験への入口になっている。あるいはその背後に宗教というのが動いているというのを、すごく感じます。

このごろよく家庭内暴力なんていうのがありますね。家庭内暴力というのは、子どもがおとうさんとおかあさんに暴力をふるう事件です。いまだにふえていて、あんまり減っておりません。私はその家庭内暴力をふるった子どもさんにも、親御さんにも、両方会うことがありますが、ほんとうにこれはすさまじいものです。おとうさんもなぐるわけですが、だいたいはおかあさんをなぐる子のほうが多いです。しかもそれはなぐるといったって、ポカンとなぐるというようなもんじゃなくて、なぐられてあざだらけになる人もいます。

それからもう殺されそうになって、家を飛びだしてしまうとか、それからみなさんご存じのように、あまりにたまらないので親が子どもを実際に殺してしまったとか。あのように親御さんが子どもさんを殺す気持ちも、私はわかりますね。もうやらなかったら自分が危ないという、それはすごいもんです。男女同権ですから（笑）、女の子でもやっている人がいます。ただし数は、やはり男のほうが多いですが、女の方でも短大ぐらいになりますと、体も大きいし、力も強いですから、おとうさんの肋骨《ろっこつ》を折ったなんていう子もいます。

そういうふうなことは、絶対に子どもが悪いわけでしょう。とくに親孝行なんていう考え方からしますと、たいへんなことです。このごろはちょっと変わってきましたが、はじめのころはこういう家庭内暴力をふるう子は、ほとんどがものすごくいい子でした。

いい子といっても、飛びきりいい子が多いんです。学校に行っても成績もいいし、行いもいいし、家でも親の言うことをよく聞くしというふうな、そういう子どもがあるときから、だいたいは学校に行かなくなって、登校拒否になって、うつうつとしているうちにだんだん変わってきて、たとえばおかあさんが、「あんた行きなさい」なんて言うと、「やかましく言うな、おれの気持ちもわからんと」とかいうふうにどなる。どなる言い方も、そのいい子だったはずの子が、「おまえ、何言うとんねん」とか、だんだん荒っぽいことばを使うようになって、おかあさんとかいうふうには決して呼ばなくなる。

それでとうとう暴力をふるいだす。これもはじめのうちはおかあさんにむかわずに、テレビを庭に放り投げて、叩《たた》きつぶすとか、ものに対してやりますが、そのうちにおかあさんにむかって、そしていったんやりだしますと、むちゃくちゃをやります。今度はおとうさんもそれに巻きこまれますと、おとうさんも完全にやられてしまって、そのうえ理不尽《りふじん》な命令を下す子が多いですね。

おとうさんに「服を着たまま風呂に入れ」とか、また、そう言われて親が風呂に入るから傑作《けっさく》なんだけれど、「土下座《どげざ》して三百回お辞儀《じぎ》しろ」とか、両親がほんとうに土下座して、お辞儀するのを見ているとか、ものすごく冷酷《れいこく》なすごいことをやる子がいます。中にはあんまりひどいので、親が家出して逃げてしまったり、一一〇番したり、そういうことがあるぐらいです。

そしてそういうおとうさん、おかあさんにわれわれが会いますと、おとうさん、おかあさんにしたら何がかなわんかというと、何でそんなにやられるのか、わからないわけです。たとえば両親がものすごくずるいとか、ものすごく悪いことをしてなぐられるのなら、これはしょうがないですね。

アメリカにも家庭内暴力がありますが、アメリカの家庭内暴力と日本の家庭内暴力はずいぶん違いまして、アメリカのほうは親が子どもを虐待《ぎゃくたい》しているほうが多いんです。これもまたすごい虐待をしますけどね。また虐待に耐えぬいて生きた子どもが、今度復讐《ふくしゅう》のために親をやっつける。これはアメリカに非常に多いパターンでして、そのときはもうピストルで撃ちあいとか、もっとはなばなしいことをやる。全然スケールが違います。

「うちに宗教があるか」

しかし、アメリカの場合は非常によくわかりますね。それだけやられたら、親にでも復讐したくなるかもしれません。ところが日本のおとうさん、おかあさんがたいてい言われるのは、「一体おれはおまえのためにどんな悪いことをしたのか」。ほんとうに思いあたることがないんです。実際そういういい子に育ってきているから、おとうさん、おかあさんも一生懸命世話しているわけですが、子どもにしたら気に入らんことばかりで、母親がこっちをむいたというだけで気に入らんとかね。

もっとひどいのは、「顔が気に入らん、その顔を変えてこい」と言うんです。「おかあさんがそんなばかな顔をしているから、私はこんな顔になった。こんな顔をしているばっかりに、みんなにきらわれているんやから、ここを何とかしてもらわんと困る」と言うわけです。

次は、何でおれを生んだ、生まなかったらよかったのに。そう言われたら、「いままでおまえのために働いてきた」とか、「ごちそうをつくってやった」とか、「家庭教師をつけてやった」とか、いろんなことが全部無になりますね。生んだということが悪だと言われたら、これはもう親としたら何も言いようがないんじゃないでしょうか。

そこまで言う子はまだましです。そうも言わずに、ともかく暴れる。「おまえがおったらしゃくにさわる」とかね。そしておかあさんがおるだけで腹が立って、あっちへ行けと言うから、ほんまにきらいかというとそうじゃないんですよ。機嫌のいいときには、ちゃんと傍にきて引っついたりしている。甘えるときにはものすごく甘える。怒りだしたらむちゃくちゃというのが多いわけです。

ところがそういう家庭内暴力の子で、すごい名言を吐いた子がいます。そのおとうさんがついに腹が立って、「何が不足や」と言ったんです。つまり、そのおとうさんにしたら、家では何でもちゃんとしてやったじゃないか。ほかの家と比べてみろというわけです。

おとうさんがお金を儲けてきて、ほしいものはすべてやったじゃないか。そしてまた、ほしいものをすべてもらっているから、その子はいい子だったわけです。だからおとうさんが、おまえは何が不足でそんなに怒るんやと言ったときに、その子どもはどう言ったと思いますか。「うちに宗教があるか」と言ったんです。それでおとうさんとおかあさんはガクッと参ってしまうんです。

つまり、「おとうさんとおかあさんは、何でもくれたけど、どういう宗教で生きているのかと言ったことがないじゃないか」。それでおとうさんおかあさんがカウンセラーのところへ来られて、「どうしましょう」と言うから、「確かにおとうさんおかあさんは、いままでお金で買えるものを全部あの子にあげたけれど、今度はどこの宗教を買いに行くんですか」と、カウンセラーが冷《ひ》やかしたことがあるんです。

これはまた間違ったらいけませんが、子どもがうちに宗教がないと言うので、親が、「これはひとつ宗教を注文せんとあかん。隣に何とか寺がある……」（笑）。そんなことは絶対だめです。そんなことを子どもは言ってないのです。子どもが言いたいのは、「金で買えないものをくれたか」と、こういうことを言いたいんです。金で買えないもの、これが要するに宗教なんです。

つまり人間というのは、日常的に全部満足してもだめなんです。カウンセリングと宗教の問題なんていうのも、最近よくわかってきたというのは、私は世の中が豊かになったからだと思います。世の中の貧しいときはわかりにくいんです。

なぜかというと、貧しいときはものさえあればと思うでしょう。たとえば私が若いときには、腹いっぱい食べられさえしたらとよく思いました。あるいはあの本とあの本とあの本とが買えたら、どんなに勉強するやろうと思って、勉強せずにいました（笑）。要するにうまいことできているんです。本さえ買えばいいように思うけれども、金がないし本が買えないし遊んでおいて、深い問題に気づかずに、楽しく生きられるようになっているわけです、もののない時代というのは。

ものがないときには、ものがあればということで、ごまかされて、本来的な問題からみんな外《はず》れているんです。

買えないものがほしい！

ところがこの子みたいに、いつも本はある、食べものはあるという、全部ある状況でしたら、かえって本来的な宗教的な問題のほうに気づきやすいわけです。そしてこの子が親に、宗教がうちにないと言ったのは、またこれもよくわかるんですね。われわれの年代の人間というのは、自分がものがないときに育ってきたから、子どもには不足を味わわせたくないと思っている人が、ものすごく多いんです。

自分は本を読みたいときに、ひとつも読めなかった。だから子どもが本を読みたいという限り、どんなことがあっても本を買ってやるんだという人が、よくおられます。すごく立派に聞こえますが、それは立派だけじゃないんですね。非常に危ないんです。なぜかと言ったら、買いたい本を全部右から左へと買ったら、決してよくありません。子どもは楽しみがなくなります。

子どもが「買いたい」と言うときに、「金がない」とか、「そのうち買う」とか親が言って、子どもがいろいろ苦労したり、何か小づかいを貯《た》めてみたり、親と文句を言いあいしたり、「おとうさん、本買わへんくせに、酒飲んどるやないか」とか言われて、ガチャガチャやるから人生って楽しいんですよね。それをみんな忘れてしまって、子どもが「本を買ってほしい」、「ああ買ってあげましょう」というようなのは非常に浅はかな考え方です。

ところがそういう浅はかな考え方でわれわれ大きくなったというのは、ぼくらの年代の人からちょっと上ぐらいは、ものがなさすぎましたのでね。ものさえやったら子どもは幸福になると錯覚しているわけです。ところがわれわれのところへやってきた子どもたちは、ものはいらんのです。買えないものがほしいんです。だからこの子は、「宗教がうちにないじゃないか」と言ったのです。

カウンセラーがそのおとうさん、おかあさんに「どこで買ってきます」と冷やかしたのは、あなた方は何でも買えるものを買ってやったらいいと思っているけれど、子どもはいよいよ買えないものがほしいと言っている。それは、おとうさん、おかあさんがものを買わずに子どもにやれることは何ですかということを、問いかけているわけです。

みなさんの中におとうさん、おかあさんと呼ばれる人がたくさんおられますが、ぼくらは子どものために何でもしてやりたいと思っていますね。しかし、ほんとうにそうでしょうか。子どもが「本をほしい」と言うときに、「ほしいといったってすぐには買わんのやから」と言うとします。そうすると、「おとうさんは本読むのがいいと言っているのに、おとうさん酒飲んでるやないか」ときますね。そうすると、「本は買わないけれども、おれは酒を飲む」、それでいいのだという説明をしないといかん。これはむずかしいですよ。あるいは説明をされずに厳然と、「本は買わないけど、酒は飲むんや、文句あるか」と言ったらいいんです。それが親父というものなんです。

だいたい世の中というものはそんなに理屈通りいかんのです。理屈通りにいかんということの標本が、親父というものです。本は買わないが、おれは酒を飲むといってがんばるエネルギーと、そうか買《こ》うてきてやるわというエネルギーだったら、買うほうが少ないのと違いますか。

昔は金がなかったから、そのへんはうまいこといったんです。「買ってくれ」、「そんなもの買わん、金がないのや、おとうさんどれだけ働いておるか見とるやろ」というだけで、うまいこといったんです。おとうさんはこれだけ働いてはるんやから、お酒飲んでもあたりまえやないかと言ったわけです。

ところが、幸か不幸か、いまは金があるでしょう。だから買うほうが簡単なんです。本ぐらいだったらいいですよ。ステレオであろうと、自動車であろうと、まあ自動車なんていわれると大変だけれど、それでも自動車の月賦を払っているほうが、子どもと正面からぶつかるより簡単なんです。だから親はものすごくがんばっているようだけれど、じつはみんなサボっているんです。

「完璧にしている」イコール「何もしていない」

つまりほんとうに子どもに対して理不尽にわけのわからない存在として対決するよりは、ものを買うことによってサボっているわけでしょう。それを子どもが言っているんです。「おとうさん、おかあさんは本物やないぞ」と言っているわけです。「本物の親父やおふくろだったらもっとがんばったらいいやないか。何でものばっかり買ってくるのか」ということを、子どもはうまいこと言えないでしょう。

言えないから何となく腹が立って、バーンとなぐるわけです。そうするとおとうさん、おかあさんがわれわれのところへ来て、「一体どうしたらいいんでしょう」。そしてみんな言われます。「どっかうまいこと治《なお》る施設がないでしょうか。お金はいくら出してもよろしいので」。私がそこで、「何々施設があります、ただし一千万円」と言うとします。それでそこに行こうと子どもに言っても、またバーンとやられるかもしれません。子どもが治るためだったら、死にもの狂いになって働くからなどと言っても、だめなんです。

子どもがしてほしいのは金を出してもらうことじゃないんです。金ではなく直接におれに当たれと言っているんだけれど、それができないんです。みんなそれができないから、「何かよい方法はないか」と、こうなるんです。そして考えて考えていろいろやっても、子どもにボカンとなぐられるんです。

私はそれを見てていつも思うのは、これは禅《ぜん》とよく似ているなあということです。だから私は「家庭禅」ということを書いたことがあるんです。ほんとうは禅なんて全然知らなくて、知らんとしゃべるのが学者の得意なところでして、見てきたようなウソを言っているんですが、ものの本を読んだり、人に聞いたりしますと、禅の坊さんというのはむちゃくちゃ言いますよね。たとえば棒を見せて、「これは何か、言え」なんて言って、言わんとおったらパーンとなぐられるし、言わないかんと思って、「それは杖《つえ》です」と言ったら、またパーンとなぐられる。言うてもなぐるし、言わんでもなぐる。

ところがおもしろいことに、そんなむちゃくちゃを言う禅のお坊さんに対しては、どこの施設に入れたら治るんやろなどと思わずに、みんなお辞儀して帰ってくるわけでしょう。私はよく言うんだけれど、無理して禅の寺へなんか行く必要はない。このごろは家の中にちゃんと禅の老師《ろうし》がおる……それは家庭内暴力の子どもたちですよ。つまり子どもたちは、「おとうさん、おかあさん、親とはほんとうは何ですか」と言っているんです。それでおやおやなんて言っているからパーンとやられて……（笑）。

そのときに、そういうふうに受けとめたらわかるんだけど、みんなそうは受けとめていない。日常のレベルで受けとめている。日常のレベルでの親と子。子どもは親の言うことを聞かねばならない。われわれ親はどれだけ子どもにしてやったかなどというレベルでは、みんなもう完璧にやってるんです。日常のレベルで完璧にしていると いうことは、ちょっと違う世界では何もしていないということです。

なぜわれわれは親子なのかとか、親子とは何かとか、そういうことについては全然考慮されていない。考慮せずに、何かほしいものがあると、買ってきてやろうか。勉強したいか、じゃあ家庭教師つけようかとか、そういうことばっかり親はやっているわけでしょう。子どもはその世界を破ったろというんで、親に問題を突きつけるわけですが、残念ながら、子どもと禅の老師の違うところは、子どもには答えがわからないということです。子どもがわかっているのは、「何かおかしい」ということだけです。何かおかしいということと、親を鍛《きた》えねばならない。これだけです（笑）。だから考えたら、親孝行の最たるもんなんです。

ほんとうにそういう方が、ぼくらのところに来られます。そして、「先生、何かよい方法はないでしょうか」。私は、「さあ、よい方法はありませんな」。私が言っているのは、どこかパッと開ける道ですね。よい方法というのは何度も言うように、日常生活で答えを探しておられるのです。

しかし違う次元の答えがあるんですね。その答えは、残念ながら私は言えないんです。その人が見つけないとだめで、その人とその子しか見つけられない道があるんです。それが見つかったら、だんだん解決していきます。またすばらしい人は、実際それをやりぬかれます。

親を門前払いする子

だから日常の世界の中で親子であり、日常の世界で満足している子は、家庭内暴力なんてやらないでしょうね。家庭内暴力をやっている子は、何も悪い子とは限らないですよ。いい子とまで言えないまでも、少なくとも悪くはないです。少なくとも彼らはどっかに道があるのではないかと、自分でもわからないまま、死にもの狂いになって求めている。いくらやっても親がわからないから、だんだんひどくなっていく。

けれどもそういう中で鍛えられて、親がその道を見つけだしたときは、すごいすばらしい人になられます。それは、いつも感心します。もうそこまで鍛えんでもと、気の毒に思うんだけれど、子どものほうは親がわかるまでやるんですから。それでも子どものほうがあきらめることによって、家庭内暴力がおさまるときもあります。だから「ここまでやったのに」と言った子がいます。

ここまでやったのに、親はとうとう気がつかなかったけれど、自分は大人になったので、自分は自分の道を行くというふうにあきらめれば、もう暴力はやりません。これは要するに禅で言うと、老師がもう見放したわけです。これはもう悟るはずがない。だから門前払いです。つまり子どもから言うと、親を門前払いしたわけです。親にしたら、「ああ、とうとう治りました」なんていうもんでね（笑）。

　いまも言いましたように、残念ながら私は答えを知りません。わかっていることは、必死になれば答えが出てくるということです。そして非常に意味のあることをやっている。子どもが暴力をふるって親が逃げまわっているとか、子どもがおかしくなったなんて私は思ってないのであって、こうまでして、親子ですごい道を開かねばならない家庭であると思うから、私は一生懸命に関わっているわけです。実際いまも言いましたように、そこから抜けでる人というのは、ものすごくすばらしい人になります。

　ところがこんな例もあります。子どもが非行をやりましてものを盗んでくる。盗むだけじゃなくて、たとえばシンナーをやるとか、いろいろありますね。そうするとそのおかあさんが、「これは私の信仰がたりないからだ」と思われる。そう思っておりましたら、確かにあなたは信仰がたらんからやと言う人があります。それでおかあさんは一念発起して、一つの宗教に入って、いろいろ修行されます。

　そしてその人の信仰は非常に深まっただけじゃなくて、そのおかあさんは自分の信仰体験を文章にして、あちらの新聞に出したり、こちらの雑誌に出したりされますと、文章も非常にうまいですし、宗教的体験も深いですから、よく載《の》ります。けれども子どもの非行はひとつもよくなりません。それでも子どもが帰ってきたときなんか、おかあさんはその子をつかまえて、一生懸命自分の信仰の話をされます。そうすると子どもがすごく涙を流して、おかあさんはそこまでやってくれておったのか。そしたらぼくも一緒に信仰するということで、一緒にお寺に参って、お経を写したり、そういうことをおかあさんと一緒にはじめます。

そうして喜んでおったら、何日かしたら子どもがまたお金を持って、ポイと出ていってしまいます。そのおかあさんが私のところに来られまして、やっぱり自分はこうまでしても、信仰がたりないのかと嘆かれました。

私はそのときに思ったんですが、こういうところが信仰するということと、子どもに接するというところの非常にむずかしいところでしてね。そのおかあさんが書かれたものなども、私は拝見しましたが、確かに非常に深い体験をされた人だと思いますし、そういうものがあるから、投稿してもすぐ載ると思うんです。それと子どもとの関係は、一体どうなっているのか。ここが非常にむずかしいところです。

信仰を破ってまた固めることの連続

このことに対する明確な答えはないかもしれません。けれどもそのおかあさんに限っていう限り、へたをすると、その信仰というものが隠れみのになるんです。つまり、私はこれだけ信仰している。私はこれだけがんばっているということで、やっぱり親と子がむきあうということを、どっかで避けているんです。親と子がまっすぐにむきあって対決するんじゃなくて、私はこれだけ信仰したんだから、あんたもしなさいというようになると、親が高いところに上ってしまっているでしょう。「私はこれだけがんばっているのに、あんたはなんですか」。それは子どももがんばりたいと思うから、おかあさんと一緒に拝もうとするんだけれど、子どもは何といったって、まず悪いことをしているんだから、そういう悪いことをしている子どもの世界まで、おかあさんが下りてきて、そこで二人が人間と人間としてむかいあうことからはじまって、次に信仰の道に入るのならいいのですが、おかあさんが先に自分の信仰を深めてしまって、それで自分を守りすぎているから、親と子の心というものはスムーズに流れない。要するにおかあさんのほうが立派すぎるんですね。

そしてこの子どもはまだ非行を重ねるから、このおかあさんはますます信仰が深くなって、今度は他人のために説教したり、他人のために働いたりされるようになります。だから他人のためにはすごく尽くされますが、自分の子どものためには、ほとんどマイナスのことしかできません。

こういうのは一体どう考えたらいいのか、非常にむずかしいことです。ひょっとしたら、それでいいのかもしれません。運命というのはそういうもんで、他人のためには働くけれど、自分の子どもには働けないという運命の人がいるのかもしれません。あるいはその逆の人もおられるかもしれません。

それでもやはりぼくらにしては残念で、信仰というものは一ぺん悟ったり、一ぺん信仰したらそれで終わりというんじゃなくて、それを破って、それを疑って、そしてまた固める……まあ信仰というのはそういうもんだと思います。それを破ってまた固めるということの連続じゃないかと、私は思います。

そのときの、できあがりかけたものを、もう一ぺん破らないとだめじゃないのかということを、子どもがほんとうは言っているわけだけれども、それがおかあさんにはどうしても受けつけられない。そこでもう一ぺん自分を疑い、自分を壊してやり直すことができたらよかったんですが、この方は残念ながら、そうはできなかったように思います。こういう問題も宗教の問題として、非常にむずかしいことだと思います。おそらく百人とか二百人とかの人のためになるよりは、自分の子どものために尽くすことのほうが、人間ってむずかしいんじゃないかと、私は思います。

「畏れ」を忘れて生きている

次にまた全然違う話題に移りたいと思います。それは宗教体験の非常に大事な要素の一つとしてある畏敬《いけい》の念と言いますか、畏《おそ》れの感情ということです。さっき言いましたが、われわれは日常生活がずっとうまいことといってると思うんだけれど、そうじゃないものがあるんだということで、畏れを感じる。この畏敬の念というのが、私は宗教体験の根本にあると思うんですが、この畏れの念というのはぼくらの日常生活から、なくなりすぎているんですね。あまりにも世の中、畏れがないでしょう。

実際に考えてみたら、昔の人にとって、たとえば私の住んでいる奈良から四天王寺までお参りするなんていうことは、たいへんなことだったんでしょうね。道にどんな人がおるかわからない。ところがいまだったら、近鉄に乗ったらパッと来るわけです。それどころか、アメリカだって簡単に行けるわけです。たとえばご飯ひとつ食べるにしても、非常に簡単です。何をするにしても簡単です。

ところが昔だったら、常に畏れがつきまとって、その畏れの感情があるために何か人間というものは人間以外のものによって見られている、あるいは支配されているという、つまり超越的なものを感じていたと思うのですが、現代のぼくらはこれがなくなりすぎて、どういうときに畏れを感じるかというと、ときどき新聞で事故なんか見たら、びっくりするわけですね。

飛行機が落ちて百何人死んだということを聞きますと、今度乗るときに、「落ちるんと違うかな」と畏れを感じますね。結局はめったに落ちることはないので、まあ安心しているようなもんだけれど、そういう途方もない事故が、ときどきボカーンと起こって、ぼくらがびっくりするというのは、あんまりみんな畏れなしに生きているから、かためて出てくるみたいな感じですね。

ところが考えてみたら、急にビルの火災なんかが起こっても不思議じゃない。ぼくらはそんなこと考えずに、ホテルなんかに泊まってても平気で寝てますわね。ところがいつ燃えるかわからない。それをどっかの大惨事という格好で見ると、そのときだけびっくりして、それから、二、三日したらもう忘れてしまって、そしてまた平気でおるというふうな生活をやっているわけです。

考えてみたら、ぼくらが生きているということ自体についても、ほんとうは畏れおののくべきことです。何で生きているのか、しかもいまのこの時代に。

それから私は思うんですが、植物ひとつ見ても、動物ひとつ見ても、ほんとうに畏れの感情がわくときがありますね。なぜチューリップの芽がちゃんと出てきて、そして花が咲くのか。ほんとうに不思議に思います。そういうのをわれわれは忘れておるんですが、カウンセリングに来る人たちは、それにフッととりつかれてやってくるわけですね。それは確かに事故があったために来る人がいます。あるいはノイローゼという症状で、自分は何でもうまいこといくと思っていたのに、なぜ人の前に出たらパッと顔が赤くなるのだろうとかね。

あるいは眠られない。寝ようと思うと寝られない。これはよく寝ている人にとっては、日常生活というのはうまいことといっていると、こんなあたりまえのことはないんです。ああ眠たいな、寝ようか。これでしまいです。だからスーッといくんですが、そのときにフッと意識しだすと、寝しなにどういうふうにして寝るんやろうとか、寝る間というのはどうなっているんやろうとか、早《はよ》う寝ないと明日困るとか、きょうこで寝なかったら、明日試験のときに困るから寝ようなんて思うと、寝られなくなるでしょう。そしたら目が覚めてきて、眠られない。そうすると疲れるので疲れを治すためにと昼寝をするから、また夜寝られなくなる。

リズムというのは壊れだすとむちゃくちゃになる。そのときその人は、眠りなんていうまったく普通のことが、今度は怖くなってくる。あるいはご飯を食べるということが怖くなるという人もあります。考えたら一つ一つの中に、ぼくらは怖いことをやっているんです。

子どもには「怖い話」が必要

ここでちょっと話が横道に行きますが、そういう点で言うと、子どもたちは怖いお話が好きだと思われませんか。保育園とか、幼稚園におられる方はよくわかると思うんですが、ものすごく怖い話を好きですよ。

あるところで保育園の人たちと話をしていて、子どもに、「話をしてあげよう」と言ったら、「怖い話をして」と言うんです。そしてたとえば一つ目小僧が出てきたと言ったら、キャーッとか怖いとか言って抱きあったりして、そしてそれが終わってしまったら、またみんな元気が出て、あんなん怖いことないから、もっと怖い話をしてとか言って喜んでいるんです。そして怖い話というのは、同じ話を何度でも聞きたがります。

ぼくらの心の中の畏れの感情というのは、すごく大事なことであって、ぼくらの生きていく支えになっているんでしょうね。そういうことをあまり子どもに体験させずにいくと、子どもは正常な成長をしないと思います。

なぜかというとそういう子は、畏れなんていうものはないもんだ、怖いものはないもんだと思って大きくなってきて、何かフッと怖いことがあると、ガクンとまいってしまう。ちょっと何か変なことが起こったらもうそれでいかれてしまう。だから小さい子どもたちは畏れの感情を体験しながら（ここが大事なんですが）話をしてもらっているわけでしょう。話をしてもらっているから、子どもたちはそれでもそれは怖くないんだということも知っているわけです。

そこが子どもたちのすばらしいところです。だから一つ目小僧と言ったら、キャーッと怖がるくせに、実際は一つ目小僧が出てこないということも、知っているんです。だから怖い話をしてくれる先生に対する信頼感があるんです。怖さを体験しながら、人生というのは怖いことがあっても安全なんだ。怖いことがあってもぼくらはまた乗りきっていけるんだという体験を、その先生との信頼感の上でしているのです。だから私はよく言うんですが、子どもたちに怖い話をしてと言われる人は、子どもから信頼を受けている人です。やっている本人も怖がっていたら、絶対に子どもはついていかない。そしてやっている人をきらいだったら、子どもはそんなこと絶対に言いません。

こういう畏れの感情の根本に、もちろん死ぬこと、人間にとって非常に大事な死に対する畏れというものがあるわけですが、この死の問題というのは、カウンセリングの中では常に大きい問題になります。

死に対する畏れというのは、誰だってあるわけでして、しかもそれがある程度高まってくる年齢がありまして、これはもう幼稚園ぐらいの子でもあります。それからもちろん小学生でもあります。それを相当感じとっている子どもたちがあります。もちろん青年期にもあります。そういう人たちが相談に来ましても、ぼくらはそれに対して、何のかんのと言う必要はないのでして、一生懸命に聞いておりますと、その人なりにだんだんその問題への答えをある程度形づくって、安定することが多いように、私は思います。

死に直面している人に

というのは、ぼくらの生活というのはおもしろいですね。日常とそうでない世界が両方全部流れておって、ぼくらだって死の恐怖はあるんですが、いつもいつも死のことを考えているわけじゃないでしょう。ときどき思うわけだし、それでうまくいっているわけで、その死の恐怖を丸っきり忘れてしまった人というのは、非常に大きい問題になりますが、そればっかり考えたからといって、答えが出てくるもんではないというところが、人生の非常におもしろいところです。

だから若い人たちなんか来られまして、死に対する恐怖なんて言われても、すぐにそれは人生の大問題であるとか、それは宗教的な問題であるとかいうふうなことを考えずに聞いておりますと、ちょっと試験に受かったり、恋人ができたりすると、そんな問題は忘れてしまう人が非常に多いんです。結局そんなに突きつめて考えられるという人はなかなかいませんので、こちらがあわてふためいて、自分も死の問題はわからないのにカウンセリングできるだろうかとか、そこまで深刻に考えなくてもよい場合が多いように思います。

ただし非常にはっきりと、もうガンで死んでいくという人に、どうして死んでいくかということを考えるためのカウンセリングをやっている人は別です。そういう人がこのごろチョイチョイ出てきました。

死んでいく人に死ぬということを告《つ》げて、あなたはガンで三ヵ月たったら死ぬでしょうということを言って、その間をどのように過ごし、どう自分の人生を全《まっと》うしていくか、こういうことをやっているカウンセラーの人たちもおられます。私は直接的にはやったことはありませんが、それは非常にむずかしいことです。できもしないのに、もちろんやる必要はありません。

ただし非常に大事なことは、ちょっと話が横にそれますが、そういう必ず死ぬとわかった病気になっている人に、それを言うか言わないかということが、議論になっています。私は、これを言うべきであるとか言うべきでないとかいうふうにきめるほうがおかしいと思っています。言うことによってはるかに心がつながるんだったら、言ってもいいし、言わないことによってはるかに心がつながるんだったら、言わないほうがいいというふうに思っています。

いちばん困るのは、「あんたガンで、もう三ヵ月後に死ぬんやで」と言って、こっちは言うたからもう責任はない。あいつが死ぬんやからあいつの責任やというようにされたら、死ぬほうはたまったもんやないですね。

普通われわれ日本人は、そういうことをするとあまりに薄情《はくじょう》だから、あんたと私はつながっているというふうな意味で、「あんたガンやないよ、そのうちに元気になるから」と、ウソをつくわけですね。ウソをつくと患者のほうも何となくわかりますから、「いや、ウソついとんのやろ」とか、「どうせガンやろ、わかってるんやから」というように言いますね。そうするとまたこっちもウソをついて、何やかんやと言います。考えたら、そういうウソのやりとりをすることによって、ほんとうに心がつながっていると思う人は、それでやられたらいいし、ほんとうのことを言うことによってつながっていると思う人は、そうしたらいい。これは私は簡単には言えないことだと思います。

とくに日本人とアメリカ人とでは、また違うというふうに、私は思います。だから死んでいく人のためのカウンセリングなんかする人は、よほどの自信がある方でないとやってはならないだろうと思います。

カウンセリングが終わるとき

最後に一つだけ言っておきますと、私は仏教との関係でカウンセリングを考えてみて思いますのは、「同行二人《どうぎようににん》」ということばがあります。私もはっきり勉強したわけじゃないんですが、日本人というのは知らず知らずに、仏教のことばをいっぱいどこかで使っているんです。そして日常的なことばにも、たくさん入っています。

私はあるときキリスト教の結婚式に出ましたら、牧師さんが説教の中で、「結婚した二人は一蓮托生《いちれんたくしよう》でがんばってください」と言われたので、びっくりしたんですけどね（笑）。日本人というのはキリスト教を信じておっても、知らん間に仏教が入ってきて、それを仏教のことばと知らずに使っているんで、キリストさんもびっくりされたと思うんですが……（笑）。

こういうことを思いだしましたのは、ある私のやっておったクライエントで、対人恐怖の方がよくなって、もう終わりというころに夢を見られまして、自分はもう外へ行けるんだが、行こうと思うと怖い。怖いなあと思うと、横に観音《かんのん》さまが座っておられた。ところがその観音さまの像がヒョイと立ってきて、「おまえが怖がるんだったら、一緒に行ってやろう」というふうに言われるんです。それで観音さまについていてもらったら、おれも大丈夫やから外出しようと思うところで、その夢がさめます。

私はそのとき、「あんたは一人でみんなの前を歩いていくと思うから怖いんであって、いつも観音さんがついてきてくれるんだと思ったら、外に行けるのと違うか」と言いまして、「もうそろそろそういう観音さんがあらわれてきたんだから、もうぼくらのカウンセリングはやめにしようか」と言った覚えがあります。

これはカウンセリングが終わっていく、一つの典型的な夢だと思いますが、これで何が大事かというと、私がついていってるんではないということです。つまりカウンセラーは、クライエントにいつもついていかんでもいいんですね。心配せんでもいいんです。

「よい方法はありませんなあ」とか言いながら私が平気でおるというのは、私ががんばらんでも観音さまとかそういうのがちゃんとがんばられるから。つまり大事なことは、カウンセラーがクライエントを治しているんではないということです。あるいは私がこの人を助けているんではないということです。

私は何をやっているかというと、そこにいて、私は何にもできないし、いい方法なんていうのは人間は思いつかないけれど、必ず道があるし、それからあんたのやっていることは、ひとつもつまらんことじゃなくて、非常にすごいことをやっている。対人恐怖の人が人が怖いというのは、一見ばかげたことのように思いますが、それが治るというのは、人を怖がっていた人が怖くなるというふうな簡単なことではなくて、一体自分は自分の人生を一人で歩いているのではない。一人のように見えても、必ず観音さまがついてきているという、そういう体験をその人がするということが、すなわち治るということなんですね。

そうすると、それは私の力ではなくて、観音さまというものが、そこに働いたからであって、だから同行で、一人の人が背後に何かを持って生きているという体験ですね。われわれカウンセラーというのは、そういう体験に至る仕事をクライエントと一緒にやっているんではないか。そういうふうに思いますと、自分の仕事の意味が非常によくわかる。

要するに私が治しているんではないと、よく言いますが、それも非常によくおわかりになると思います。この夢のことは私はずいぶん感激しましたので、他に発表したこともありますが、きょうは最後にその話をいたしました。

第五章 「たましい」との対話

相談に来る人も、相談内容も変わってきた

このカウンセリング講座は、ずいぶん長い間続いておるわけですが、受講に来られる方の人数も、いつもいつもたくさんで、感心しているわけです。カウンセリングということばを知らない人はおそらくあまりないでしょうし、それから、どんなことをするのだろうかということも、みなさんだいたいご存じだろうと思います。

この講座がはじまったころは、カウンセリングとは何かというような話を、しょっちゅうしていればよかったんですが、このごろは、そんなことは言う必要がないようですけれども、じつはまた、みんなよく知っているようにも思うから、かえって落し穴がありまして、みんな勝手にカウンセリングのイメージなり、考えを持っておって、どこかで知らぬ間に大切なことが忘れられている、というふうなことがあるような気もします。しかしいまは、カウンセリングと言いましても、非常に多様化していると言いますか、カウンセラーとしての仕事も、ほんとうにいろいろあると思うんで

す。

きょうは、あとで電話相談の話もあるようですが、電話で、相談を受けつけているような人もおられます。それから、このごろは何でもカウンセラーということばを使いますから、非常に簡単なことも、カウンセリングという名前をつけてやっておられる方もあります。また実際にわれわれがやっておりましても、相談に来る人の訴えというのは、ほんとうにいろいろです。非常にむずかしい、何べんも会わねばならないような相談もあるかと思いますと、一ぺんか二へんか会って、それで終わるようなこともあります。

そして、来られる人も、ほんとうにさまざまです。私は京都大学の教育学部におるわけですが、京大の教育学部には、心理教育相談室というのが昔からありまして、一般の方が、相談を受けに来られるわけです。ところが、昔でしたらだいたい、そういう名前でやっておりますと、来られるのは夜尿《やにょう》をするとか、吃音《きつおん》であるとか、あるいは学校へ行くけれど、ものを言わないとか、そういう子どもさんの相談で、子どもさんを連れて親御さんが来られるというのが、ほとんどでした。

ところがいまはそんなことはなくて、はっきりした統計は覚えておりませんけれども、だいたい子どもも青年もおとなも、それから老人の方も、ちょいちょい来られるというわけでして、ずいぶん年齢の層が広がっております。

京大の相談室なんかではあまりありませんが、もし職場でやっておられる方がありましたら、そこには、「サラ金を借りて、もう追いたてられて困っておる。どうしたらいいか」というような相談を受けられた方もあるかと思います。それから、「離婚をしようと思ったけれども、相手が、どうしても承諾《しようだく》してくれない。どうしたら離婚できるだろうか」というような相談に来られる人もあります。

それから、私よく言うんですが、嫁と姑《しゆうとめ》なんて言いますと、昔はだいたいお嫁さんのほうが姑さんにいじめられて泣いていることになっていました。が、このごろは、お嫁さんにやられて、困って相談に来られる姑さんもたくさんおられます。姑さんだけじゃなくて、舅《しゆうと》のほうも、つまり年寄りのほうが若いのにやられて、どうして反撃するか、どうしたらいいだろうということで、相談に来られる方があります。ほんとうに千差万別なんです。

そして、そんな中で、現代は情報化の時代で情報が非常に多い。だから、みんな情報を持っているようだけれども、情報化のために、情報禍《か》と書きたいぐらいで、情報に災《わざわ》いされている人がずいぶん多くて、そのために相談に来られる人も多いように思います。

ひずんだ情報にふりまわされて悩む

というのは、週刊誌とかをちょっと読んで——週刊誌のほうはおもしろいから、おもしろいように書いていることを、絶対的な真理のように思って、そうしなくちゃならないんだというように思いこまれて、それがうまくいかないというわけで、びっくりするような思い違いを持っておられる人もいます。

たとえば「女性の自立」ということばを聞くと、まるで結婚してはいけないような気になってみたりする、私は仕事一途《いちず》に自立するんだからと。自立しようと思うと、うっかり結婚なんかすると、人に頼ることになるから、結婚しないようにしなけりゃならないんだというふうに思いこんでおられるような人もあります。ちょっとびっくりしますけれども。

あるいは、子どもを育てるにしても、ちょっと何かの情報が入ったら、ほんとうにそのように思われる。子どもの遊びが大切だなどということを覚えられて、まるで勉強してはいけないように思って、子どもに、「遊びなさい。遊びなさい」と親が言う。子どもは、「みんな塾へ行っているから、ぼくも行きたい」と言うと、「塾なんか、行ってはいけません」と言うわけです。まるで漫画みたいな話ですが、そんなふうな話がいろいろある。

あるいは、セックスのことに関しては、いろんなことを書いた本があり、雑誌がありますので、そういうのを生半可《なまはんか》に自分で読んで、そして、そのような情報をあまりにも豊富に得ているために、実際と違ってしまって、そのために悩んでいる人とか、そんな人もたくさんあります。

私はとくにこのごろ思うんですけれども、高校生あるいは大学生ぐらいでも、見ておりますと、性ということについて、ちょっとひずんだ情報が入りすぎているために、悩んでいる人がずいぶん多いような気がします。

そういう人たちのために、「別にいろいろ言う人があるかもしれないけれども、あなたはあなたの道を歩んだらいいのだから」、「あなたはあなたの考え方を大事にすればいいのだから」ということを、ぼくらがちょっと言ってあげるだけで、ずいぶん安心する。本人も、「おかしいと思ったけれども、みんながそう言っているから」とか、「本に書いてあるから」というので、自分の考え方に自信が持てない。そんなときに、われわれが「あなたの考えで進んだらいいんですよ」とか、そういうようなことを言ってあげるだけで、ずいぶん片がつくような、そんな相談もあります。

そういう簡単なことでたくさん相談がありますのは、いま言いましたように情報化と言っていますけれども、情報がちょっとひずんだもの、とくにおもしろいものが活字で入ってくる。それで問題が起こってくる。ところがいままでは、人間から人間に入ってきたものが多かった。

たとえば、子どもが病気になったとき、昔の家族でしたら、おばあちゃんとかおじいちゃんとかがおるわけだから、ちょっと見て、「たいしたことないよ」とか、「そのうちに、こうなるよ」と、ずうっと伝わってきている年寄りの知恵と言いますか、おばあちゃんの安定した気持ちとか、そういうものに支えられてる場合と、自分だけでそこらの育児書を読んだ場合とは、ずいぶん違うんですね。

みなさん、経験された人があると思いますが、子どもが病気になって、その種の本を読みますと、ものすごい重い病気みたいな錯覚を起こします。というのは、自分があわてているから、客観的にものごとを判断する力がありませんし、そんなときに、活字の情報に頼ると、非常にひずんだことを考えてしまう。逆に、人から人へというものは、なかなか強い力を持つんですね。そういう人の生きてきた経験から来たものがだんだん少なくなった。

たとえば先ほど言いましたセックスのこと、性ということを、一体、父親はどう生きてきたのか。母親はどう生きてきたのか。あるいは先生は、個人として、人間として、性ということをどう考えているのか。そういう話だったら、子どもにすごく役立つでしょう。ところが、本から来る知識はそんなものじゃないんですね。

非常にむずかしい相談もふえている

このように情報が一見非常に多いようだけれども、人間が人間に伝えてくれるようなものは、むしろ減ってきておるわけです。だから私たちは、人間として、その人に情報を与えてあげる。あるいは人間として、その人にちょっと話をしてあげるというだけで落ち着くことというのは、案外、よくあります。ところが、そんな相談ばかりだったらうれしいのですけれども、なかなかそうは簡単にいきませんで、非常にむずかしいのも、私はふえてきたように思います。

この中には学校の先生が多いようですが、みなさんこのごろ、学校の先生方としては、いまの生徒たちに対して、どのように対処していったらいいのか、あるいはどう考えたらいいのかわからないというふうに思っておられる方も多いんじゃないでしょうか。

たとえば、校内暴力ということを言いますと、「校内暴力なんていまさら言わんでも、われわれも中学生のときには、教師の悪口を言ったり、うしろからいたずらしたり、ひやかしたり、卒業式のときに呼びだしてなぐったりしたものだ」というようなことを言われる人がいますけれども、昔のそんなのと、いまの学校でやっている暴力とは、全然、質が違います。もっともっとすさまじいものです。

あるいは、「家庭内暴力？　そんなこと、言わんでもいい。親子げんかと言うたらいい。親子がけんかしている。そんなこと、昔からようやってたやないか」と言う人がいますけれども、昔の親子げんかと、いまの家庭内暴力とは、ずいぶん違います。

いまのは、単なる親子げんかじゃないですね。だいたいおとうさんとおかあさんとはけんかなどしてない。おとうさんとおかあさんは、ただ謝《あやま》っているばかりで、子がなぐっておる。親もどなり、子もどなったら、これはけんかになりますけれども、多くの家庭内暴力というのは、おかあさんが土下座《どげざ》して謝らされたり、おとうさんがなぐられっぱなしになったり。それからまた、なぐる程度が殺人に近いところまでいってみたり、やることが非常にむちゃくちゃなところへいきますね。そういうふうなことを見ると、やっぱりちょっと、昔の親子げんかの延長として考えることはむずかしい。そして、そう簡単に治《なお》らないというふうな状況があります。

こういうのを見てみますと、やっぱりカウンセリングと言いましても、非常に簡単なのから、すごいむずかしいのまであるということが言えると思います。そうなりますと、いまも言いましたように、いろんな方法がありますし、もう一ぺん、カウンセリングというのは何かということを考え直してみたいと思うんですが、私は、カウンセリングのいちばんもとに返りますと、やっぱりそれは、自分を知るということやないかなというふうに思います。

自分自身を知る。自分自身を知ると言ったって、そんなにわからないんです。わからないことがたくさんあるのですが、普通の人よりは、よく自分を知っているということがないと、カウンセリングはできないんじゃないでしょうか。

やはり、われわれカウンセリングなんて言いますけれども、来られた人の気持ちがわからなかったら、話がはじまっていかないんですが、相手の気持ちがわかるというのは、つまり自分の気持ちがわかる。自分のことを知っている。自分というものがどんなものかということを、ほかの人よりは少しよく知っているということがあるから、こういう仕事ができるんだと思います。だから、自分自身を知るということは、もっとみんな、考え直してもいいんじゃないかと思っているわけです。

フロイトは自分自身を知ることからはじめた

ベッテルハイムという人は、みなさんご存じでしょうが、自閉症《じへいしょう》の治療の研究で有名で、それから昔話のことでも本を書かれております。アメリカの有名な精神分析家です。もともとはフロイトと同じく、ウィーンに生まれた人ですが、ずいぶんお年寄りです（一九九〇年没）。このベッテルハイムという方は、じつは私のおります京大にしばらく来られまして、いろいろ一緒に話したのでよく知っておりますが、この方が『フロイトと人間のたましい』、英語で言いますと、“Freud and man's soul”という本を書かれたんです。

ベッテルハイムさんがこの本で、一生懸命になって書いているのですが、「精神分析というのは、いちばん根本は自分を知ることなんだ。自分を分析して知ることなんだ。そうであるのに、このごろどうもアメリカで精神分析と言っても、自分のことは放っておいて、人の分析ばかりしておる。これではどうにもならない」ということを、まず第一に言っているのです。

そして、それを言っている根本に、じつは、フロイトという人が精神分析などと言っているけれども、まずはじめに、自分自身を分析すること、自分自身を知ることからはじめたんだということを書いているわけです。

この本の題に「たましい」ということばを使ったというのは、なかなかおもしろいことですが、たましいということばは非常にむずかしいことばなんです。

ベッテルハイムが言っているのは、フロイトの本を原語で見ますと、“Seele”（ゼーレ）ということばが出てくるんです。これはどう訳したらいいかわからないんですが、まあ日本語に訳すと「たましい」。英語に訳すと“Soul”（ソウル）に近いんです。

ベッテルハイムがまず、指摘しているのは、フロイトの書いた本の中のゼーレということばは、英語に訳すとき、ほとんどソウルになっていないんです。英語に訳すときに、なるべくゼーレということばは抜きにして、「人間の精神は」とか、「人間の心は」とかというふうに、書きかえられている。

ベッテルハイムは、英語の翻訳とドイツ語を比べて（ベッテルハイムという人は、ウィーンに生まれた)、フロイトよりもちょっと若いんですけれども、フロイトがウィーンに住んでおった時代の感覚、あるいはドイツ語の感じというものをいちばんよく知っているわけですね。そのような背景をもつベッテルハイムがフロイトの本を読みまして、自分がフロイトのドイツ語の原文から読む感じと、英語に訳されたものが、すごく違う。

その一つの非常に大きい違いが、ドイツ語で読んだら、ゼーレということばがよく出てくるのに、英語では、ソウル抜きになっている点です。だから、ベッテルハイムに言わせると、フロイトのたましい抜きで伝わったみたいなのです。フロイトのいちばん言いたいことは、自分自身のゼーレ、たましいを知るということにあったんじゃないか。

ただし、ここで私はわざわざ「たましい」と平がなで書いたんですが、これが日本語で言っている「たましい」と同じかどうかということも大問題でして、これは私は、まだはっきりしたことはよう言いません。もっともっと、日本の「たましい」の研究もしなければいけないと思っています。

あるいは「大和魂《やまとだましい》」なんてことばを聞くと、この中には、むかむかする人もあるかと思います。戦争中は「大和魂でみんな死ね」ということを言われたことがありますから、どうもあれは困ると思う人があるかもしれません。

人の不可解な部分を知ろうとしたのが精神分析

だから、簡単には言えませんが、フロイトの言いたかったことは、自分自身の心とか、単純に自分自身の精神とか、そんなに簡単に言えなくて、「たましい」ということばを使いたいほど、われわれ自身というのは非常に不可解な部分を持っている。非常にわかりにくい、不可解な部分をもっているということです。そして、その不可解な部分を知ろうとしたものが、精神分析なんだ。

そういうつもりでフロイトが本を書いているのに、英語に翻訳されるときに、何となく、他人の心を分析するという感じにだんだん変わってきているというんですね。フロイトの本を見ていたら、自分自身のたましいを知るということは、どんなにたいへんか、なかなかたいへんだという書き方が、英訳では知らぬ間に、どうしたら他人の心を分析できるかというニュアンスに変わってきている。

これはなぜかというと、アメリカ人、アメリカという国が、フロイトの著作なんかを訳したときに、どうしても、いわゆる科学的にものごとを考える傾向がある。「いわゆる」とつけましたのは、それがほんとうの科学かどうかを考え直したいと思っているぐらいなんですけれども、「いわゆる科学的に」ということにとらわれすぎて、人の心を客観的に、冷たく分析するというようなかっこうにしたほうが、アメリカ人の受けもいいし、みんなも関心を持つというので、せっかくのフロイトの本を英語に訳すときに、そんなふうに変えてしまっている。ここのところを、これからアメリカ人は反省してもらわなければ困る、ということをベッテルハイムは書いているんです。

しかし、ベッテルハイムは、ずいぶん前からアメリカにおるわけです。しかも彼は、はじめドイツ語で読んで、次に英語で訳したのを読んでおるわけでしょう。だから、おかしい、おかしいと思いながら、ずっと黙っていたというのは、おもしろいでしょう。もう死ぬ間際に言って、怒られても、もう危なくないと思ったのかもしれません。八十ぐらいの人ですから。ここまでベッテルハイムが黙っていたということは、非常におもしろいことですね。

その一つの理由は、ドイツ語を英語に訳したものを、フロイト自身は、ちゃんと見ておるわけです。フロイト自身は、英語が非常にできる人ですから、英訳を、「よろしい」と承認しておる。そうしたら、ご本尊が承認しておるものを、弟子のまた弟子ぐらいのベッテルハイムが、「おかしい」とは言えない。自分はおかしい、おかしいと思ったけれども、言えなかった。

あるいは、フロイトのお嬢さんで、アンナ・フロイト、一九八二年に亡くなりましたが、フロイトの遺志を背負って、世界中の精神分析の中心になったような人です。

後に、自分はロンドンに行って暮らしているぐらいですから、英語は非常によくできる。アンナ・フロイトも、英語の訳をちゃんと知っておるわけです。

フロイト親子そろって、英訳をよろしいと言っておるわけで、いままで自分は言いにくかったんだという。これが理由の第一。

第二は、これは私の推察ですが、いまごろこういうことを言っても、とうとうアメリカ人にもわかるようになったんじゃないか。前はおそらくこんなことを言ったって、誰も相手にしなかったんじゃないか。いまアメリカ人に向けて、こういう本を書いても、非常に評判になっているようです。

そして、これからますます推察になりますが、フロイトという人はすごい人だから、英訳で自分の書いたのと違うようになっているぞ、と思ったけれども、こんなふうに違うようになっていないとアメリカでは売れんだろうと思った、アメリカで広がるのには、これは仕方がないと思っていたんじゃないかと、私はそう思っているわけです。

ここで強調したいことはどういうことかというと、アメリカの精神分析をやっている人たちにベッテルハイムがわざわざ、いま言いだしたということは、アメリカの中でそういう反省が起こりつつあるということ、つまり、他人の心を冷たく分析するというのじゃなくて、まずおのれ自身を、自分自身を知ることが問題になってきたということです。

しかもそのときに、自分自身という場合に、私の心とか精神というよりも、もともとのドイツ語の原文でいえば「ゼーレ」ということばを使いたくなるほど、私の中の非常に不可解な部分、何かわからない――たとえば私たちが家庭内暴力を見て、むちゃくちゃやりよるなあと思うけれども、そんな見方じゃなくて――そのむちゃくちゃをやるような心さえ、私の中にあるのではないか。少なくとも心にはなかったとしても、ゼーレの中には、たましいの中には、人を殺すほどのものを持っているんじゃないだろうか。

そういうことを自覚するということが、そもそも精神分析のはじまりだということを、ベッテルハイムは言っているわけですけれども、私は、カウンセリングも同じだと思うのです。

みなさんがカウンセリングをやっておりますと、少年が来たとしますね。かわいらしい顔をした少年が、おとうさんをなぐって半殺しにしたり、おかあさんの肋骨《ろっこつ》を折ったりしていますね。そのときに、むちゃくちゃなことをする子やな、という見方じゃなくて、私のたましいの中にもそれほどの暴力というのはあるのではないか。私はあると思うんです。どんな人でも、みんなそれぞれぐらいのものを持っていると思うんですが、まず、それに気づくこと。それがあるから、他人とつながっていくわけです。だから、なかなかたいへんなことです。

カウンセリングというのは、私がちゃんとやっておって、そして、そこに変な人がおる。そんなんじゃなくて、私は幸いにも、やっていませんけれども、その人のやられたと同じようなたねは、私のほうにも持っておる、というところからつながっていく。それをぼくらは、知る必要があると思います。

と言っても、ここで単純に誤解しないでください。カウンセリングは、自分自身を知らないといかん。自分自身の欠点を知らないといかん。そうすると、これはやってみないとわからないから、いろいろやらないといかん。そう単純に、ポンポンと思わないでくださいね。たとえば、自分は窃盗《せっとう》をやったことがないから、きょうは実習に行って一ぺん窃盗でもやらないと、というようなことは思わないようにしてください(笑)。

まねをしたら理解できるか?

またちょっと話が横道にそれますが、いまぽっと思いだしたんですが、これは実際にやった人があるんです。先生ではなくて、親です。

自分の家にはお金もあるのに、子どもが(中学生ですが)万引をした。どう考えたって、なぜあんな万引をするのかわからない。それで、子どもを理解するためには、私が万引でもしてみないとしょうがない、というので万引をした親があります。みんなこれを聞いて、どう思いますか。

努力は、たいしたものだと思います。私は、その努力は、誠にみごとなものだと思いますが、非常に大事なことが欠けている。

どこが欠けているかと言うと、少年が万引しているのと、そこでそのおかあさんが万引しているのと、全然違うでしょう。なぜかと言うと、おかあさんは「うちの子どもを理解するため」に万引しているのだから、これは、やりながらいいことをしていると思っているんです。子どもが、悪いことでもやってやれと思ってやっているのとは、全然違いますね。だから、これは同じことじゃないんです。だから、人を理解するというのは、ものすごいむずかしいことなんです。

万引している子がいたら、それを理解するために自分が万引したらいいというのは、非常に単純な発想だし、私はむしろ、傲慢《ごうまん》だと思います。そんなことでわかるはずがない。子どもの心というものは、もっともっとたいへんなものなんです。

だからなぐりあいしている人の気持ちをわかるために、おれもやってみよう。これは、もう非常に傲慢です。こんな見方じゃなくて、ほんとうにおれも盗む気持ちを持っている。ほんとうにおれもひょっとしたら、人を殺したかもわからない。そういうところまでいくということは、たいへんな、つらい、しんどい仕事です。その仕事ができなくて、カウンセリングをやろうというのは、ちょっと話が甘すぎると私は思うんです。

　もちろん、そうは言いますけれども、ぼくらは凡人《ぼんじん》ですから、人をわかるためには、ある程度その人のまねをしたらわかる場合もあります。むなしい努力ですけれども、自分は何もやらないよりはましだと思って、やることもあります。が、そのときに、自分はむなしい努力をしているということを、知っていないといけません。そうでないと、すぐにぼくらは、ちょっと鼻が高くなるんです。つまり、「私は子どものために何でもする。この子を理解するために、万引さえしたんだから」などと言っているうちに、おかあさんの鼻が高くなっているでしょう。それは非常におかしい話ですね。あるいは、ぼくらでも、パチンコをよくやるクライエントが来たときに、「自分はパチンコをしたことがないけれども、パチンコにやみつきになっている人を理解するために、きょうはパチンコに行こう」などと言ってパチンコをやってきたら、まるでいいことをしたような気になるんですね。クライエントを理解するためにパチンコをしてきたとなったら、表彰状でももらいたくなります。

　そうすることは、絶対に悪いとは言いません。やはり、ちょっとやってみないとわからないことって、人間にはあります。ちょっとやってみないとわからないから、やってみるのはいいのですけれども、やっていることの意味をよく知っていないといけない。

私自身のことで言いますと、私は何もしないわけじゃなくて、ときどきそういうことをするときがあります。たとえばパチンコをやってみる。あまりパチンコをやったことがないから、やってみようかと思ったり、たとえば、高校生なんかでしたら、流行歌なんか聞いてますね。「ぼくは何とかのファンや」と言ったり、名前を聞いたって、全然私はわからないのです。名前を聞いても、だいたい男か女かもわかりませんし、何もかもわからない。

そういう場合に、その話を聞いているだけのときもありますけれども、わざわざテレビを見るときもあります。それはどういうときかと言うと、あまり私が、その人のことが遠くてわからないときは、せめてそれぐらいやってみようということです。やってみても、なかなかそう簡単にいくものじゃありません。またやったからと言って、そう、天狗《てんぐ》になる必要もありません。

「人間失格」を読むまで

あるいは小説でもそうです。来た人が、「先生、こういう小説の主人公を知っていますか」と言うので「ぼくは知りません」と言ったら「その主人公と私は、そっくりなんですよ」と、こういうふうに言う人もいます。だけれど、その小説を私は読んでいません。そんなとき、みなさんはどうしますか。そのたびに小説を読み、そのたびに映画を見に行ったりしたら、体がもちません。

私はどうしているかというと、たとえば、太宰治《だざいおさむ》の『人間失格』の主人公にそっくりです、という人が非常に多いんです。あまり多いから、読まないとカウンセラー失格じゃないかと思って(笑)、私も読んでいますけれども。そのときに、私が『人間失格』を読んでいなかったとしたら、「すみません、読んでいないんですけれども、どんなのでしたか。教えてください」と言うと、その人は「『人間失格』というのは、こんな物語で、こんな主人公で、ここが私と似ているんです」などと話してくれる。そういう話によって、ぼくらもわかってくるわけです。

だから、自分が読んでいなくても「どんなのですか。教えてください」と言うだけで、ずっとわかっていくときは、読んだりしません。ところが、それを聞いていてもわからないようなむずかしいときは、仕方なしに読むときがあります。あるいは、多くのクライエントが言われたりすると、読むこともあります。

これは不思議でしてね。こういう仕事をしていて、おもしろいと思うんですけれども、たとえば太宰治の『人間失格』でも、ぱっと言って思いだしたんですけれども、このごろ太宰治の『人間失格』を言う人は、ほとんどいない。ところが、はやるときがあるというのですか、午前中に来た人が『失格』と言うと、午後の人も『失格』と言う。わあ、もう二人も言われたと思うと、そういうときは絶対に読みますね。一日に二人からも同じことを聞いた、これは何かおもしろそうだから読んでみようというふうに考えるときがあります。

ちょっと話が横道に行きましたが、われわれの根本に、自分自身を知るということがあって、そのことはもちろん、クライエントの話を通じて、また自分自身を知ることにもつながっていくんですが、それがなかなかたいへんだということを、よく知ってほしい。そして、そういうことをいまベッテルハイムが、フロイトの本を英語に訳すときにどうなったかという問題を通じて、しかもその中に「たましい」ということばを入れてわざわざ一冊の本を書いているということは、私には非常に印象的です。

「私」の話を普通のことばで

もう一つ、おもしろい話だからちょっと言っておきます。精神分析をご存じの人はラテン語の“Ego”“Id”というのをご存じだと思います。自我のことをエゴ、無意識のことをイドと言いますが、フロイトは、これをドイツ語で“Ich”“Es”と書いている。そのまま訳しましたら、「私」「それ」。だからフロイトの本を読みますと、こんなむずかしいラテン語は全然出てこない。見たら、「私がそれに揺《ゆ》り動かされた」というような文章で、どういうことかと言ったら、「自我は無意識によって揺り動かされた」という意味です。平気で、こういう普通のことばを使っている。フロイトがもともと書いている文章には、むずかしいことばが全然ないんです。

ところが、英語に訳すときに、ラテン語にかえておこう。そしてエゴ、イドとなったりします。フロイトの精神分析を英語で勉強すると、舌をかむようなラテン語が出てきます。ベッテルハイムが言っているのは、そういうふうにして冷たい学問にしてしまっている。私のことだというのを、忘れたんじゃないかと言う。「私は、それにやられている」と言ったら、「私」の話をしている。しかし、「エゴがイドに揺り動かされる」などと言うと、よその方の話をしている。むしろフロイトが非常にわかりやすい日常的なことばを使って「私のことだ」、「私のことだ」と書いているのを、知らぬ間に、うまいことと学問という世界に閉じこめてしまって、冷たい学問にしてしまったということ。一つ一つの翻訳の大事なこと、ドイツ語のこれは、なぜラテン語にしたかというように、全部追究して書いているんです。そういう点で、おもしろい本です。

私も、これを読んで考えさせられました。われわれは「自我と無意識」と言っているんですけれども、もし「私とそれ」と言っていたら、どうなっていたでしょうね。こういうところへ講演に来ても、「無意識によって、自我は影響を受けます」と言うのと、「私は、もう、それにやられましてん」と言うのと、かなり違いますね。そういうところが、ベッテルハイムの言っているところですが、くわしいことはやめておきます。

自分自身を知る。おのれを知るということがあるから、ぼくらはカウンセリングで非常に大事だと言われている「共感」ということができるんじゃないでしょうか。しかし、共感というのを簡単に言いましたが、私は、この仕事をずいぶん長い間やってきているわけですが、やはり共感するということは、ほんとうにむずかしいことだと思います。

たとえばみなさん、先生が多いようですが、中学生や高校生なんかで、相当きつい非行をやる子とか、あるいは暴力でも相当暴《あば》れまわるような子とか、なかなかむずかしい、一年間つきあってもなかなか変わらないような生徒を相手にされた人は経験しておられると思います。

ぼくらでも、相当むずかしい人をやっていますが、それはたいへんです。相当なことをやられますから。暴れると言ったって、家に火をつけそうになったりとか、親父さんを半殺しにしたりとか、それから、ものを盗むと言ったって、金額がものすごく大きいとか、聞くたびにこっちもびっくりするようなことをおやりになります。

私がちょっとだけいい気になった途端

ところが、そんなふうな方でも、一生懸命やっておりますと、だんだんよくなってこられます。そして、ぼくらの気持ちも通うようになってくる。そうしますと、来られて、「先生にも、たいへんな迷惑をかけましたな」と言うときがあります。こっちもうれしいですから、「あんた、むちゃくちゃやりましたね」などと言っている。そして、「先生にお会いしてよかった。お会いしていなかったら、私はどんなになっていたかわからない。私はおかげで、どうにかここまでこられました」というような話になります。こっちもうれしいものですから、「まあまあ、そういうわけでもありませんが」などと言うときも、心の中では、そうやそうやと思っているわけです。

きょうはほんとうによかった、などと思っていたら、帰って一時間もたたないうちに電話がかかってきて、「先生、ぼくはいま、どうしているか知っていますか。腹が立って腹が立ってしょうがないから、さっきからレストランに入って、腹いっぱい飯食うたけども、まだ腹が立つ。そのへんのもの、たたき割ったろか思うくらいです。この気持ち、わかりますか」。

これは、共感できるはずがない。ええっというようなものですが、こっちもほんとうにことばに困りまして、絶句です。「きょうの先生の態度は何ですか。ええ気になって」と言うんです。「ええ気になって、言うたって、あんた、ほめてくれたんやないか」と、こっちも言いたくなってきます。ところが、そうなると、こっちもほっとわかってくる。その人が喜んでいるよりも、ちょっとよけいに、私がいい気になっていたんです。

ここを覚えていてほしいんですが、こういうむずかしい問題を起こす人ほど、こっちの心に同調してしまう人が多い。知らずに、むこうの人が同調しているんです。だから相手の気持ちからいきますと、そんなことを言うつもりはないのに言わされているという感じです。

で、「先生のおかげで、こうなりました」というように言うと、ぼくがにこにこするから、それにつられてついつい言ってしまう。そうすると、ぼくはますます喜んで、にこにことしてくる。それだけ喜んでいたら、「もう先生がおられなかったら、私はこの世に生きていない」と言うわけで、だんだんむこうが大サービスしてきます。こっちは気がつかないから、それに乗ってしまうわけです。

そうすると、言っているうちにその人は、自分でもわけがわからない状態になっておられたと思うんです。とめようがないんです。感謝しておられるんだから、ウソでもないんだけれども、何か自分の本心でもないことをこいつに言わされたと、はっきり言ってこういう感じだと思います。この河合というやつに言わされてしまった。

ところが、そんなことをこっちはわかりませんから、ほいほい喜んでいる。そして、さよならと言ったときから、むこうはむかむかっと腹が立ってくるし、ぼくは、よかったと思っているんです。共感どころか、むちゃくちゃ離れていますね。そうしたら、むこうはそれをわからせるために、飯でも食ってもまだ腹が立つといって電話したり、あるいは中には帰ってから自殺未遂が起こったり、いろんなことが起こるというのは、そのへんで二人が離れてきておるわけです。

このごろ私は、そういう感じがだんだんわかってきた。むこうの人が喜んでおられる程度の喜びがいい。喜びすぎてはいけないし、といって無理して無表情でいる必要はない。われわれはクライエントと同じところにいなければいけない。それまでにずいぶんたいへんなことを乗りきっておるでしょう。こっちもしんどくなっている。それで、ついこっちがぽっと浮いてしまうわけです。そういう浮いているところへ、ぱあっと突いてくるところが、この人たちの特徴なんです。

その人を全部わかることはあり得ない

それからもう一つ言っておきますと、これと似ているんですが、違うところは、こっちが「わかった」、「共感できた」と思う。ほんとうに共感できたと思うところに、やっぱり危険が生じるときがあります。こっちがわかったと思うでしょう。そうすると、こういう人たちは、わかられたというのは、また腹が立つんです。

この気持ちがわかりますか。そんなに私という人間をわかられてたまるか、というところがあるんです。この気持ち、私はこのごろ非常によくわかるんですが、みなさんいかがですか。

わかられたということは、まるごと、ぱっと自分という存在をとりこまれたような気がするんです。手もとをさらわれたような……。つまり私という人間はものすごく大きいんだから、おまえのような人間に全部わかられてたまるか、という気持ちがあるんです。うまいことよく言えませんので、私の言っているのも、その人たちの気持ちから、ちょっとずれているかと思いますが……。

だから、ぴたっとわかったときというのは、ぼくらも真剣でないといけない。ぴたっとわかったと言っているけれども、その人の心の底の動き、その人のいままでの悲しみ、あるいは、いままで口で言えなかった苦しみ。これもわかったというけれども、その人が全部、わかるわけじゃないでしょう。

さっきのベッテルハイムの本を思いだしてもわかるんですが、ベッテルハイムがドイツ語で「ゼーレ」ということばを使う。日本語で言うと「たましい」ということば。この「たましい」ということばが私は好きになっているんですが、どうして好きかと言うと、あんなもの、わかりようがないということです。

私が「たましい」というのをときどき言いますと、学生から、「先生は、たましいというものを、どういうふうにお考えですか」と聞かれるので、「あれは、わからんものをたましいと言っているんだ」と言うんです。どういうことかと言うと、みんな人間はおのおの表現できないたましいを持っているということ。その人を全部わかるということは、あり得ないということ。しかし、その一部でも、ちょっとでも、少しでもわかるということはすばらしいし、そしてありがたいことです。

しかし、わかったというので、むこうをまるごとわかったような錯覚を起こすということは、たましいに対する侵害なんです。だから、さっきのように、わかったと、ちょっとこっちが喜ぶと、何か自分まで、からだごととられたような気がするというのは、要するに、たましいを奪われたような気がするんじゃないのですか。

そうするとその人が、「先生は喜んでいるけれど、私には、たましいがありますよ。一寸の虫にも五分のたましいというのがありますね。先生の思い通りにはいきませんよ」ということを示そうとすると、どうしたらいいですか。ぼくの思いがけないことをしたら勝ちですね。

この人がこうなってよかった、と思っていたら、夜中の十二時ごろ、電話がかかってきて、「いま飲んでます。腹が立ってしょうがない」。ほんとうにどうなっているんだろうと思うけれども、どうもこうもなっていないんです。

その人が言いたいことは、「先生、たましいのことを忘れたらいけませんよ」ということなんですけれども、残念ながら、そういう人はうまく言えませんので、どうするかというと、不可解な形でことを起こすのだろうというふうに思います。

しんどい状況に置かれているとき

このごろ、だんだんこういうことがちょっとずつわかってきて、私もましになってきました。いまは、こんなににこにこして話をしていますが、こういったことが何度あったかわかりません。何度も何度もこんな失敗をした。そのたびに、ああそうだと思い直して、またその人と関係が続く。そしてまた、やり直す。そして、あるところまでいくと、また忘れているんです。

人間というのは、うまいことできていましてね。ちょっとほめてもらったら、さっきのことを忘れてうれしくなって、また怒られて、考え直す。そういうようなことを、何度もやってきたんです。

いまは、みなさんが中学校なり、高校なりで接する子どもたちに、非常にむずかしい子どもがふえていますから、私は、こんな話をしているんです。

いま、たましい、たましいと言っていますけれども、こんなふうに考えたらいいんじゃないでしょうか。人間のたましいというのは、絵にも描けないし、ことばでも言えない。何が何だかわからないぐらいなんだけれども、やはり、私の心とこの人の心がちょっとふれあうだけでも、意義があるといいますか、だいたいうまいこと安定しているときは、そう言えるんです。

安定しているときは、私がここで話をしまして、みなさんが聞いてくださるにしても、私の全存在をここに賭《か》けることはもちろんできませんし、みなさんも、みなさんの全存在をここに賭けて講義を聞くなどということはできなくて、やはり私の言える程度、みなさんにわかる程度でやっているんですが、それなりにぼくらは満足できるんです。ということは、ものすごいたましいのところまで降りていかなくても、まあ、生きている。生きているというか安定しているわけです。

ところが、学校で暴れている子どもたちというのは、こんな表面のレベルでは満足できないんです。自分たちが問題にしているのは、もっと深い、もっと深いもんだということを言いたい。ところが、それが言えないので、彼らのできることというのは、「一ぺん校長さんの頭を張り倒したろか」。それから、こっちが親切にしたら、「何やっとんや。おまえ、バアンとやるぞ。親切いうようなものが通じる世界やないぞ」ということを、むこうは言いたいんです。

「おまえの考えとる親切なんていうのは話にならん。次元が全然違う」ということを言いたいんだけれども、何となく腹が立つというのでバアンといくわけです。そのときに、へたな人は、「私の親切をあだで返した」と言いますが、もっと次元が違うぞということを彼らは言いたい。

ただし、非常に幸いなことに、まあまあ普通に暮らしている者同士は、いろんな、それなりに浅いレベルでも、お互いにつきあうことができますし、話しあいもできますし、お互いにわかりあえるからいいんですけれども、非常につらい、しんどい状況に置かれている人たちは、そうはいかないわけです。

「見捨てられ不安」を持っている人

たましいという、変なことばを使いましたが、もう一つ、こういう人たちのことを理解するときに覚えておくと、なるほどと思えることばに「見捨てられ不安」というのがあります。見捨てられそうな不安。

われわれも、見捨てられ不安というのは、よく体験してきておるわけです。たとえば、まったく知らないところへ誰かと一緒に行ったときなんか、その人がぽっといなくなったら、非常に心配になります。あるいは、外国へ行ったときなんかも、よく体験しますね。

わりあい、そこの国のことばがわかっている人がいたら、その人に私はくっついて、その人のやるのをまねしたりするわけです。その人がぽっと途中でいなくなったら、こっちは大変なことになりますから、その人がはたにいるかどうか、ずっと確認して生きていなくてはいけない。そんな人にひょっとして見捨てられるんじゃないか。実際に見捨てられた、のではなく、見捨てられるのではないか、という不安です。

考えますと、ぼくらは、人間同士というのは、そう簡単にお互いに見捨てないぞ、ということを前提として生きていると思われませんか。たとえばみなさんが、四天王寺《してんのうじ》のカウンセリング講座に申しこまれまして、受付がされて、きょう参加して来られた。来てみて、「あ、そうですか、でもきょうはだめです」などと言われたら、すごくびっくりしますね。しかし申しこんでちゃんと受け付けたということは、これはもう見捨てられないという確信を持っているから、みんな平気で来られるわけですね。

ところが行って、日によって、受付の人がだめだという日があるということがわかっていたら、不安になるんじゃないか。早く行ったらいいのか、遅く行ったほうがいいのか。どのくらい頼んだらいいのか、とか考えてずっと不安になってきますね。

たとえば、十時からとわかっていても、九時から来てみたりするかもわからない。あるいは、突き返されても困るから、十時からと言っているけれども、十一時ごろ行って、様子を見ようかということになるでしょう。普通はそういうことがないから、十時にはじまると言ったら、だいたい十時に来て、別におどおどもしないで受付へ行って、「何とかです」、「はい、どうぞ」それで終わりです。

ところが、見捨てられるのと違うかという不安を持っている人は、誰が見ても態度がおかしくなるのではないでしょうか。あいつ何であんなに早くから来ているのだろう、ということになったり、遅れて来てみたりとか、それから、名前を言うときに言い間違ったりする。どうぞと言われても、まだもじもじしたり。

それはやはり、ひょっとしたら見捨てられるかもわからないと思うからです。こんな不安が非常に強い人だったら、今度、逆にやろうとしたらどうしますか。

逆にやろうと思ったら、先生をむちゃくちゃなぐったって、ぼくを見捨てはしないだろうなあ、それをたしかめようと思います。だから暴力をふるう子どもの言いたいのは、「これだけなぐっても、先生、ぼくのこと、好きか」ということです。あとのほうは言わないで、なぐるだけだから、ちょっとわかりにくいかもしれません。そういうふうに見ますと、見捨てられるという不安から、いろいろ問題が起こってきているということが、非常に多いのではないでしょうか。

それはなぜかと言いますと、さっき言いましたように、普通は、なぜか知らないけれども、そんなに見捨てられるものではないと思ってわれわれ生きているんです。不思議ですね。なぜかと言うと、小さいときから、人間というものは、それほど見捨てられるものではないということを、少しずつ経験してきているわけです。

見捨てられ体験は人生を大きく変える

どういうふうに経験してきたのかというと、生まれてきたときに、父親も母親も見捨てようとしなかった。わあっと泣いたら、誰か来てくれた。腹が減ったら、誰かが何か食べさせてくれた。「あした、どこそこへ行きたい」と言ったら、父親が連れていってくれた。「怖い」と言ったら、「よしよし」と言ってくれたわけです。

　そういう体験を、ぼくらはずっと子どものときから繰り返しまして、見捨てられるということはそう簡単には起こらないということを、幸いにも体験してきているわけです。だから、いちいちみんなに教えてもらわなくても、われわれはそういうことはないと思っているわけです。

　ところが、その逆の人はどうでしょう。たとえば、こんな人がいますね。生まれてから、「ほんとうは、あんたを生む気はなかったんや」と親に言われるとか、そういうことがわかってくる人があります。これは生まれてくる前から、見捨てられた存在なんです。

　親で、平気でそんなことを言う人がいますが、子どもにしたら、たまったものではないです。「うちは男の子がほしかったのに、あんたが生まれてきたんや」なんて言われると、女に生まれてきたというだけで、もう捨てられたのと違うかという気がします。

　あるいは、子どものときに、わあっと泣く。泣いても、まあよい加減のときに誰かが来るということは、見捨てられないということの、ものすごい大事な体験じゃないでしょうか。そのときに、いくら泣いたって助けてくれる人はないということを何度も体験した人は、見捨てられ不安があってあたりまえじゃないでしょうか。

しかし、泣きもしないのに抱いてもらっても、あまりおもしろくないと私は思いますね。やはり、泣いたら助けが来るところが、人生の楽しいところです。

だから泣いたり、わめいたり、助けが来たり、助けがちょっと遅れるときもあるし、もうあかんと思うときに来るときもあるし、いろいろあるけれども、「完全に見捨てられるということはないんだ」という体験をした人と、「完全に見捨てられるということは、ありうる」ということを生まれてから、小さいときからずっと体験している人とでは、その人の人生は変わると思われませんか。

ぼくらがいま言っていますような、非常にむずかしい人たちは、おそらく、どういう加減か知りませんが、小さいときに相当、見捨てられた体験を持った人じゃないかということを感じます。

ついでに言っておきますが、見捨てられ体験を持った人が、全部おかしくなるとは限らないということです。

これは、ある有名なお坊さんですが、この方は生まれたとき捨て子されていた。もう死にかかるところを誰かに助けられて、結局、お寺へもらわれて育ったというお坊さんがおられます。その人がいい加減な人間じゃなくて、ものすごくえらいお坊さんになられたということは、どういうことなんでしょう。

それは、ものすごい見捨てられ体験をされた人は、すごい救いの体験をしているんです。

そしてそこがもっと大切なんですけれども、ぼくらが見捨てられる、見捨てられないということでまず思い浮かぶのは、おとうさん、おかあさんです。「うちのおかあさんは、よく抱いてくれた」とか、あるいは「おかあちゃんは、適当にものを食わしてくれた」とか、そういうレベルでして、このお坊さんのように、まったく見捨てられるというようなことは、まずないんです。

ぼくのおかあさんが、ぼくのおやじが、あの先生が、というようなものじゃなくて、「世界は見捨てないんです」と、そんなすごい体験をする人もおられます。このお坊さんが、そうなんです。つまり、このお坊さんは、父が捨てようが、母が捨てようが、親戚がなかろうが、「はい、私は救われた」というようなすごい人なんです。私は、それは特別な人だと思います。

人は母乳でいろいろな人生体験をしている

こんな話を聞いたからといって、「うちの子どもは、えらい坊さんにするから、捨てよう」というのは、みなさんやめてもらったほうがよろしい。この人の場合は、天才だと思います。すごい人の伝記を読んだら、そういう体験がときどきあるでしょう。

その伝記を読んだら、相当な見捨てられ体験をしている。しかしそういう見捨てられ体験を通じて、救われる体験に至るところが天才のすばらしさです。

だから、簡単に一般化することはできませんけれども、いままず考えないといけないのは、ぼくらは凡人だということです。われわれ凡人は、やはり、あまり子どもに見捨てられ体験をさせないほうがいいんじゃないでしょうか。

しかし、これも間違わないようにしてください。見捨てられ体験がないようにというので、ずっと子どもにつきっきりでおれと、私は言っていませんよ。つまり、見捨てられかかったけれども救われた、その程度がおもしろい。赤ちゃんというのは、そこを適当に(私は、このごろ、つくづくそう思うんですが)、小さいときからすごい人生の体験をいろいろしているんじゃないかと思います。

話がまた横道に行きますが、最近ものの本を読んでいましたら、著者はアメリカのウーマンリブの最先端をいくような人で、女性学とかをやっている人の書かれた本の中に「母乳で子どもを育てるほど、すばらしいことはない」ということが書いてある。

その書き方がおもしろいんですが、どこがいいかと言うと、私は母乳で人を育てたことがありませんから(笑)、残念ながら自分の体験じゃないんですけれども、そんなにいつもいつもさあっと出るものじゃないそうです。それから、母親である人にいろいろ話を聞きますと、いちばんはじめに赤ちゃんにお乳を吸わすときというのは、おかあさんは痛い感じもするし、そう簡単にお乳が出るもんじゃないそうですね。

ところが、そのアメリカ人のウーマンリブの人に言わすと、そこで赤ちゃんはすでに、人生の体験をしているというんです。赤ちゃんは、がんばって吸わなければお乳が出てこないし、おかあさんと赤ちゃんの呼吸が合ったときに、お乳が出てくる。お乳はものすごくおいしい。それでも、そのお乳は吸わなかったら出てこないし、ときによったらたくさん出てくる。自分はもっとほしくても、ちょっとおかあさんのお乳の出が悪いということもあります。だから、すでにそこでいろいろな人生体験をしている。

ところが、哺乳《ほにゅう》びんでもらった人は、いつも同じようにお乳がバアッと出てくる。何か、人生というものは、ほしかったらバアッとものをもらえるように思っている。

そういうふうな哺乳びんでの体験をした者と、母乳を体験した者とでは、人生の見方が違うんじゃないか。またそういうことを、ウーマンリブの人が書いているから、とくにおもしろいんです。

ついでに言っておきますと、この人は母親が子どもを育てるということは、ものすごいことなんだ。だから、われわれは男性と同等なんだ、と書いている。みなさん、わかりますか。女でも、男と同じことができるから同等なんだ、というのと違うんです。男にはできない、すばらしいことを女はやっているから同等なんだ、という言い方に変わってきているわけです。自分が女である限り、子どもを生み、子どもにお乳を飲ますということは、やっぱりやってみたほうがいいんじゃないか、得じゃないかという考え方に、ウーマンリブの人でも変わってきた人たちがいます。

最近聞いたんですが、アメリカでは、三十歳以上の人の子どもを生む率が非常にふえてきたそうです。いま言いました例のように、子どもを生んで育てることはすばらしいという考えが広まってきたためでしょう。これなんかも、私はおもしろいと思うんですが、いちばんはじめに、「情報化」ということを言いました。どんな情報を得たかによって、人々の行為が相当に変化してくる。アメリカにおいては、とくにそれがひどい気がします。

たとえば、子どもは自立させねばならない。だから、母親から離したほうがよろしいと言うと、みんな徹底的にやった。そして母乳なんか飲ませたら損だ。女性は自分のスマートな体を保たなければならないし、人工栄養で飲ませたって、子どもは育つのだから、人工栄養にしたほうがよろしいといわれると、アメリカは人工栄養花盛りになりましたね。

ところが、このごろまた、こういうふうに変わってきたら、子どもを生んで、母乳で育てるのがはやっていると言ってもいい。高齢者で子どもを生む人がすごくふえまして、高齢者の出産のための手引書というものが、アメリカで非常にたくさん出ているそうです。どうもアメリカという国は、何につけても何となくやりすぎて気にくわないのですが、ただ、いろいろ反省して、いつも考えを変えようとしているというところが、アメリカ人のいいところだと思います。

そういうときに、日本人として、アメリカでこれがはやっているからといって、いちいちふりまわされるのも、私は損だと思います。もう、アメリカが何をしようと、こっちは好きなことをやらないと損だと思うんです。さっき「情報化」ということを言いましたが、私はつくづく、人間の考え方というのは、ほんとうにいろんな考え方があると思います。

家族関係もむずかしくなってきている

いまの話はカウンセリングと関係ないので、またもとに返りますと、この見捨てられ不安というのは、すごく大きいということです。

次に言いたいことは、昔より現代の人のほうが、見捨てられ不安を体験していることが多いんじゃないか。なぜかと言いますと、いまのようなすごくえらいお坊さんのような方は特別で、例外だと言いましたけれども、そうでない限りは、現在のように核家族で暮らすほうが、見捨てられ不安の機会がふえるのはおわかりですね。

つまり、大家族というのは人数が多いわけだから、誰かが見ていてくれる。ところが大家族というのは、いっぱい人がおって、おじいちゃんがおって、おばあちゃんがおって、うるさくてしかたがないから、なるべく自由にやっていこうというので、核家族にしてきたわけです。

ところが核家族というのは、おとうさんとおかあさんと赤ちゃんだけです。そのときに、おとうさんは忙しい。おかあさんも忙しいとなると、子どもは、おとうさんとおかあさんがよほど心を配っていないと、ひょっと見捨てられる機会がふえるわけです。

私は思うんですが、昔の人が子育てがうまくて、いまの人たちがへたということは全然ないんです。昔は、大家族であったために、また大家族ということだけじゃなくて、何となく日本中が、赤ちゃんというものに対して、みんなで支えておったようなところがある。

田舎なんかで、誰かがしょっちゅうやって来たり、要するに障子《しょうじ》があいていて、どこからでも入ってこられたから、誰かがいつも見ているような感じですけれども、いま多くの人が住んでいるのは、都会の非常に仕切られた空間です。マンションに入ったりして、ほんとうに仕切られた空間の中で、誰からも見られていないところで、おとうさん、おかあさんが忘れたら、もう子どもはまったく見捨てられるわけです。

そういうふうに考えますと、私は、昔のおとうさん、おかあさんよりも、いまのおとうさん、おかあさんのほうが、子育てがむずかしいと思うんです。昔だったら、何気なくやっていても、全体としてだいたいうまくいっていたものを、いまは、父・母という二人だけでいろいろ考えないといけないところがありますから。だから、現代のほうがむずかしいし、そしていま私が言いましたように、近年見捨てられ不安がどうも多くなってきているのではないか、という気がします。

見捨てられ不安の機会が多くなってきたもう一つの理由は、昔よりもいまのほうが、子どもたち同士の競争がきつくなってきたことです。

昔だったら、われわれの年代でしたら、小学校へ行っていても、一年生から六年生まで地域の中でがさがさ、一緒になってやったんです。そういうものがだんだん減ってきて、みんな塾へ行ったり、勉強したりするときに、へたするとぽっと取り残される。昔のように、みんなの中で悪いことをする子もおるし、勉強をあまりしない子もおるし、いろいろあるけれども、みんなで何となく遊んでおったということが少なくなってきた。

このカウンセラーのひとことが相手を見捨てる

だから、思いがけないところで、見捨てられ不安ということを体験している子どもがふえてきているわけです。勉強ができる子は、勉強ができる子なりに見捨てられ不安を感じているかもわからない。自分だけ勉強して、みんなが遊んでいるとしたら、自分は見捨てられると、その子は思っているかもわからない。

だから、主観的体験としても、見捨てられるということがふえてきますので、そういうものがたまってきた状態で、みんな大きくなってきています。その問題がいまの思春期の人たちの間で、非常に大きく出てきている。それにいま、先生方が関わらねばならない。

ところがわれわれのほうは、じつは、何もわれわれのおとうさん、おかあさんがえらかったということは少しもないんだけれども、年代的に案外、あまり深刻な見捨てられ体験をせずに大きくなっているところがありますから、よほど自分の心の中をよくよく探ってやっていかないと、若い人たちのそのへんの不安がわかりにくいところがある。

だから、さっき私が言いましたように、ちょっとよくなったら、こちらがすぐ喜んでしまう。こちらが喜んでしまうということは、相手を見捨てたことになるんです。どういうふうなことになるかというと、私のクライエントががんばって、苦労して、だんだんよくなってきますね。で、「先生のおかげで、よくなってきました」と言われます。その背後には、ものすごい苦しんで、がんばって、よくなってきたということがあるわけです。それを私が、「ああよかった」、もっとひどかったら、「やっぱりおれはたいしたカウンセラーや」とか、「これは、今度の学会で発表しなくちゃならない」とか思うとします。これはカウンセラーに、ぽっと見捨てられたことになるんです。

つまり、この人の前に、私はいなくなってしまう。この人の苦しい、悲しい、つらいこの世界から、私はぽっと、他の世界へ行っておる。

だからこの人は、「先生のおかげでよくなりました」、「ああ、よかったですね」と言ったひとことで、ころっと見捨てられているんです。私が見捨てているんです。それが心の底で、この人はちゃんとわかるんです。

なぜかというと、いままでにもたくさんの見捨てられ体験をしているから、ほんの少しの心の動きをぱっと察知できる。私が喜んでいるときは、この人はもう腹が立つか、悲しむかしているわけです。だから、うまくいったときに、心の底で、そっとその場にいる、見捨てないということです。これはほんとうにむずかしいことです。

しかし、みなさんもそこまで考えておられなかったら、いまの中学生、高校生の非常にむずかしい子どもたちを、なかなか簡単に指導できないんじゃないかというふうに思います。

ユングもフロイトもすごい「心の病」を体験した

最後に、まったく話が変わりますけれども、カウンセリングをしておりまして、私はなるほどと思うことなんですが、最近「創造の病《やまい》」というふうなことを言う人がいます。これはエレンベルガー（エランベルジェ）という人が言われたことばなんですが、創造の病ということばを聞かれて、どういうことかわかりますか。ピンときますか。

どういうことかと言いますと、エレンベルガーは、すばらしい学者ですが、この人が、フロイトとかユングとか、すごい人の伝記をいろいろ調べているうちにわかったのは、フロイトもユングもたいへんな病、しかも心の病（フロイトは、ものすごいノイローゼ。ユングのほうは、ちょっと精神病といっていいぐらいの心の病だった）、どっちも、そのひどい心の病を克服したあとから、すごい創造的になっているんです。それでエレンベルガーは、それを一般化しまして、非常に創造的な仕事をした人の伝記をいろいろ調べますと、だいたいが中年のあたりで、病気になっている人が多いんです。その病を克服したあとで、すごい創造的になっているということが浮かんできた。

くわしいことは言いませんが、結局、横から見ると病気に見えるけれども、それは病気というんじゃなくて、心の非常に深い世界、さっきのことばを使うと、たましいの世界、そういう世界にその人たちは降りていった、沈潜《ちんせん》していったと言っていいでしょうかね。そういう状態になりますと、これは外から見ていると、ノイローゼとか何とか言わざるを得ないことになるんです。

いま私は「たましい」と言いましたが、私がこの話の後で、私の話を聞いた方と話をするにしても、そんな深いレベルで話しませんね。「どうでしたか」、「いやあ、結構な話でした」。別に結構でなくても、だいたいはお愛想で言っているんです。「よかったですね」。そういうところで、だいたい人間というのは話をする。

ところが、そうではなくて、私の話をもっともっと深いところで聞いていた人は、また違うかもしれない。その人が、たましいの深いところに沈潜していて、「あいつは深いとか、たましいとか言っているけれども、ほとんどわかっていないんじゃないか。わかっていないから、喜んで話をしているんじゃないか」というふうに思っているとしたら、私が仮りに、「どうですか」などと言っても、ものが言えないかもわかりませんね。しょうがないからぼくも、「どうでしたか。おもしろかったですか」と言っても、「ふう……」。

私にしたらもう、この人は何やろ、ということになるけれども、それは常識から見て「何やろ」ということで、常識から見るとたしかに変な人かもしれませんが、たましいのほうから見ると、いちばんこの人が深く生きているかもしれない。

そういうふうに考えますと、ユングもフロイトもほんとうにすごいノイローゼ状態になって、それから一段とまた創造的になったわけです。あるいは、これも私はよく引きあいに出しますが、夏目漱石《なつめそうせき》もそうですね。

この人は、『坊っちゃん』とか『草枕』とか、ああいう小説をまず書いてたいへんみんなびっくりして、人気が出てきたところで、胃潰瘍《いかいよう》になって、ほとんど死にかけます。死ぬところまでいったわけです。お医者さんが、「もう死ぬから、最後の別れに子どもを呼んだほうがいい」ということを、患者にわかってはいけないから、ドイツ語で言うんです。

ところが、漱石はドイツ語がわかるから、「おれはだめだ」とわかるわけです。そこまで夏目漱石は行って、そこから治ってきたところから、作風がガラッと変わりますね。そして『こゝろ』とか、ああいうシリーズが出てくる。やはり漱石も、そういう非常に病的な体験がもとになって、もう一つ創造的になるわけです。

そういうふうに見ていきますと、一見、病と見えているところに、非常に深い沈潜がある。それを生かして、創造する。こういうことなんです。

誰もが「創造の病」にかかる

それをわれわれ凡人に適用したらどうなるか。私は別に、病気になったからといって、あまり創造的になったような気はしませんが、われわれ凡人に適用しましてもある程度、それは言えるような気がします。

どういうふうに言えるのかというと、ぼくらだって病になるでしょう。みなさん、どうですか。創造の病になったことはありませんか。学校の先生の人が、学校に行くのがいやでしょうがないとか、登校拒否症になりたいな、と思うような日があるでしょう。あるいは、学校へ行っても、ひとつも本気で教えられないということがあるでしょう。あるいは、生徒のほうで言うと、いままでずっといい子だった子が、急に家庭内で暴力をふるいだしたり、急に死にたいとか言いだす。みんな、病です。

その病というのは、やはり、その人なりに、どこか自分の心の深いところと接触が生じて何か変化しているんじゃないか、と思われます。

だから私は、シンナーを吸う子が来たら、「シンナーを吸ってはいけない」ということは言うけれども、その人はそんなシンナーというものを吸ってまで、一体どういう心の深いところに入ろうとしているのか。あるいは、それによって、何をわれわれに伝えようとしているのか、というふうに考えます。そして、うまくいきますと、ぼくらのカウンセリングによって、その人が単にもと通りに治ったというのではなくて、その人の生き方が変わります。

その人の考え方が変わりますね。考えてみれば、芸術家のように次に芸術作品が出てくるわけではないけれども、生き方が変わるという意味では、創造的と言ってもいいんじゃないか、と思います。個人の生き方の創造、新しい生き方をつくりあげる。私の生き方が前と少し変わった、あるいは考え方が少し変わった。それはやはり、ある種の創造じゃないでしょうか。

そう考えますと、何も芸術家とか天才のことばかり考えなくても、われわれ全部に、創造の病という体験があるんじゃないかというふうに、このごろ私は思っているんです。そう思いますと、カウンセリングを受けにくる人はみんな、その意味で言うと、創造の病にかかっている人です。

何か変だと言われて来るわけだけれども、そのときに私はこう思うんです。この人は、こういう病を通じて何を創造しようとしているのか。と言ったって、間違わないようにしてくださいね。病が治ったあとで小説を書くとか、絵を描くとかじゃなくて、生き方を、どう新しくつくりあげようとしているのか。

そんなふうに考えますと、われわれの仕事の意味と言いますか、何をやっているのかというふうなことがわかるように思うときがあります。こんなふうに言いましても、その創造性ということがそれほど、右から左に変わるような種類のものと単純に喜んでばかりおれない。喜びすぎるとだめだという話はもうしましたけれども、創造の病というふうなことを心にとめていますと、自分がカウンセリングをやっていることの意味というものが、わかるんじゃないかと思います。

解説　たましいの旅としてのカウンセリング

若松　英輔

本に正しい読み方など存在しないが、本は繙《ひもと》くというように有効な糸口はあるように思われる。

糸口になり得るかもしれない言葉をここでは「鍵語《かぎご》」と呼ぶ。一つの言葉を鍵にして、未知なる地平に開かれていく様子を想像すると実感が湧くかもしれない。河合隼雄は、いくつかの言葉とときに熾烈《しれつ》なまでの熱情をもって向き合ってきた。そうした彼の思索の道程を思いながら頁をめくっていると、次のような一節の前で立ち止まる。

……われわれカウンセラーとしては、そういう不安の表現だけでなくて、そういう不安に対決し、その不安の中から、われわれは何を生みだしていくのか、そこにどういうふうな統合が行われるのか、というようなことを知りたいわけですが、文学的価値としては、私が言ったようなことは別に問題ではなくて、どこまでそういう現代の不安が書ききれたかということが、問題になる……

ここで問い直したいのは、この文学作品のことではない。河合にとって「不安」の本質とは何であり、「対決」、「統合」とはどのような営為を意味するか、ということである。

「対決」とは真摯に向き合うことだけを意味しない。その対象と向き合える能力とは異なる「ちから」が自己に内在することを発見しようとする試みであり、「統合」は試練から人生の意味を創造しようとすることにほかならない。

誰もが「不安」をかかえながら生きている。何かを真剣に愛せば、それを失うことが不安になるだろう。それがある深まりを見せると心理学的な「病」になる。

精神医学の歴史を描いた古典的著作『無意識の発見』の著者であるアンリ・エランベルジェは「創造の病」と呼ぶべき事象が人間には起こり得る、という。この本で河合は、エランベルジェの問いかけを引き受けながら、フロイトもユングもそうした人物だったと語る。

「創造の病」は、歴史に大きな足跡を残す人の場合、はっきりと確認できる。しかしすべての人にそうした可能性は開かれている、と河合は考えている。多くの人は、歴史を変えるような体系だった学問を「創造」することはない。しかし、自分の「生き方」は創造している。それが河合の人生観であり、心理療法家としての人間観だった。

個人の生き方の創造、新しい生き方をつくりあげる。私の生き方が前と少し変わった、あるいは考え方が少し変わった。それはやはり、ある種の創造じゃないでしょうか。

この言葉に比喩を見てはならない。これ以上の現実があるだろうか。世に同じ生涯、同じ境涯など存在しない。同じ出来事に遭遇しても、受け取るものは同じではない。カウンセリングとは、その人自身が、自らの生涯を創造する場を準備することだと河合はいうのである。

この本の原版が刊行されたのは、一九八五年、およそ四十年前である。カウンセリングをめぐる状況も変わった。そうであってもなお、読むべき言葉があるとすれば、それは単なる今日性ではなく、普遍性にかかわるものでもあるのだろう。本書の終わりは「宗教との接点」そして『たましい』との対話」によって締められている。この配列に河合はじつに意識的だったことは一読して明らかである。現代の心理学は、「宗教」と「たましい」を根源的に問うているか。また、河合がそうしたようにその「対決」と「統合」の道程を言葉にできているか。ここには見つめ直してよい重大な問題がある。

「宗教の問題というものは、このごろ日本人も、だいぶ考えだしたんじゃないでしょうか。私らははじめから、カウンセリングの根本に宗教の問題があるということを、ずっと思ってきたわけですけれども」と河合はいう

ここでいう「私ら」とは、会場となった四天王寺にゆかりのある人々でありつつ、同時にユングの血脈を継ぐ者たちという意味でもあるだろう。カウンセラーに宗教家と異なる使命と役割があることはいうまでもない。しかしカウンセリングの現場では、「宗教的なこと」がもたらされることが少なくないという現実がある。

クライエントの深い問題と対面していると、どうしてもそれは宗教的なことに関わってくる。それにカウンセラーはどう対処するのか、それは「宗教家」とどう異なるのか、などについて考えることはカウンセラーにとって避けられない課題である、と私は思っている。

ここで「宗教的」というのは「宗派的」というのでも「信仰的」というのでもない。そう呼ぶべきことは意外と少ないとも河合は書いている。

彼がいう「宗教的」とは、人間を超えたものとのかかわりにおける、というほどの意味で理解するとよいかもしれない。仏教的でもキリスト教的でもない。ただ、人間

関係という地平ではどうしても解決がつかない問いが立ち上がってくる、というのである。

「たましい」という言葉は、思想家河合隼雄を読み解く、最重要の鍵語である。『たましい』ということばを使いたいほど、われわれ自身というのは非常に不可解な部分を持っている。非常にわかりにくい、不可解な部分をもっている」と河合は述べている。

「心」を扱うカウンセリングで「たましい」に言及するのは、領域を逸脱している、と考える人もいるかもしれない。しかし、河合にとって心理学は、その出発点の時点から「たましい」の学だった。語源的にも河合の認識が正鵠《せいこく》を射ている。心理学を意味する英語psychologyにおけるpsychoの語源psyche（プシュケー）は、ギリシア語で「たましい」を意味したのである。

「心」の情報に詳しくなっていくなかで、心理学者たちは「たましい」という得体のしれないものを遠ざけるようになった。『フロイトと人間のたましい』（英文タイトル："Freud and man's soul"）の著者ブルーノ・ベッテルハイムにふれながら河合は、この本が読み広がっていくなかでsoul、すなわち「たましい」の問題が看過されていったと語る。心理学者によって「たましい」の学である心理学から「たましい」が追放されたのである。

現代の日本でもフロイトを科学としての心理学を樹立しようとした狭義の合理主義者のように語る言説に遭遇することがある。河合が立つのは、まったく異なる地平である。本書でも「フロイトのたましい抜きで伝わったみたいなのです。フロイトのいちばん言いたいことは、自分自身のゼーレ、たましいを知るということにあったんじゃないか」と語る。

人は言語で語られた帰結をのみ受容し、その道程を顧みない。河合がこの本で語り続けているのは、意味は結果よりもむしろ、道程にある。それを彼は「物語」という素朴な言葉で表現する。「物語」の結末を知ることが、物語との関係を樹立することだとしたら、経験はずいぶんとふかまりの余地を残したものになるだろう。

「カウンセラーの仕事は、植物を育てるのと似て」いると河合はいう。もちろん、人間は、広義の動物だから、動物的変容を遂げることに不思議はない。しかし「心」の問題となると植物的に変容していくことも少なくない、というのである。「育てる」とは物語的営為である。しかし、本性的には神聖な営みにも現代人は、あまりに強く結果を求めるようになってしまった。

植物を育てるとき、人の手によってできることは限定的である。大地から必要な糧を吸い上げ、光合成によって酸素を生むことは、植物そのものに宿っている生命力の作用である。カウンセラーは、この生命力のことわりを鋭敏かつ均衡的に認識しなくてはならない。人間が過剰に手を差し伸べた植物は、その本来の可能性を開花できないこともある。そうしたカウンセリングの罠《わな》をめぐって河合はこう書き記している。

カウンセラーになりたいと思う人は、少しでも他人の役に立ちたいという気持ちがある。それはありがたいことであるが、それが前面に出すぎると、決してよいことは起こらない。人間の心というものは、それほど単純でもわかりやすいものでもなく、自分で考えて他人の役に立つと思ってすることが、かえって有害であることも多いのである。

この本でも河合は、カウンセリング、カウンセラーという言葉が広く知られるようになってきたと述べている。しかし、言葉が広く行きわたるということと、それが深く理解され、認識されることは同じではないのである。

一九六七年に刊行された河合隼雄の『ユング心理学入門』によって心理療法としてのユング心理学が日本に本格的に紹介された。まだ、半世紀を少し超えた歴史しかもっていない。改めてこの本での河合の語りにふれながら、河合が指摘するように今、まさに日本的、あるいは東洋的な「たましい」の学の黎明《れいめい》期にいるのだと思った。結果を受容することが私たちの役割ではない。私たちもまた、「読む」という営みにおいてその歴史に創造的に参与できる。河合の言葉はそれを待望しているように思われてならない。

（批評家）

本書は一九九九年十月に講談社＋α文庫より刊行された『カウンセリングを語る』上下巻を一冊にまとめたものです。

本書中には、「精神病」「同性愛」などに関連する記述の中に、今日の医療における認識やジェンダー意識に照らして不適切ととられかねない表現があります。著者が故人であること、また講演が行われた時代的背景とその状況における著者の考えを正しく理解するため、底本のままとしました。

カウンセリングを語《かた》る

河合《かわい》隼《はや》雄《お》

令和6年 1月25日　初版発行

発行者●山下直久

発行●株式会社KADOKAWA
〒102-8177　東京都千代田区富士見2-13-3
電話　0570-002-301（ナビダイヤル）

角川文庫 24010

印刷所●株式会社暁印刷
製本所●本間製本株式会社

表紙画●和田三造

●お問い合わせ
https://www.kadokawa.co.jp/（「お問い合わせ」へお進みください）
※内容によっては、お答えできない場合があります。
※サポートは日本国内のみとさせていただきます。
※Japanese text only

ISBN 978-4-04-400814-7　C0111

◇◇◇

角川文庫発刊に際して

角川源義

第二次世界大戦の敗北は、軍事力の敗北であった以上に、私たちの若い文化力の敗退であった。私たちの文化が戦争に対して如何に無力であり、単なるあだ花に過ぎなかったかを、私たちは身を以て体験し痛感した。西洋近代文化の摂取にとって、明治以後八十年の歳月は決して短かすぎたとは言えない。にもかかわらず、近代文化の伝統を確立し、自由な批判と柔軟な良識に富む文化層として自らを形成することに私たちは失敗して来た。そしてこれは、各層への文化の普及滲透を任務とする出版人の責任でもあった。

一九四五年以来、私たちは再び振出しに戻り、第一歩から踏み出すことを余儀なくされた。これは大きな不幸ではあるが、反面、これまでの混沌・未熟・歪曲の中にあった我が国の文化に秩序と確たる基礎を齎らすためには絶好の機会でもある。角川書店は、このような祖国の文化的危機にあたり、微力をも顧みず再建の礎石たるべき抱負と決意とをもって出発したが、ここに創立以来の念願を果すべく角川文庫を発刊する。これまで刊行されたあらゆる全集叢書文庫類の長所と短所とを検討し、古今東西の不朽の典籍を、良心的編集のもとに、廉価に、そして書架にふさわしい美本として、多くのひとびとに提供しようとする。しかし私たちは徒らに百科全書的な知識のジレッタントを作ることを目的とせず、あくまで祖国の文化に秩序と再建への道を示し、この文庫を角川書店の栄ある事業として、今後永久に継続発展せしめ、学芸と教養との殿堂として大成せんことを期したい。多くの読書子の愛情ある忠言と支持とによって、この希望と抱負とを完遂せしめられんことを願う。

一九四九年五月三日